教育部人文社会科学研究青年基金项目："责任共担"视角下大学生实习权及其权益保障研究（编号：16YJC880092）

"责任共担"视角下

大学生实习权及其权益保障研究

徐银香 张兄武·著

南京大学出版社

目 录
CONTENTS

绪　论 ··· 001

第一章　大学生实习的概念内涵与类型划分 ····················· 020

第二章　大学生实习期间的法律身份与法律关系 ·············· 033

第二章　大学生实习权的内涵、属性与法律确认 ·············· 055

第四章　基于实习权的实习生权益内容体系 ····················· 075

第五章　我国大学生实习权益保障的状况 ························ 092

第六章　大学生实习权益保障的国际借鉴 ························ 113

第七章　大学生实习的主要利益相关者分析 ····················· 135

第八章　大学生实习权益保障体系的构建 ························ 147

第九章　规范化大学生实习基地的建设 ··························· 169

结　论 ··· 185

附录一　关于实习生权益保障问题的访谈提纲 ················· 191

附录二　关于大学生实习权益内容的调查问卷 ················· 193

附录三　关于大学生实习权益保障状况的调查问卷 ··········· 197

附录四　职业学校学生实习管理规定 ······························ 201

附录五　教育部关于加强和规范普通本科高校实习管理工作的意见 ………………………………………………………………… 209

附录六　广东省高等学校学生实习与毕业生就业见习条例 ……… 213

附录七　上海市普通高等学校学生校外实习暂行规定(2010) ……… 224

参考文献 ……………………………………………………………… 230

绪　论

一、研究背景与意义

(一) 问题的提出

实习作为一种具有悠久历史传统的教学模式,通过创造实际工作场景,使学生将所学知识应用于实践并提高实践能力。[①] 现在的实习,与传统意义上的实习相比,其概念、内涵发生了很大变化,实习目的、实习形式也发生了很多变化,而且展现出多样化的发展趋势。实习以其岗位的真实性、环境的复杂性、经历与体验的综合性而成为人才培养的重要组成部分,是深化课堂教学的重要环节,是学生了解社会、接触生产实际,获取、掌握生产现场相关知识的重要途径。实习有助于增强学生对所学专业知识的理解、应用,培养分析问题和解决问题的能力,提升专业技能;实习有助于对学生创新精神、实践能力、创新创业能力,以及职业道德素养的培养,提高综合素质;实习还有助于学生对工作内容、企业运行情况以及行业发展状况等方面的了解,有利于职业选择和缩短从学校到职场的过渡期。

实习作为高等教育人才培养的必要环节,学生的实习效果直接影响高等教育人才培养质量、学生的就业和用人单位的人才需求,进而影响国家的经济建设和社会发展。随着国家职业教育改革、地方本科高校转型发展、创

---

① 李世辉、龙思远:《"五体联动"视角下的大学生实习机制研究》,《现代大学教育》2017年第5期。

新创业教育改革、卓越人才教育培养计划等一系列高等教育重要改革措施的深入推进和实施，实习在职业技能型人才、应用型人才、创新创业型人才、卓越人才等人才培养过程中都将发挥不可替代的重要作用。据教育部2017年数据，目前，我国有2750多万在校大学生，据不完全统计，每年有600万左右的大学生要走上实习岗位。[①]

但是，目前我国高校学生的"实习难"问题与"就业难"问题一样令人担忧，不仅出现实习岗位难找、实习效果不佳等一系列问题，大学生实习权益被侵害问题也逐渐凸显。研究表明，当前国内高校实习生权益受侵害现象严重。受教育权益保障方面：一是实习机会难获得，实习单位特别是与专业相关的实习单位难找，文科类专业这方面问题更为严重；二是实习效果难保证，主要表现为实习工作与专业相关程度不高、实习的教育目的性缺失、实习指导工作不到位。劳动权益保障方面：一是实习协议难签订，主要表现为签订三方实习协议的比例少，实习协议内容不规范、不完整等问题；二是劳动权益难落实，学生实习存在劳动报酬无或少，加班、加点现象严重，劳动安全保护不到位等情况。职业伤害权益保障方面：职业伤害权益保障方面的问题也很严重，如存在意外伤害保险购买比例低，伤害治疗、赔偿推诿情况严重等问题。

大学生实习期间相关权益的保障问题具有一定的复杂性，在我国，目前无论是法律理论层面、法律规范层面，还是司法实践层面，均未对在校大学生实习期间的法律适用问题予以明确规定。随着高等教育规模的扩张，高校对实习的要求越来越高，实习的学生人数也因此不断增加，大学生在实习期间权益受到侵犯问题也逐渐凸显，实习生权益保护问题已引起社会的广泛关注。我国大学生"实习难"问题以及实习生权益受侵害问题产生的原因是多方面的，但最为主要的原因是：一方面，对大学生实习权等相关问题的理论认识的失误和偏颇，以及由此产生的对实习生权益法律确认与制度保障不到位；另一方面，大学生实习是一项系统的社会工程，保障实习生权益离不开政府、高校、实习单位、学生以及全社会的共同努力和参与，但目前，

---

① 金劲彪、韩玮：《大学生实习权益的保障机制研究》，《黑龙江高教研究》2019年第1期。

政府、高校、实习单位、学生以及中介等社会组织在支持大学生实习方面作用发挥得还不够,尚未形成合力。因此,在准确理解大学生实习权内涵、属性等基础上,借鉴利益相关者理论,从"责任共担"视角,研究提出解决实习生权益侵害问题的对策和建议具有重要的理论与实践意义。

(二) 研究的意义

1. 理论意义

目前,关于大学生实习权、实习生身份、实习法律关系和实习生权益保障等问题,法律上尚不明确,学界尚存争论。因此,通过对上述问题的法理研究,可以丰富教育法、劳动法和社会保障法等相关理论信息。另外,本研究根据利益相关者理论,从"责任共担"视角来分析研究大学生实习权益保障问题,一方面,可以拓展利益相关者理论的应用领域,丰富利益相关者理论的内涵;另一方面为解决大学生"实习难"问题提供新的研究视角,从而有利于弥补我国在校实习生权益保护问题在理论研究方面的不足,进一步丰富我国在校实习生权益保障问题的理论研究。

2. 应用价值

本研究通过对实习生进行问卷调查,了解实习生权益保障现状,分析实习侵权的主要原因,并对解决我国实习生权益保障问题提出建议,将在实践层面上促进大学生实习权的落实和权益侵害问题的解决。具体来说可有助于政府部门制定和完善关于大学生实习的法律法规、加强对大学生实习的监督管理,有助于高校深化教学改革、改进学生实习管理,有助于企业增强接受大学生实习的社会责任感、建立大学生实习制度,有助于大学生端正实习态度、增强自我保护能力,有助于全社会正确认识、支持大学生实习。

二、 国内外文献综述

(一) 国内外相关研究

关于大学生实习及权益保障问题,已有学者从不同的角度进行了研究,研究所涉及的内容比较广泛,总体上可分为以下几类。

关于大学生实习概念内涵的研究。关于大学生实习的概念内涵，黎建飞（2006）认为不以获得劳动报酬为目的的、积累专业实践能力的社会实践活动包括兼职都是实习。[①] 陈利敏、邓慧（2008）认为实习是一种教学活动，是延伸到学校之外的一种教学活动。[②] 张安富（2008）认为实习是高校加强大学生专业知识教育，增强大学生的感性认识、工程意识和实践能力，提高大学生综合素质的重要综合性训练环节。[③] 如黄芳（2011）认为大学生实习是高校为使学生掌握某专业技能、巩固专业课本内知识、应验专业理论而在机关、企业事业等单位进行真实性的工作劳动。[④] 李培智（2012）指出实习是指学生在校期间，到实习单位的具体岗位上参与实践工作的过程，其目的是为了强化理论与实际相结合的能力，通过实际锻炼取得工作经验。[⑤] 赵龙娇（2016）将大学生实习定义为全日制在校大学生（包括即将毕业尚未毕业的大学生），在学校联系或自主联系的单位，从事与专业相关的工作，将理论与实践结合，提升专业技能与就业能力的实践活动。[⑥] 申素平、贾楠（2017）认为实习就是学生在专业教师或实习教师的指导下，通过一定的劳动和实践取得经验，达到提高工作能力的目的。[⑦] 邱海萍（2019）认为所谓的大学生实习，指的是大学生在不违反学校教学制度的情况下，经学校推荐或自己联系到实习单位参加实际工作，旨在将学校学到的理论知识运用到实践中，是教学计划的重要构成部分。[⑧] 不同学者在关于大学生实习的概念内涵理解上各有差异，归纳起来主要有三类：一类观点认为实习是一种教学活动或教学环节；一类观点认为实习是一种实践活动；还有一类观点认为实习是一种工作劳动。

关于大学生实习法律关系的研究。大学生实习主要由实习学生、实习

---

① 黎建飞：《劳动法调整对象是劳动行为》，《中国劳动》2006 年第 1 期。
② 陈利敏、邓慧：《浅谈大学生实习中各方法律关系》，《贵州工业大学学报》（社会科学版）2008 年第 6 期。
③ 张安富：《加强实习基地建设的实践与思考》，《中国大学教学》2008 年第 12 期。
④ 黄芳：《论大学生的实习权》，《高教探索》2011 年第 3 期。
⑤ 李培智：《大学生实习劳动关系认定探微》，《法学杂志》2012 年第 6 期。
⑥ 赵龙娇：《大学生实习期间的法律身份研究》，安徽财经大学硕士学位论文，2016 年。
⑦ 申素平、贾楠：《实习生权益保障研究》，《教育学术月刊》2017 年第 6 期。
⑧ 邱海萍：《大学生实习期间劳动权益的法律保护》，《内江师范学院学报》2019 年第 3 期。

单位、高校三方参与,因此主要涉及三种法律关系:实习学生与高校之间的法律关系、高校与实习单位之间的法律关系,以及实习学生与实习单位之间的法律关系。陈利敏、邓慧(2008)认为学校与实习学生之间的法律关系是带有行政管理性质的服务关系,实习单位与实习学生之间是一种平等的民事法律关系,学校与实习单位的法律关系是学校与实习单位之间的一种平等的委托合同关系。① 董丽丽、王明飞(2012)认为实习学生与学校的法律关系是平等主体间的教育服务合同关系,具有行政管理性质;学校与实习单位之间的法律关系是建立在实习协议基础上的平等的委托合同法律关系;实习学生与实习单位之间是一种平等的民事法律关系即实习合同关系。② 黄锐、黄维维(2014)认为高校与实习学生之间是教育管理与服务的双重法律关系,高校与实习单位之间是基于委托合同产生的法律关系,实习生与实习单位之间是事实上的劳动关系。③ 卢梅英(2017)认为实习学生与学校之间仍然是教育与被教育、管理与被管理的关系,学校与实习单位之间属于平等的民事合同关系,但实习学生与实习单位的法律关系因实习形式的不同而有所差别,如在教学实习中实习学生与实习单位属于教育法律关系,在带薪实习中实习学生与实习单位则为事实劳动关系。④ 相对于实习学生与高校之间的法律关系、高校与实习单位之间的法律关系,实习单位与实习生之间的关系较复杂,不同的学者由于研究视角和目的不同而有着不同的理解,存在教育管理关系说、劳动关系说、劳务关系说、事实劳动关系说、附带劳动关系说以及教育管理关系和事实劳动关系双重说等多种观点。

关于大学生实习权内涵性质的研究。目前,学者们对大学生实习权概念内涵的研究还相对缺乏,研究者的主要观点有三类,即将实习权等同于实习生权益,认为实习权就是享有实践学习的权利,以及把实习权理解为获取劳动机会的权利。如李文康(2011)认为实习权是指学生遵循认识规律、进

---

① 陈利敏、邓慧:《浅谈大学生实习中各方法律关系》,《贵州工业大学学报》(社会科学版)2008年第6期。
② 董丽丽、王明飞:《大学生实习法律保障问题初探》,《学理论》2012年第35期。
③ 黄锐、黄维维:《浅谈高职院校学生校外实习中的多重法律关系》,《法制博览》2014年第7期。
④ 卢梅英:《论大学生实习权益的法律保障》,广西大学硕士学位论文,2017年。

行实践学习的权利,是学生的受教育权在实习阶段的表现形式,即参与实习的权利。① 黄芳(2011)认为实习权是指未毕业的大学生为就业而获取真实性工作劳动机会的权利。② 韦嘉燕、乐永兴(2018)认为实习权是指在实习活动过程中实习主体所享有的权利与义务之和的总称。③ 关于大学生实习权的权利性质,李文康(2011)认为实习权在本质上属于受教育权范畴,是受教育权的具体化。④ 黄芳(2011)认为实习权既是一项受教育权也是一项劳动就业权,它是公民受教育权与公民劳动权的交集,是两项权利的交集衍生出的一项新的权利。⑤ 彭海(2014)则认为大学生的实习权并非一种新的权利,既是其行使受教育权利的一种体现,又是其享受劳动权利的体现,只是同时具有受教育权和劳动权的特例。⑥ 张勇(2010)认为实习权既是一项受学习权,也是一项就业权。⑦ 姜国平(2017)认为大学生实习权主要包括与实习活动直接相关的权利、与实习活动间接相关的权利以及实习活动补救性的权利等三方面权利。⑧ 关于大学生实习权的权利属性,学者们的观点也不一,主要有四种:实习权在本质上属于受教育权;实习权既是一项受教育权,也是一项劳动权;实习权既是一项受学习权,也是一项就业权;实习权本质上属于受教育权,但又是一种公益性权利。

关于大学生实习权益内容的研究。 关于实习生权益的内涵,李文康(2011)从实习权与实习生权益比较的角度认为实习生权益泛指实习学生在实习期间依法享有的所有权益的总和。⑨ 黄芳、范兰德(2011)认为实习生权益是实习学生在实习学习过程中应享有的受教育权和在实习工作劳动过程

---

① 李文康:《高校学生实习权探析与立法研究》,《西南农业大学学报》(社会科学版)2011年第12期。
② 黄芳:《论大学生的实习权》,《高教探索》2011年第3期。
③ 韦嘉燕、乐永兴:《实习权的权利价值与保护》,《合肥学院学报》(综合版)2018年第4期。
④ 李文康:《高校学生实习权探析与立法研究》,《西南农业大学学报》(社会科学版)2011年第12期。
⑤ 黄芳:《论大学生的实习权》,《高教探索》2011年第3期。
⑥ 彭海:《大学生实习权益及其保障问题研究》,《法制与社会》2014年第2期。
⑦ 张勇:《基于促进就业理念的大学生实习立法问题研究》,《华东理工大学学报》(社会科学版)2010年第2期。
⑧ 姜国平:《我国高校学生实习法律制度的立法完善》,《现代教育管理》2017年第1期。
⑨ 李文康:《高校学生实习权探析与立法研究》,《西南农业大学学报》(社会科学版)2011年第12期。

中享有的人身与财产权利的总和。[1] 金劲彪、韩玮(2019)认为大学生学习权益是指在校学生为顺利就业而获取真实性工作劳动机会的权利与利益,它以实习为主要内容,具有教育、就业及发展等三个方面的核心价值。[2] 关于大学生实习权益的内容,张勇(2007)认为无论何种实习形式,大学生在实习期间都拥有合法权益,包括人身安全和卫生保护权、休息权、获得报酬权、享受社会保险权等。[3] 陈红梅(2010)认为实习生应该享有受教育权、获得实习报酬的权利、身心安全受到保障的权利,其中受教育权在实习环节表现为实习权,获得实习报酬的权利是实习生的劳动权的反映,身心安全受到保障的权利是实习生的社会保障权的表现。[4] 黄芳(2011)将实习权益归纳为实践教育权、平等实习权、自由选择实习权、实习劳动报酬权、劳动安全权、休息权、人格权与停止实习权等权利内容。[5] 沈红艳、刘平(2014)认为实习权应包括获得劳动报酬的权利,休息、休假的权利,获得劳动安全卫生保护的权利,接受职业技能培训的权利,享受社会保险的权利,拒绝实习单位强令冒险作业的权利。[6] 金秋平(2015)鉴于实习大学生非劳动者这一特殊身份,认为实习大学生至少应当享有:平等实习权、劳动信息知情权、休息权、劳动报酬请求权和损害赔偿请求权。[7] 袁泉(2016)认为实习大学生权益主要包括以下内容:实习权(又称实践教育权)、劳动报酬权、劳动安全权、休息休假权、社会保障权、接受指导权,以及损害赔偿请求权。[8]

关于大学生实习权益受损问题的研究。学者们普遍认为当前实习侵权问题严重,但对实习侵权状况的描述各有差异。如吴义太、邓有莲(2010)认为现阶段大学生在实习期间存在着诸如大培养目标偏离、管理过于宽松、待

---

[1] 黄芳、范兰德:《职业院校学生实习权侵权问题研究》,《现代教育科学》2011年第2期。
[2] 金劲彪、韩玮:《大学生实习权益的保障机制研究》,《黑龙江高教研究》2019年第1期。
[3] 张勇:《大学生的实习权益保障及制度构建》,《教育评论》2007年第6期。
[4] 陈红梅:《对高校实习生法律身份的新认识》,《江淮论坛》2010年第2期。
[5] 黄芳:《论大学生的实习权》,《高教探索》2011年第3期。
[6] 沈红艳、刘平:《大学生实习权益保护的法律解读》,《赤峰学院学报》(汉文哲学社会科学版)2014年第4期。
[7] 金秋平:《大学生实习期间劳动权益保障研究》,《法制与社会》2015年第8期。
[8] 袁泉:《大学生实习权益保护研究》,云南财经大学硕士学位论文,2016年。

遇相当有限、损害难以救济等问题。① 邹小荣(2011)通过调查发现大学生实习权益的现实困境主要是实习单位特别是专业对口的实习单位难找、实习报酬落实难、伤害事故救济难。② 邱中成(2013)认为大学生实习权益保障的现状是实习单位变相侵害大学生实习权益、大学生实习的劳动报酬权益没有保障、休息休假权利无保障、人身损害赔偿得不到保障。③ 宁尚书(2014)认为大学生实习期间权益受损主要表现为企业视实习生为廉价劳动力,不仅不给实习生报酬,还要求实习生缴纳一定的"实习费";发生人身侵权的时候,企业推卸责任;提供岗位不合理,实习培训走过场。④ 姜国平(2017)指出权利失衡是当前我国高校学生实习法律制度存在的主要问题,具体表现为实习机会受限,被强制实习,实习生未获得专业实践和指导的保障,背离学校开展实习活动的宗旨,实习生承担大量劳动却无法获得劳动报酬,实习生在工作期间发生伤害无法享受工伤保险,以及由于监管的缺位,实习生权利难以获得有效的救济等。⑤ 邱海萍(2019)认为目前我国大学生实习期间劳动权益受到侵害的现状主要表现在实习报酬缺乏基准性规定、被当作廉价劳动力,加班现象严重且不支付加班报酬,以及实习期间意外伤害难以得到救济三方面。⑥

关于大学生实习权益受损原因的研究。学者们普遍认为大学生实习权益受损的原因是多方面的,如张勇(2007)认为实习侵权行为之所以形式多样,并且危害趋重,主要存在制度原因、社会原因和心理原因,实习侵权行为主要包括以下类型:一是实习单位的侵权行为;二是中介机构及个人的非法职业活动;三是教育行政部门、劳动与社会保障部门及其工作人员的失职渎职行为;四是学校的侵权行为,即消极或不履行教育管理职责,以实习名义强制学生从事无偿或廉价的劳动等;五是学生的"越轨行为",包括违反实习

---

① 吴义太、邓有莲:《大学生实习期间权益保护中存在的问题与对策》,《现代教育科学》2010年第4期。
② 邹小荣:《大学生实习权益保障机制建设》,《长江大学学报》(社会科学版)2011年第11期。
③ 邱中成:《大学生实习权益保障现状及成因的法律探析》,《商丘职业技术学院学报》2013年第6期。
④ 宁尚书:《大学生实习期间劳动权益法律保障》,《现代妇女》2014年第5期。
⑤ 姜国平:《我国高校学生实习法律制度的立法完善》,《现代教育管理》2017年第1期。
⑥ 邱海萍:《大学生实习期间劳动权益的法律保护》,《内江师范学院学报》2019年第3期。

协议损害实习单位利益、违反实习工作纪律泄露企业商业秘密、出于泄愤报复的目的故意破坏实习单位的生产经营活动等。① 刘惠芹(2007)则从社会、实习单位和大学生自身分析了大学生实习权益受侵害的原因。② 郑治伟、崔春芳(2009)阐述了校企合作在法律制度和操作层面存在的诸多问题,认为在实习制度和实习期间管理方面,校企合作是大学生实习的一种主要途径,校企合作制度的不完善会间接影响实习生权益保障。③ 陈红梅(2010)指出高校实习生属于制度性弱势群体,并从教育法律制度、劳动法律制度和社会保障法律制度三方面分析目前我国现行法律制度对高校实习生这一弱势群体在劳动权益保护方面的不足之处,强调要在法律上确定实习生的实习权、劳动权、社会保障权。④ 邹小荣(2011)认为大学生实习权益缺乏保障的原因主要是:相关法律法规不完善,高校教学改革滞后,企业缺少社会责任感,大学生缺乏正确的权益保障意识。⑤ 孙瑞雪(2014)认为大学生实习期间权益受侵害的原因主要有:现行法律覆盖面不足,校方管理失衡、校方权力过盛,实习单位权力强势,实习生自我法律保护意识淡薄,实习岗位保证、实践教学质量保障中政府作为欠缺。⑥ 袁泉(2016)认为大学生实习权益受侵害的主要成因包括以下几方面:一是实习大学生法律关系模糊——大学生实习法律性质有歧义、大学生实习法律身份不确定、大学生实习纠纷适用法律不明确;二是大学生实习法律规范缺位——高层次立法缺位、其他立法不成体系、维权程序复杂成本过高;三是用人单位与校方责权不明、趋利避害——用人单位的廉价劳动力思维、校方管理鞭长莫及、用人单位与校方容易互相推诿。⑦ 王晓慧(2017)则从社会层面——市场供求矛盾,国家层面——劳动立法不足,个体层面——用人单位、学校、实习生利益差异等三方面分析了

---

① 张勇:《大学生的实习权益保障及制度构建》,《教育评论》2007年第6期。
② 刘惠芹:《大学生实习权益的法律保障原则初探》,《市场周刊》2007年第10期。
③ 郑治伟、崔春芳:《基于校企合作的法律分析》,《职业教育研究》2009年第9期。
④ 陈红梅:《对高校实习生法律身份的新认识——兼谈实习生劳动权益的保护》,《江淮论坛》2010年第2期。
⑤ 邹小荣:《大学生实习权益保障机制建设》,《长江大学学报》(社会科学版)2011年第11期。
⑥ 孙瑞雪:《大学生实习期间的权益保护相关法律适用问题分析》,《科技视界》2014年第19期。
⑦ 袁泉:《大学生实习权益保护研究》,云南财经大学硕士学位论文,2016年。

实习大学生权益受损的主要原因。①

关于保障大学生实习权益对策的研究。关于如何保障大学生实习权益,不同学者提出了不同的对策建议。陶书中、王佳利(2006)认为应通过建立健全相关法律法规、加大政府监管力度、提高大学生的自我维权意识等方面来保障大学生实习期间的合法权益。② 张勇(2007)认为应该从立法和司法上综合考虑学校、大学生、用人单位及政府等行为主体的各自诉求,逐步完善并规范大学生实习制度。③ 叶剑华(2008)指出在其他法律法规中进行参照性立法,解决制度层面问题,辅以政策保障,并完善管理技术的支撑体系,是保障实习生权益的最佳选择。实习生权益保障的制度、政策路径:在其他法律法规中规定以《劳动法》中某些制度为参照进行参照性立法,允许各地结合实际出台对实习生法律权益先行保护的规定,深化教育体制改革,明确实习是特定专业教学的有益延续,努力健全人才市场制度建设,规范人才市场中介服务秩序;实习生权益保障的管理技术路径:在高校管理方面应对实习生进行系统培训、实行跟踪式服务,在实习单位方面应建立"实习生制度";实习生权益保障的个人路径:大学生自己应有维权意识,以避免实习期间权利受侵害。④ 王鲁(2012)从针对大学生实习问题出台专门性的法律法规、在劳动法范畴内规定适用大学生的工伤保险制度、全面推行实习合同的签订、规范学生申诉制度、国家加大对大学生实习的财政支持、学校应完善实习制度、企业出台支持措施、探索商业化的实习保险机制等8个方面提出了构建我国大学生实习权益保障法律机制的具体举措。⑤ 宁尚书(2014)认为应该通过加强学生法律法规教育、提高学生维权意识,加强政府对实习的支持和监管,出台相关法律法规、完善法律体系等方面来保障大学生实习权益。⑥ 吴义太、邓有莲(2014)认为保障大学生实习权益的途径主要有探索实习立法、制定高校实习法规,加强政府管理、设立实习监管部门,明确权利

---

① 王晓慧:《实习大学生劳动权益保护的研究》,《中国劳动关系学院学报》2017年第2期。
② 陶书中、王佳利:《大学生实习期间权益保障问题研究》,《中国青年研究》2006年第11期。
③ 张勇:《大学生的实习权益保障及制度构建》,《教育评论》2007年第6期。
④ 叶剑华:《试论大学生实习期间的权益保障》,《九江学院学报》2008年第4期。
⑤ 王鲁:《大学生实习权益保障法律机制研究》,山东大学硕士学位论文,2012年。
⑥ 宁尚书:《大学生实习期间劳动权益法律保障》,《现代妇女》2014年第5期。

义务、健全实习协议制度,强化高校对实习的管理、规范实习标准制度,分散意外风险、实行实习保险制度。[①] 李世辉、龙思远(2017)在探讨我国大学生实习机制的现状及问题的基础上,结合国外高校大学生实习的经验,从政府、高校、产业、学生及第三方平台五个层面提出"五体联动"大学生实习机制构想。[②] 王晓慧(2017)在借鉴美国、英国和日本发达国家实习管理经验的基础上,从完善法律法规、明确实习生身份地位,增进校企合作、避免实习生"单打独斗",增强社会责任感、合理安排实习生,提高自我保护意识、积极运用法律维权等四方面提出建立与完善实习大学生劳动权益保障机制。[③] 卢梅英(2017)从完善法律保障制度和建立各方风险分担机制两方面对大学生实习权益法律保障措施提出了建议,完善法律保障制度包括针对大学生实习活动进行专门性立法、扩大工伤保险制度的适用范围、对大学生实习薪酬给予法律保障;建立各方风险分担机制包括全面推行实习协议制度、规范实习生申诉制度。[④] 郏夏利(2018)从立法角度、救济途径、政府政策及配套监督体系建设三个层面提出完善实习生劳动权益保障的建议,即完善在校实习生法律劳动保障体系、健全实习生权利救济机制、发挥政府与社会力量的引领和监督作用。[⑤] 金劲彪、韩玮(2019)从明确实习生法律身份、系统制定的实习保障法律法规、加强实习过程的监督与管理以及增强大学生的维权意识等四方面提出完善大学生实习权益保障机制建议。[⑥]

(二)国内外相关研究

关于国外大学生实习及其权益保障的研究,学者们的研究主要分两类:

一类是国别研究。如陈仁霞(2009)对德国大学生实习情况进行了调研,发现关于大学生的实习德国并没有全国性的法律规定,对那些实践性和

---

① 吴义太、邓有莲:《大学生实习期间权益保护中存在的问题与对策》,《现代教育科学》2010年第4期。
② 李世辉、龙思远:《"五体联动"视角下的大学生实习机制研究》,《现代大学教育》2017年第5期。
③ 王晓慧:《实习大学生劳动权益保护的研究》,《中国劳动关系学院学报》2017年第2期。
④ 卢梅英:《论大学生实习权益的法律保障》,广西大学硕士学位论文,2017年。
⑤ 郏夏利:《我国在校实习生劳动权益保护问题研究》,河北经贸大学硕士学位论文,2018年。
⑥ 金劲彪、韩玮:《大学生实习权益的保障机制研究》,《黑龙江高教研究》2019年第1期。

应用性较强专业的大学生来说,在校期间的实习是一种义务,相关院系会制定专门的实习或实习生规定及守则,并分别从义务实习、志愿实习和国外实习等三种实习类型考察了德国大学生实习状况。① 赵明刚(2010)通过对德国大学实习制度的考察,发现德国大学实习制度具有三个显著特点:企业主导大学生实习、理论学习与工作实习交替进行以及对大学生的考核注重实效,政府、行业、企业和学校积极合作构建了企业主导、多方参与、责任清晰、分工明确的大学实习制度,即德国政府以立法和制定政策法规等形式为大学生实习提供制度支撑,企业积极响应政府号召、主动提供实习岗位,德国的大学通过实行有弹性的教学管理为在校大学生提供实习便利,德国大学生积极踊跃参加校外实习。② 黄培、马燕生(2014)对法国修订法律维护学生实习权益进行了考察,《新实习生法案》就实习生劳动时间、薪资待遇等条款进行了修订,以维护学生实习权益;同时对企业招募实习生规模、加强企业劳动监管等亦提出改革意见,确保企业履行好社会义务,承担起社会责任。③ 陈敏、蒋志鸿(2014)以法国工科大学生企业实习为研究对象,围绕政府、学校、学生、企业和中介组织五个元素展开讨论,分析其使命、定位和各自的职责,以及它们之间的相互制约和依赖,以至形成一个利益耦合、有效运作、边界开放、自我完善的学生实习社会大系统的过程。④ 徐国正、张坤、曹璐(2017)认为英国国家实习制度具有以下几个特点:英国政府、高校和企业都高度重视大学生实习工作,实习薪资一般不受国家最低工资标准限制,政策实施中得到了英国政府的大力支持,充分发挥和利用企业及公共机构的资源,众多知名高校通过交替课程和实习项目与当地企业开展了深度的校企合作。但英国工业联合会的研究发现,英国参与实习的大学生人数比例仅有29%,远低于欧洲55%的平均水平。⑤ 王景枝(2011)通过对美国高校学生实习的考察,发现实习实践活动类型多样,学校组织工作周密细致;学生

---

① 陈仁霞:《关于德国大学生实习情况的调研》,《世界教育信息》2009年第3期。
② 赵明刚:《德国大学的实习制度探析》,《教育评论》2010年第6期。
③ 黄培、马燕生:《法国修订法律维护学生实习权益》,《世界教育信息》2014年第6期。
④ 陈敏、蒋志鸿:《五元合一:法国工科大学生企业实习系统研究》,《高等工程教育研究》2014年第5期。
⑤ 徐国正、张坤、曹璐:《中英高校大学生实习制度的比较与启示》,《大学教育科学》2017年第6期。

以获取工作经验为首要目标,积极参与实习;无薪或低薪实习较为普遍,学校多方面帮助解决实习生的困难。① 李瑾、陈敏(2011)以美国学生实习的运转机制为研究对象,评析了学生、学校、企业、政府和中介组织等学生实习的五个主要利益相关者,其角色如何定位,责任何在及如何履行,彼此之间如何相互依赖和制约,最终形成一个利益耦合、有效运作、边界开放、自我完善的学生实习社会大系统的过程。② 周萍(2015)以学校、学生、企业、政府四个利益相关者为对象进行研究,发现美国已形成学校合理指导、学生主动参与、企业积极响应、政府全面管理的实习运行模式,并取得良好效果。③

另一类是比较研究。如刘敏(2012)通过对德、英、美等国家的大学生实习制度的考察,认为德、英、美等国家的大学生实习制度具有以下特点:健全法律法规、以制度推动大学生实习工作的开展,以政策为引领,鼓励企业主动为大学生提供实习岗位,灵活的组织、评价、奖惩机制,积极参加校外实习、实习效果明显等;并提出通过完善立法和建立健全各种实习制度,调动企业积极性,构建实习生制度,转变办学理念,完善实习评价指标体系,健全实习管理制度,制定奖惩制度,激发大学生实习积极性等途径构建完善我国大学生实习制度。④ 王进(2015)认为应该借鉴欧美国家对大学生实习权益保护在立法保障、身份保障、薪酬保障、保险权益保障、民间团体协同保障等方面的成功经验,并提出我国要从健全实习权益的法律法规、完善大学生的司法保护与救助机制、构建实习基准制度、健全实习协议制度、提高学生依法自保的意识与能力等方面入手保护实习生的权益。⑤ 金秋平(2015)从中外立法比较视角分析总结德国、法国、美国及我国台湾地区在保障大学生实习权益方面的成功经验,并提出需要着力从明确实习学生身份及其享有的权利内容、签订规范的实习保障协议、全面推行实习责任险、尽快出台《大学

---

① 王景枝:《大学生实习制度的国际比较及启示》,《黑龙江高教研究》2011年第2期。
② 李瑾、陈敏:《五元合一:美国工科本科生实习系统研究》,《高等工程教育研究》2011年第6期。
③ 周萍:《美国工科本科生实习模式探析》,《长春师范大学学报》2015年第6期。
④ 刘敏:《国外大学生实习制度及对我们的启示》,《河南商业高等专科学校学报》2012年第6期。
⑤ 王进:《欧美大学生实习权益保障借鉴与启示》,《教育与职业》2015年第8期。

生实习条例》等方面构建我国自己的大学生实习期间劳动权益保障体系。[①] 徐国正、张坤、曹璐(2017)通过对比中英实习制度,发现中英实习制度目标存在差异、实习时间安排存在差异、高校角色定位存在差异、实习考核体系存在差异;并提出中国高校实习制度改进策略:制定明确的实习教育目标,合理安排教学计划,延长实习时间,增强校企政合作意识,扩展实习基地,以及扩大评价主体,科学合理地进行实习评价。[②] 陈蕊花、霍丽娟(2018)以加拿大职业教育、美国社区学院和德国双元制专业实习为研究对象,从实习中学校与企业的地位差异、实习效果的差异、实习制度保障的差异等三方面分析了发达国家与我国实习方面的差异,并建议从推动顶岗实习中企业的主体作用、加强对顶岗实习过程的动态评价、完善顶岗实习的保障制度等方面来完善我国顶岗实习制度。[③]

  国际上尤其是美国等发达国家在大学生实习权益保障制度方面相对完善,不论是实习生的法律身份认定、实习关系定性,还是立法、配套制度、支持政策都比较成熟。一是实习生权益保障有相关法律规定,如美国的《公平劳动标准法案》和《联邦劳动法》,法国的《新实习生法案》,德国先后颁布的《联邦职业教育法》《职业教育促进法》《事故保险法》和《企业基本法》等一系列法律。二是实习生法律身份认定、实习关系定性明确,如美国以《公平劳动标准法案》和劳动者六项标准等规定来认定实习生的法律身份,除非符合免费实习严格要求,否则实习生与一般雇员享有同等权利,将实习生的身份定位为准劳动者;德国学术界和司法界在实习生身份的认识上已形成统一意见,立法也明确认可实习生的劳动者身份。三是严格执行实习协议制度,实习协议明确规定各方权利、义务,如美国以政令的形式强制要求实习单位与实习生签订实习协议,且对实习协议的内容进行了详细规定。四是将实习生人身伤害事故处理纳入社会保障法范畴,合理确定实习单位支付实习

[①] 金秋平:《大学生实习期间劳动权益保障研究》,《法制与社会》2015年第8期。
[②] 徐国正、张坤、曹璐:《中英高校大学生实习制度的比较与启示》,《大学教育科学》2017年第6期。
[③] 陈蕊花、霍丽娟:《发达国家专业实习对我国高职院校顶岗实习的启示》,《职教论坛》2018年第7期。

生的劳动报酬,如德国把实习生直接纳入工伤保险范围,在《事故保险法》中明确规定对学徒与劳动者同等对待,在《最低工资法》中直接认可实习生是享有最低工资保障权利的劳动者。五是西方发达国家在不断完善法律法规的同时,非常重视对大学生实习的监督与管理,如德国,政府成立大学生实习专门委员会,由专门委员会负责对大学生实习的统一指导、监督;法国更强调劳工部门外部监管作用,扩大劳动监察部门权利,加强对企业在雇佣实习生方面的监管。六是重视对大学生实习的政策和财政支持,如英国政府于2009年推出的国家实习计划(National Internship Scheme)。七是具有完善的社会支持服务体系等主要特点,如美国的华盛顿实习项目(Washington Internship Program)。八是西方发达国家实习中介服务组织非常发达,既有营利性,也有非营利性的,都是民间组织,在促进大学生实习方面起到了重要作用。总体而言,美国等发达国家在落实大学生实习权和保障实习生权益方面已经形成了比较完善的制度体系,由于社会制度、国情不同,我们不能照抄照搬,但一些做法值得我们借鉴与学习。

(三) 现有研究的述评

大学实习生的权益保障问题越来越受到关注,有其研究的必要性和重要性。总体上看,目前关于大学生实习权及其权益保障问题的研究还存在一些不足:(1) 理论研究深度还不够。关于大学生实习权概念内涵、实习生身份法律属性、实习法律关系等方面的理论研究深度还不够。(2) 系统性研究还不够。关于实习生权益内容以及如何保障等方面问题缺乏整体的认识、系统的分析,现有研究从某一角度或针对某一类型权益的研究比较多,尤其是对职业院校实习生工伤赔偿问题研究较多,系统性研究还不够。(3) 研究科学性还不够。从研究方法看,基于经验总结的多,缺乏深层次的理论分析和实证研究,研究的科学性还不够。总之,目前我国学界关于大学生实习权及其权益保障问题的研究缺乏深入的、系统的理论研究和实证研究,尤其是借用利益相关者理论,从"责任共担"视角对大学生实习权及其权益保障问题进行研究是缺乏的,这也是本课题选择开展此项研究的重要原因。

三、研究思路与方法

（一）研究思路

本研究以现行《中华人民共和国教育法》《中华人民共和国高等教育法》《中华人民共和国职业教育法》《中华人民共和国劳动法》《中华人民共和国劳动合同法》《中华人民共和国社会保障法》等法律，以《职业学校学生实习管理规定》《教育部关于加强和规范普通本科高校实习管理工作的意见》等部门规章，以《广东省高等学校学生实习与毕业生就业见习条例》《上海市普通高等学校学生校外实习暂行规定》《江苏省劳动合同条例》为代表的地方性法规等多个法律法规为支撑，结合国内外相关立法的实践经验及理论成果，按以下思路逻辑展开：第一，在科学界定大学生实习概念内涵和分析大学生实习主要类型的基础上，明晰大学生实习权的概念内涵和权利属性；第二，基于实习权的权利性质，研究明确大学生实习权益的主要内容；第三，通过调查研究国内大学生实习权益保障现状，揭示存在的突出问题以及产生的主要原因；第四，通过对美国、德国、法国、英国等四个发达国家大学生实习权益保护的立法及实践进行比较分析，总结国外在实习生权益保护制度方面的主要特点和成功经验；第五，基于利益相关者理论，从"责任共担"视角对有效落实大学生实习权和大学生实习权益保护制度的完善提出建议。

（二）研究方法

根据研究目标和研究内容需要，本研究综合运用了文献研究、调查研究、比较研究以及综合分析等研究方法。

1. 文献研究法

本研究中的文献主要包括国内外关于大学生实习权益保障方面的期刊文献，出版的专著、教材，相关的硕士、博士论文，以及相关法律法规等政策文献和统计数据。

2. 调查研究法

本研究通过深度访谈、专家咨询、问卷调查等具体方法,有针对性地对相关问题进行了调查研究。

为了深入和系统研究大学生的实习权及其权益内容,分析大学生实习权益受损的主要原因,本研究深度访谈30人/次,为获取的依据更具代表性,访谈对象尽可能包括了参加过实习的学生(包括本科院校学生5人/次,高职院校学生5人/次),企事业等实习单位中层以上管理人员和业务骨干(10人/次),以及高校教师和管理人员(本科院校5人/次,高职院校5人/次)等更多类型的群体。在初步梳理、分析总结文献研究和访谈结果的基础上,征询了包括法学和高等教育管理学等专业的5位专家意见。

为确认并构建科学的实习生权益内容体系,本研究在综合学者们的观点和访谈结果的基础上,编制了"关于大学生实习权益内容的调查问卷"并进行了问卷调查。调查共发放问卷300份,其中参加过实习的学生(以下简称实习生)100份,回收有效问卷98份;企事业等实习单位中层以上管理人员和业务骨干(以下简称实习单位人员)100份,回收有效问卷99份;高校教师和管理人员(以下简称高校教师)100份,回收有效问卷99份。调查结果采用频数数据分析方式进行了分类统计。

为了解大学生实习权益保障现状,本研究设计了"关于大学生实习权益保障状况的调查问卷",调查共发放问卷500份,收回问卷478份,回收率达95.6%,有效问卷469份,占总回收问卷的比例为98.1%。调查对象既包括在校学生,也包括已毕业学生;既包括本科院校学生,也包括高职院校学生;既包括理工科专业学生,也包括文科专业学生。样本均为随机抽样,具有较强的代表性。调查结果采用频数分析方式进行了统计分析。

3. 比较研究法

本研究通过分析美国、德国、法国等发达国家大学生实习权益保障的主要做法,总结国外大学生实习权益保障的成功经验,为改进我国大学生实习权益保障提供国际经验借鉴。

4. 综合分析法

影响大学生实习权益保障的因素多而且复杂,如何保障大学生实习权益是个十分复杂的问题。本研究在进行深入的理论研究和深刻的现状分析后,通过综合分析探索提出了改进保障大学生实习权益的对策和建议。

四、研究对象与内容

(一) 研究对象

实习有不同的类型,不同实习类型的实习生法律身份,以及实习期间实习生与实习单位的法律关系不同。本研究根据实习生是否参与实习单位相关实际工作、是否为实习单位创造了价值,将实习分为认识性实习和生产性实习。本研究中的认识性实习主要是指不参与实习单位相关实际工作的实习,是教学活动的延续,包括参观实习、认识实习、课程实习、观摩实习等类型。生产性实习是指实习生参与实习单位相关实际工作、为实习单位创造了价值的实习,包括生产实习、毕业实习、顶岗实习、就业实习等类型。在认识性实习中,实习生没有参与实习单位相关实际工作,实习法律关系比较简单,实习侵权情况并不严重,因此本研究主要探讨生产性实习中实习生劳动权益保护问题。因为,如果不考虑具体的实习目的、实习方式和实习内容,强行将实习生与实习单位之间的关系按照劳动关系对待,将实习社会关系全部纳入劳动法调整,无疑会加大实习单位的经济成本,极大地挫伤实习单位接纳实习生的积极性,不仅起不到保护实习生的作用,反而适得其反,出现更大的大学生"实习难"问题。此外,如果将实习生完全拒之于劳动关系门外,也有其不合理性。因为,如果实习生听从实习单位指挥,服从管理,完成与员工相同的工作并为实习单位创造了价值,但仅因为实习生的大学生身份,劳动法就不予保护和调整,不仅与劳动法的宗旨相悖,也易导致实习单位滋生以实习为名的廉价用工以及其他问题。[①]

(二) 研究内容

本研究主要由绪论、主体九章和结论等十一部分构成。

---

① 李培智:《大学生实习劳动关系认定探微》,《法学杂志》2012年第6期。

绪论部分。本部分主要分析了研究的背景和意义,对国内外相关研究成果进行了述评,确定研究思路与研究方法,以及研究对象与研究内容。

主体九章。第一章对实习的概念内涵进行了界定,与就业见习、勤工助学等概念进行比较辨析,并对实习的类型划分进行了梳理分析。第二章主要探讨大学生实习期间的法律身份,以及大学生实习期间的法律关系。第三章对大学生实习权的概念内涵进行了界定,分析了大学生实习权的权利属性,以及如何对大学生实习权进行法律确认。第四章在对实习生权益概念内涵进行界定的基础上,对实习权与实习生的权益进行了比较辨析,并基于实习权的权力属性分析了实习生权益体系的构成内容。第五章考察了大学生实习权益保障现状,分析了存在的突出问题以及产生的主要原因。第六章在分析总结美国、德国、法国等发达国家大学生实习权益保障主要特点的基础上,总结了国外大学生实习权益保障的成功经验,为改进我国大学生实习权益保障提供国际经验借鉴。第七章基于利益相关者理论,识别确定大学生实习的主要利益相关者、大学生实习利益相关者的利益和责任,以及利益冲突与博弈情况。第八章从"责任共担"视角分析了提出构建实习生权益保障体系的主要思路、主要原则以及主要措施。第九章提出规范化校外实习基地是有效保障实习生权益的重要途径,本部分主要从实习生权益保障视角,探索提出加强高校校外实习基地规范化建设的一些设想和建议。

结论部分。总结、归纳研究成果,提出了研究结论,分析了研究的创新与不足之处,以及后续的研究设想。

第一章
大学生实习的概念内涵与类型划分

实习,依据不同的划分标准,可以分为不同的类型。不同的实习类型,大学生实习期间的法律身份,以及大学生实习期间的法律关系不同。有效保障实习生权益的核心问题在于科学界定大学生实习期间的"法律身份",而准确判断大学生实习期间的"法律身份",首先就要厘清大学生实习的概念内涵和大学生实习的主要类型。

一、大学生实习的概念内涵

科学界定大学生实习的概念内涵是本研究的逻辑起点,对后续研究至关重要,尽管概念不能决定一切,但是概念的混乱势必引起逻辑的混乱。只有准确把握大学生实习概念的内涵,才能在此基础上进一步分析大学生实习期间的法律身份,以及大学生实习期间实习生与实习单位、实习生与高校、高校与实习单位的法律关系,否则就可能偏离方向、偏离问题的本质。[1]

大学生实习的概念内涵,顾名思义是由"大学生"与"实习"两个部分构成。大学生的内涵与外延比较好界定,大学生是指大学在读或毕业的学生,分为普通全日制、非全日制的学生(统招生),不含自考生。本研究所指的大学生主要是包括专科和本科层次的普通全日制在校学生。

关于什么是"实习",《教育法》《高等教育法》《职业教育法》和《劳动法》

---

[1] 赵龙娇:《大学生实习期间的法律身份研究》,安徽财经大学硕士学位论文,2016年。

都没有作出相应的界定,百度百科、《现代汉语词典》、地方性法规以及学界则是众说纷纭。百度百科的释义为:"实习,顾名思义,在实践中学习。在经过一段时间的学习之后,或者说当学习告一段落的时候,我们需要了解自己所学需要或应当如何应用在实践中。因为任何知识源于实践,归于实践,所以要付诸实践来检验所学。"[1]《现代汉语词典》将实习解释为"把学到的理论知识拿到实际工作中去应用和检验,以锻炼工作能力"[2]。地方性法规,如《广东省高等学校学生实习与毕业生就业见习条例》将实习定义为:高等学校按照专业培养目标和教学计划,组织学生到国家机关、企业事业单位、社会团体及其他社会组织进行与专业相关的实践性教学活动。[3]

学者们关于大学生实习的概念内涵在理解上各有差异,归纳起来主要有以下三种观点。第一种观点:实习是一种教学活动或教学环节。如陈利敏、邓慧(2008)认为实习属于一种教学,是延伸到学校之外的一种教学活动。[4] 崔玉隆(2008)认为实习是为了检验学生综合运用所学专业知识,锻炼学生理论联系实际的能力而设置的,是培养学生的综合素质,帮助学生更清楚地认识社会和了解社会的重要途径,是理论教学和其他实践方式无法替代的不可少的重要的实践教学环节。[5] 都昌满(2010)认为实习是高校特别是工科类院校培养学生实践动手能力和创新精神、保证培养目标实现的不可缺少的教学环节,同时也是学生提高就业能力和增强对社会适应能力的重要手段。[6] 王志雄(2013)认为实习是指高等学校按照专业培养目标和教学计划,组织学生到国家机关、企业事业单位、社会团体及其他社会组织进行与专业相关的实践性教学活动。[7]

第二种观点:实习是一种实践活动。如黎建飞(2006)认为不以获得劳

---

[1] 实习:https://baike.baidu.com/item/%E5%AE%9E%E4%B9%A0/896525? fr=aladdin。
[2] 《现代汉语词典(第7版)》,北京:商务印书馆2016年版,第1186页。
[3] 2010年颁布的《广东省高等学校学生实习与毕业生就业见习条例》。
[4] 陈利敏、邓慧:《浅谈大学生实习中各方法律关系》,《贵州工业大学学报》(社会科学版)2008年第6期。
[5] 崔玉隆:《大学生实习相关法律问题的探讨》,《法制与社会》2008年第14期。
[6] 都昌满:《高校学生实习:问题分析与解决途径》,《高等工程教育研究》2010年第5期。
[7] 王志雄:《高校学生实习的身份界定与法律适用》,《教育与职业》2013年第11期。

动报酬为目的,积累专业实践能力的社会实践活动包括兼职都是实习。[①] 赵龙娇(2016)将大学生实习定义为全日制在校大学生(包括即将毕业尚未毕业的大学生),在学校联系或自主联系的单位,从事与专业相关的工作,将理论与实践结合,提升专业技能与就业能力的实践活动。[②] 申素平、贾楠(2017)认为实习就是学生在专业教师或实习教师的指导下,通过一定的劳动和实践取得经验,达到提高工作能力的目的。[③]

第三种观点:实习是一种工作劳动。如黄芳(2011)认为大学生实习是高校为使学生掌握某专业技能、巩固专业课本内知识、应验专业理论而在机关、企业事业等单位进行真实性的工作劳动。[④] 李培智(2012)指出实习是指学生在校期间,到实习单位的具体岗位上参与实践工作的过程,其目的是强化理论与实际结合的能力,通过实际锻炼取得工作经验。[⑤] 袁泉(2016)认为大学生实习是指行将毕业的大学生到用人单位进行实践,将理论知识运用到实际工作中,按照双方约定,遵守用人单位的管理规定,承担一定的工作任务,获得相应的报酬。[⑥] 邱海萍(2019)指出,所谓的大学生实习,指的是大学生在不违反学校教学制度的情况下,经学校推荐或自己联系到实习单位参加实际工作,旨在将学校学到的理论知识运用到实践中。在实习期间,大学生在实习单位的指导下进行工作,有助于积累工作经验、增加社会阅历。[⑦]

事实上,实习有广义的实习和狭义的实习概念之分。狭义的实习是指作为一种实践性的教学方式,它是学校一种教学活动或教学环节,是教学场所延伸到学校之外的一种教学活动。广义的实习,是指包括教学实习、就业见习、勤工助学、课外打工、社会实践等在内的社会实践活动。实习作为一种具有悠久历史传统的教学模式,一直以来,被认为是理论知识向实践的延伸。但近年来,国家、高校、学生和社会越来越重视大学生实习,现在的实

---

① 黎建飞:《劳动法调整对象是劳动行为》,《中国劳动》2006年第1期。
② 赵龙娇:《大学生实习期间的法律身份研究》,安徽财经大学硕士学位论文,2016年。
③ 申素平、贾楠:《实习生权益保障研究》,《教育学术月刊》2017年第6期。
④ 黄芳:《论大学生的实习权》,《高教探索》2011年第3期。
⑤ 李培智:《大学生实习劳动关系认定探微》,《法学杂志》2012年第6期。
⑥ 袁泉:《大学生实习权益保护研究》,云南财经大学硕士学位论文,2016年。
⑦ 邱海萍:《大学生实习期间劳动权益的法律保护》,《内江师范学院学报》2019年第3期。

习,与传统意义上的实习概念相比,其概念内涵发生了很大变化,实习目的、实习类型等也发生了很多变化,而且呈现出多样化的发展趋势。本研究中的大学生实习既不局限于传统狭义的教学实习,也不是广义的社会实践活动,而是指全日制在校大学生(包括即将毕业尚未毕业的大学生),按照专业培养目标和教学计划要求,由学校组织或自己联系到国家机关、企事业单位、社会团体及其他社会组织进行与专业相关的实践性教学活动。

根据这个概念内涵,总结大学生实习的主要特点:一是实习的主体是在校大学生,区别于已毕业但未就业的毕业生的就业见习;二是实习的目的是实现专业人才培养目标的需要,是专业培养目标的要求,不是为了劳动报酬,也不是为了一般性的拓宽视野;三是实习的内容要与专业有对应性或相关性,实习是专业教学计划中安排的规定教学环节,是专业教学的组成部分,区别于勤工助学、课外打工和一般性社会实践活动;四是实习的类型多样,既可以是感性认识性的也可以是生产实践性的,既可以是学校组织也可以是学生自主联系;五是实习是一种学校组织行为,无论实习单位是学校推荐的还是学生自主联系的,学校都要负责管理,并安排教师进行实习指导。

二、相关概念的界定与辨析

由于广义的实习是指包括教学实习、就业见习、勤工助学、课外打工、社会实践等在内的社会实践活动,因此在实践中经常将实习与就业见习、勤工助学、课外打工、社会实践等概念相混淆。

就业见习。就业见习是指由各级政府有关部门组织离校后未就业毕业生到企事业单位进行实践训练的一项就业扶持措施。2006年人事部、教育部、财政部、劳动和社会保障部等单位联合下发了《关于建立高校毕业生就业见习制度的通知》,其目的在于有计划地组织未就业的高校毕业生参加就业见习,帮助其尽快实现就业。就业见习制度设立的目的在于促进解决未就业大学生的就业问题,为解决大学生就业难问题提供新的通道。就业见习的主体是已毕业但未就业的毕业生,见习生已不具备在校大学生的身份,本研究主要探讨在校大学生的实习权益保障问题,因此就业见习不属于本研究中的实习。

勤工助学。勤工助学是指在校大学生在学校的统一组织安排下利用课余时间,通过劳动取得合法报酬,用于改善学习和生活条件的社会实践活动。① 勤工助学(或勤工俭学)最早源于1985年的《中共中央关于教育体制改革的决定》,2007年教育部和财政部联合下发了《高等学校学生勤工助学管理办法》,对高校学生勤工助学相关问题进行了明确的规定。勤工助学是学校学生资助工作的重要组成部分,也是提高学生综合素质和资助家庭经济困难学生的有效途径。勤工助学不是专业培养目标和教学计划要求的,勤工助学内容一般与专业没有相关性,因此勤工助学也不属于本研究中的实习。

课外打工。大学生课外打工(有的称"兼职")主要是指大学生利用课余时间,到用人单位通过劳动取得合法报酬。"兼职"并不是法律用语,而是一种工作状态,指一个人已经拥有一份工作,又利用这份工作之外的时间从事第二份乃至两份以上的工作。兼职者所从事的工作,可以是劳动法和劳动合同法规范的劳动关系,也可以是雇佣关系。大学生私自外出打工,从法律层面进行深层次的分析,严格地说并不属于兼职,大学生作为在校学生的身份与职员身份是有根本区别的,大学生的这种行为归到打工类别更合理。② 课外打工最容易与实习相混淆,课外打工确与实习中的生产实习、顶岗实习等有相似的地方,但课外打工与实习存在本质上的区别。大学生课外打工一般都未经学校的统一组织和管理,属于个人行为,是个人向雇主或用人单位提供劳务或劳动的一种行为,是以取得劳动报酬为主要目的。当然,有些打工也与专业有相关性。实习是专业培养目标和教学计划要求的,实习主要目的是完成学业,由学校统一组织和管理,即使是自己联系的实习单位,学校也要负责管理;同时,实习主要目的是完成学业,虽然有些实习单位对生产实习、顶岗实习的实习生也支付一定的劳动报酬,但主要目的不是获得劳动报酬。因此课外打工也不属于本研究中的实习。

社会实践。社会实践一般是在校大学生利用假期或课余时间,有计划、

---

① 朱岩:《在校大学生兼职法律权利保障状况调查报告》,兰州大学硕士学位论文,2008年。
② 王志雄:《高校学生实习的身份界定与法律适用》,《教育与职业》2013年第11期。

有组织地走出校门,深入基层、深入群众、深入实际,以理论宣讲、社会调查、学习参观、社会服务等形式多样的活动为载体,接触社会、了解社会和服务社会,间或利用所学专业知识为经济建设和社会发展服务的实践活动。社会实践虽一般也由学校组织和有教师指导,但其主要目的是使学生更好地接触社会、了解社会,有利于增强大学生的社会责任感、培养大学生的艰苦奋斗精神和锻炼个人社会实践能力,并非完成教学计划规定的专业性教学活动。社会实践属于第二课堂,与第一课堂的理论教学和教学实习相对应,因此,只能算"实践"而非实习。因此社会实践也不属于本研究中的实习。

三、大学生实习的类型划分

(一) 大学生实习类型的一般划分

关于实习的类型,姚瑶(2013)认为按照承担工作的性质,实习可分为教学实习、顶岗实习和就业实习;从学校的参与度,可分为分散实习和统一集中实习。[①] 王志雄(2013)认为以实习生是否与实习单位形成劳动关系为标准,可将实习分为实习生与单位签订劳动合同、建立劳动关系的实习和实习生与实习单位未建立劳动关系的实习两种类型;以是否完全履行岗位职责为标准,可将实习分为顶岗实习与教学实习。[②] 付静怡(2015)认为大学生实习可以分为教学实习、带薪实习和就业实习,其中教学实习是指该学生参与的实习是其就读的高等院校在教学方案中设置的学习课程;带薪实习是指在校大学生利用课外时间实习,在习得工作经验的同时也能获取一定的报酬;就业实习,是指大学生在毕业前夕以测试留用为目的而进入实习单位实习。[③] 我国高等教育对于大学生实习的类型、方式没有统一明确的规定,通常会因为学校的类型、专业的不同,实习目的等不同而有所区别,如高等职业院校的顶岗实习、跟岗实习,本科院校工科专业的生产实习、金工实习,教

[①] 姚瑶:《大学生实习的法律界定及保障机制》,《中外企业家》2013年第22期。
[②] 王志雄:《高校学生实习的身份界定与法律适用》,《教育与职业》2013年第11期。
[③] 付静怡:《大学生实习之法律关系解构》,《法制与社会》2015年第14期。

师教育专业的教育实习,以及大学生在毕业前都参与的毕业实习,等等。关于实习类型,依据不同的划分标准,有不同的分类方法。

1. 按照实习的性质划分

按照实习性质不同,实习可分为教学实习、生产实习、毕业实习、顶岗实习和就业实习等。

教学实习。教学实习区别于综合性的生产实习,一般时间较短,主要包括专业认识实习和课程实习等。认识实习主要是学生在学校安排下通过对实习单位进行有针对性的参观、学习,对所学专业有初步的了解,培养专业兴趣,为后续专业学习打下良好的基础;认识实习一般安排在尚未学习专业课之前进行,为专业学习做准备。课程实习是结合专业课程教学的一种实践性教学形式,实习内容局限于课程教学需要;课程实习一般安排在相应的课程结束之后进行,课程实习的重点是基本功训练,主要是巩固和加深对所学课程理论的认识。

生产实习。生产实习是学生在学习一定的专业知识之后,到生产现场,参加实际工作,以巩固、加深专业知识,学习生产技术,初步学会解决若干比较简单的技术问题。生产实习是学生直接参与生产过程,能够把专业知识与生产实际紧密地结合起来,重在培养学生运用专业知识解决生产实际问题能力和实践能力。工科各专业以及理科、农林、财经的多数专业,在教学计划中,都要安排一次或几次生产实习。生产实习的教学形式,也适用于医科、师范等学科专业,但后者一般不称为生产实习而分别称为临床实习、教育实习等。

毕业实习。毕业实习是高校人才培养中不可缺少的实践性教学环节,是理论与实践相结合的平台。毕业实习是指学生在毕业之前,即在学完全部课程之后到实习单位参与一定实际工作,通过综合运用全部专业知识及有关基础知识解决专业技术问题,获取独立工作能力,在思想上、业务上得到全面锻炼。它往往是与毕业设计(或毕业论文)相联系的一个准备性教学环节。[①]

顶岗实习。顶岗实习一般是指按照专业培养目标要求和教学计划安

---

① 毕业实习:https://baike.baidu.com/item/毕业实习/12752061? fr.

排,在校大学生到企(事)业等用人单位的实际工作岗位进行的实习。[①] 顶岗实习是指在基本完成教学实习和学过大部分基础技术课之后,到专业对口的现场直接参与生产过程,综合运用本专业所学的知识和技能,以完成一定的生产任务,并进一步获得感性认识,掌握操作技能,学习企业管理,养成正确劳动态度的一种实践性教学形式。顶岗实习是高职院校采用的主要实习形式,现已发展到各类高等院校。

就业实习。就业实习是指仍未毕业的大学生,在满足用人单位招聘录用要求的前提下,为获得就业机会进入用人单位进行实习。近几年来,随着就业压力的增大,很多学校提前一年或半年结束课程学习,安排学生将毕业实习与求职一并进行。

就业实习主要是将毕业实习与求职一并进行的一种实习形式,旨在检验学生的综合专业能力,同时也是为其就业做准备的专业实践活动。一般情况下,学校都会要求临近毕业的大学生进行毕业前的实习,否则就拿不到相应的学分,这是传统观念中教学实习的一种,此时不少大学生往往会带着"在完成教学学分的同时获得将来就业机会"的目的去用人单位实习,这就出现毕业实习与就业实习的二重属性。[②]

2. 按照学校的参与程度划分

按照学校的参与程度,大学生实习可以分为分散实习和集中实习。

分散实习。分散实习一般是由学生自己联系实习单位,实习期结束后由实习单位出具实习鉴定的一种实习,实行松散管理,学校仅进行一般性的跟踪指导和监督。

集中实习。集中实习单位由校方联系,一般是由学校与实习单位联合组织学生集体去该实习单位进行实习,校方的介入较多,一般由学校派专人指导带队,全程在学校的监控之下。

3. 按照实习地点的不同划分

按照实习地点的不同,大学生实习可分为校内实习和校外实习。

---

① 教育部在2012年发布的《职业学校学生顶岗实习管理规定(试行)(征求意见稿)》。
② 赵龙娇:《大学生实习期间的法律身份研究》,安徽财经大学硕士学位论文,2016年。

校内实习。校内实习是指实习地点在学校内部的实习。实习场所主要包括学校的各层次实验中心和各级科研机构,校内实习有着贴近教学、贴近课堂、贴近学生的优势。

校外实习。校外实习是指实习地点在学校外面的实习单位的实习。实习场所一般包括企事业单位、政府部门以及社会组织,但主要是企业。由于校内实习基地容纳数量、建设条件等限制,校外实习基地是学生实习的主要场所。

4. 按照是否获得劳动报酬划分

按照是否获得劳动报酬,大学生实习可分为带薪实习与无薪实习。

无薪实习。无薪实习是指实习单位对大学生实习不支付劳动报酬,甚至收取一定的实习费用。

带薪实习。带薪实习是近年来新出现的一种实习类型,指的是全日制大学生在学习之余到企业参加实习,通过劳动得到报酬的一种实践活动。此种类型的实习具有明显的自愿性和有偿性,但主要实习目的仍然在于获得知识和实践经验,与纯粹课外打工不同,不局限于学校专业教学计划的安排。带薪实习是一种由政府、高校、社会和学生多元主体共同参与的合作教育模式,是应对严峻就业形势和提升学生职业发展能力的一种有效方式。[①] 带薪实习的实习生通常需要符合实习单位基本的岗位要求,通过实习单位的面试甚至是实习前的体检,在工作时间、工作内容上与正式员工差别不大。

(二) 本研究的实习类型分类

从上文可以看出,大学生实习类型划分已经出现并列分类中相互交叉的现象,并且各种分类并不能罗列所有特性的实习。根据上文分析,本研究发现实习存在两种情况:一种情况是实习学生没有参与实习单位相关实际工作、没有为实习单位创造价值,如认识实习、课程实习等;另一情况则是实习学生参与了实习单位相关实际工作、为实习单位创造了价值,如生产实习、毕业实习以及带薪实习等。而是否参与实习单位相关实际工作、是否为

---

① 张维延、王建凯:《职业发展教育中的带薪实习探讨》,《教育评论》2014年第9期。

实习单位创造了价值是影响大学生实习期间法律身份以及实习生与实习单位法律关系的决定性因素。因此,为更好地研究实习生权益保障问题,本研究根据实习生是否参与实习单位相关实际工作、是否为实习单位创造了价值,将实习分为认识性实习和生产性实习两类。①

1. 认识性实习

本研究中的认识性实习主要是指不参与实习单位相关实际工作、没有为实习单位创造价值的实习,主要包括参观实习、认识实习、课程实习、观摩实习等类型。认识性实习主要是通过深入行业企业或其他社会组织,一方面了解专业(行业)现状,激发学生的求知欲和培养学生对本专业的兴趣;另一方面加深对理论知识的感性认识,增强对所学知识的理解。认识性实习是专业教学计划中规定的必要教学环节,但一般时间也比较短,在认识性实习中,实习生没有参与实习单位相关实际工作。

2. 生产性实习

本研究中的生产性实习是指实习生参与实习单位相关实际工作、为实习单位创造了价值的实习,包括生产实习、毕业实习、顶岗实习与带薪实习等多种类型。生产性实习也是专业教学计划中规定的必要教学环节,在校生到实习单位实习的主要目的是学习,其结果是完成学业要求;但与认识性实习不同,在生产性实习过程中,实习生参与了实习单位相关岗位实际工作,为实习单位创造了价值。相对于认识性实习,生产性实习时间较长些,但因专业不同、实习要求不同,实习时间长短不同,长的有一年、一学期的,短的则一个月到几个月不等。

四、不同实习类型之间的比较

(一)几种主要不同实习类型之间的比较

教学实习区别于综合性的生产实习、毕业实习、顶岗实习和就业实习

---

① 徐银香、张兄武:《"责任共担"视野下大学生实习权益法律保障体系的构建》,《高等工程教育研究》2016 年第 1 期。

等,其实习内容仅局限于课程或教学环节要求,实习时间一般较短;重点是基本功训练,及巩固和加深对所学课程理论的认识,不强调完成生产任务。

生产实习、毕业实习、顶岗实习与就业实习,实习生在实习期间都参与实习单位相关实际工作,但参与程度和要求方面存在差异。生产实习和毕业实习期间,实习生也参与实习单位相关实际工作,但在要求上与顶岗实习和就业实习有差异,主要还是以完成学校专业教学任务和提高能力为主。顶岗实习区别于其他实习方式的地方主要在于顶岗实习大学生在进入实习单位后,实习单位对于顶岗实习生有明确的工作职责和要求,顶岗实习生需要履行其岗位的全部职责,他们的工作任务、操作规则、质量标准、岗位职责、工作时间等要求基本上与该单位普通员工没有本质的差别。[①] 就业实习不同于其他实习方式的地方在于实习学生已经类似于企业试用期员工,学生进入实习单位的目的不仅仅是学习实践经验,更多的是在实习期展示自己的工作态度和工作能力,以期获得正式签约的机会;而用人单位也是根据招聘录取条件来挑选部分学生进入单位实习,进入单位后,完全按照单位正式职工的管理办法和薪酬待遇来对待,从而对学生进行培养、考察和试用。

带薪实习与教学实习、生产实习、毕业实习、顶岗实习和就业实习既有区别,也有联系。随着实习形式的多样化,带薪实习作为大学生实习的一种类型,不能仅用是否"有薪"区别于其他实习类型。一般来说,教学实习一般都是不带薪酬的,甚至学校还要向实习单位交实习费用。生产实习、毕业实习有些是带薪酬的,有些是不带薪酬的,还有些甚至学校要向实习单位交实习费用,具体情况由学生和实习单位双方或学生、实习单位和学校三方约定。顶岗实习和就业实习一般都是有薪酬的实习,具体薪酬标准由学生和实习单位双方或学生、实习单位和学校三方约定。带薪实习既是一种实习方式,但更多的是一种合作教育模式,源于西方国家的"合作教育",与生产实习、顶岗实习等实习类型有时相互交叉。

(二) 生产性实习与相关实习类型的比较

生产性实习与就业见习。生产性实习与就业见习的主体都参与实习

---

① 卢梅英:《论大学生实习权益的法律保障》,广西大学硕士学位论文,2017年。

(见习)单位相关实际工作,为实习(见习)单位创造了价值。但生产性实习与就业见习有以下三方面不同:一是主体身份不同。生产性实习的主体是尚未毕业的在籍大学生,就业见习的主体是毕业但未就业的毕业生。二是活动目的不同。生产性实习是专业教学计划规定的内容,主要目的是让学生检验、应用理论知识,提高专业技能、实践能力和就业能力等;就业见习主要是帮助未就业毕业生尽快实现就业,其目的是直接促进就业。三是活动期限不同。实习一般没有固定期限,会因实习要求不同或是与实习单位协商不同而期限不同;见习的期限一般为一年。

生产性实习与社会实践。生产性实习与社会实践的活动主体都是在校大学生,即尚未毕业的在籍大学生。生产性实习与社会实践的性质和目的不同,生产性实习是教学计划安排的必须完成的特定的专业教学活动,主要是让学生检验、应用理论知识,提高专业技能、实践能力和就业能力,而社会实践并非为了完成特定的专业教学活动,主要是学生通过社会实践,接触社会、了解社会,增强社会实践能力。

生产性实习与勤工助学。生产性实习与勤工助学活动主体都是在校大学生,即尚未毕业的在籍大学生。但生产性实习与勤工助学有如下几点不同:一是活动目的不同。生产性实习的目的是让学生检验、应用理论知识,提高专业技能、实践能力和就业能力等;勤工助学主要是为获取劳动报酬,工作岗位和内容可以与专业教学活动无关。二是获得方式不同。生产性实习既可由学校安排,也可由学生自行联系;勤工助学不论是校内还是校外的岗位都是由学校统一组织安排,接受学校的监督与管理。三是活动报酬不同。生产性实习有无报酬、报酬多少,没有明确规定;勤工助学是国家为资助贫困大学生顺利完成学业而进行的专项扶持活动,学校有国家拨发的专项基金为在校大学生勤工助学发放劳动报酬,且报酬发放稳定。四是法律适用不同。目前,生产性实习学生法律身份尚不明确,实习生权益受侵犯、适用法律时出现同案不同判的情况。而勤工助学法律适用比较明确,因为我国颁布了专门规范调整大学生勤工助学行为的办法。[1]

---

[1] 郄夏利:《我国在校实习生劳动权益保护问题研究》,河北经贸大学硕士学位论文,2018年。

生产性实习与课外打工。生产性实习与课外打工主体都是在校大学生,即尚未毕业的在籍大学生。生产性实习是教学计划安排的必须完成的特定的专业教学活动;课外打工是学生自主行为,工作岗位和内容可以与专业教学活动无关。生产性实习的目的是让学生检验、应用理论知识,提高专业技能、实践能力和就业能力等;课外打工目的比较多,既可以是提高专业技能、实践能力和就业能力,增加学生的社会实践经验,也可能主要是为了获得经济报酬。生产性实习与课外打工关系比较复杂,有交叉的地方。我国没有专门的法律对实习行为进行统一规定,也没有相关的法律对大学生课外打工行为进行规范保护。也正是因为如此,一些企业单位打着实习的旗号招入廉价兼职学生,侵犯实习生或兼职学生权益。

五、不同社会主体对实习的认识

虽然实习不同于理论学习,但关于实习的整体制度设计还是要遵循教育的基本规律和高等教育人才培养规律。从高校的角度看,实习有助于就业,提高学校学生就业率,但实习作为高等教育人才培养的一个必要教学环节,主要目的是增强学生对所学专业知识的理解、应用,培养分析问题和解决问题的能力,提高专业人才培养质量,增强学生的社会适应性。从学生的角度看,实习有助于就业,甚至有些学生可以通过实习获得就业岗位,但实习并非就业,也不是为了劳动报酬,实习是学生在校期间根据教学计划安排必须完成的一个教学任务,目的是通过实习锻炼工作能力、提高综合素质、丰富社会经验。从企业的角度看,企业虽然可以通过实习来考察学生,并可以从中筛选到自己满意的员工,但这也不应是企业接纳学生实习的主要目的,企业接纳学生实习是高等教育人才培养尤其是应用型人才、创新创业型人才培养的客观要求,是企业应该承担的社会责任或者说是义务。

第二章
大学生实习期间的法律身份与法律关系

高校学生实习情况比较复杂,大学生实习期间的法律身份与法律关系尚未明确。实习期间大学生法律身份不明确、法律关系模糊,直接导致了实习大学生享有权益的模糊,也因此导致了实习期间合法权益保障的无法可依。只有明确界定大学生实习期间的法律身份和法律关系,才能建立健全相应的法律法规和相关制度,有效维护实习大学生的合法权益。

一、大学生实习期间的法律身份

(一) 实习生法律身份的学界观点

法律身份,是指法律赋予而形成的身份,它与自然身份相对应。目前,我国大学生在实习期间的法律身份,法律尚无明确的相关规定,理论界和实务界因此存在很大争议。关于大学生实习期间的法律身份,学界存在多种观点。

四观点说。卢梅英(2017)认为关于大学生实习期间的法律身份,学者们主要有以下四种观点[1]:**一是学生说**。该观点认为大学生实习期间的身份仍然属于在校学生。实习是专业教学计划安排的必要教学活动,实习生在实习中虽然付出了一定的劳动,但实习行为是学习的一种途径,与一般劳动

---

[1] 卢梅英:《论大学生实习权益的法律保障》,广西大学硕士学位论文,2017年。

者把劳动作为自己谋生的基本手段不同。大学生虽然在实习期间接受实习单位的管理,但其行为自由在一定程度上还是受到限制,不具备充分的劳动行为能力,不能成为劳动法律关系的主体,他们不是法律上的劳动者。**二是劳动者说**。该观点认为大学生实习期间的身份是劳动者身份。该观点的主要依据是依法享有劳动权利和承担劳动义务,并能够以自己的行为依法行使劳动权利和履行劳动义务的人,都能成为劳动者。实习大学生符合我国劳动法明确规定的年龄条件、健康条件、智力条件和行为自由条件,因此,实习期间的大学生符合法律上对劳动者的要求。实习期间的大学生虽然仍是在校大学生,但实习期间实习大学生服从实习单位安排,为实习单位提供了一定的劳动,与实习单位形成事实劳动关系,能够获得劳动法的保护。**三是雇员说**。此观点认为大学生在实习期间应成为法律意义上的雇员,实习单位与实习生是雇佣人和受雇人之间的一种"劳务"与"报酬"交换的雇佣关系。实习期间,大学生不仅要接受学校的管理,还要服从实习单位的工作安排。实习单位与实习生之间没有形成密切的管理与被管理的关系;同时,通常实习单位接受实习生在岗位上从事一定的工作,但不与实习生签订劳动合同,给予实习生实习报酬属于生活补贴,不是工资。因此,大学生在实习期间应成为法律意义上的雇员,与实习单位构成一种雇佣关系。**四是双重身份说**。这种观点认为,大学生在实习期间虽然具有在校学生的身份,但在实习过程中为实习单位提供劳动力,完成工作任务,承担一定的责任,因此也具有劳动者的身份。只要大学生在实习单位的具体岗位上提供劳动,同时与实习单位形成相对紧密的管理与被管理关系,实习生与实习单位之间就形成了劳动关系。实习生的学生身份与劳动者身份并不冲突,大学生在实习期间具备学生与劳动者双重身份。

三观点说。关于三观点说,不同研究者的具体观点也有不同。丁志春、简祖平(2014)认为学术界对实习学生身份的争论大致可以分为以下三种观点[①]:**一是非全日制用工说**。该种观点其实已经将大学生纳入劳动者范围,只是考虑到我国现有劳动法体系中有关社会保障的部分很难将兼职大学生

[①] 丁志春、简祖平:《职业院校顶岗实习学生法律身份探析》,《江苏第二师范学院学报》2014年第5期。

纳入保护范围之内,而这又不能成为大学生不受保护的理由,所以将大学生纳入非全日制用工进行保护较为合理。① **二是肯定实习大学生劳动者资格说**。该观点认为劳动权是宪法明确规定的所有公民的权利,而且实习期间的大学生也完全符合《劳动法》对劳动者行为能力、年龄等的要求,不能因为大学生的学生身份而否认其在实习期间的劳动行为。因此,实习期间的大学生应该成为劳动法上的合格劳动者。**三是否定实习大学生劳动者资格说**。该观点认为实习期间的大学生从身份上来说仍属于学生,是学校管理的对象。实习的目的和内容决定了实习大学生是在完成学业,实习是学校课堂教学的一种延伸,因此实习状态下的大学生不是劳动者。② 范围(2013)以顶岗实习学生为研究对象,认为关于顶岗实习学生法律身份有三种观点③:**一是学生说**。该观点认为实习期间的大学生身份属于学生。该观点认为在校生参加实习是为了积累实践经验,而不是以实习作为基本谋生手段。对用人单位来说,实习生和本单位正式员工有本质区别。实习期间,学生虽然要服从实习单位的实习管理,但是对实习单位并不具有依附性,实习大学生在身份归属上仍然依附于其就读的学校。④ **二是劳动者说**。该观点认为实习期间的大学生身份属于劳动者。该观点认为实习大学生与用人单位即使没有签订劳动合同,只要符合劳动关系的本质特征,就形成劳动关系,未签订书面劳动合同形成的劳动关系就是通常所说的事实劳动关系,只要形成劳动关系,实习大学生就具备劳动者法律身份。**三是准劳动者说**。该观点认为实习期间的大学生身份属于准劳动者。这种观点认为,实习学生与学校和实习单位有着多重关系,既是学校教学管理的对象,也是实习单位的劳动者。管理关系重合复杂,实习学生具有准劳动者的地位。⑤

两观点说。赵龙娇(2016)认为学术界关于实习学生身份的理解大致可

---

① 安琪:《从劳动法视角探究兼职大学生遭遇侵权之原因及解决模式》,《巢湖学院学报》2009年第11期。
② 董保华、陆胤:《企业雇用在校大学生相关法律问题探讨》,《中国劳动》2007年第6期。
③ 范围:《论顶岗实习学生的法律身份及其权益保障》,《探求》2013年第3期。
④ 黎建飞:《高校毕业生就业中的法律问题》,《河南政法管理干部学院学报》2007年第2期。
⑤ 于静:《论实习学生劳动保障的责任人及相关责任》,《中国劳动关系学院学报》2009年第2期。

以分为以下两种观点①：**一是实习大学生劳动者法律身份说**。该观点认为，实习大学生与实习单位即使没有签订劳动合同，只要符合劳动关系的本质特征，就形成劳动关系。从劳动关系的形式构成要件看，实习大学生年满16周岁，且实习大学生与实习单位主体特定，符合劳动关系主体要求；实习大学生需要遵从所在实习单位的规章制度，符合具有判断构成劳动关系至关重要的"从属性"标准。实习大学生符合劳动关系的形式要件与从属性要件，即便双方没有签订书面劳动合同，至少构成了事实劳动关系，实习大学生也就具备劳动者法律身份。**二是实习大学生非劳动者法律身份说**。该观点认为实习大学生不具备劳动者法律身份。我国《劳动法》中的劳动者单指与用人单位形成劳动关系或者劳动合同关系的狭义劳动者，而不是劳动力市场上广义的劳动者。实习大学生与实习单位没有签订劳动合同，尚未形成劳动关系或劳动合同关系，所以不能以劳动法上的劳动者身份来界定在校实习生。实习大学生由于特殊性也不能与实习单位形成劳动关系，因为实习单位对实习大学生的管理也是相对比较弱的，双方不具备从属性特征；同时，实习的主要目的是提高学生的专业技能，实习单位主要向实习大学生提供实习平台，虽然在实习中有劳动行为的发生，但这不能否认实习生与实习单位各取所需，不符合劳动关系中双方应该相互履行的基本义务，实习生的劳动也不具有专属性。

  关于实习生法律身份，通过上述观点分析主要存在两种倾向：一种是赞成实习大学生可以成为劳动法律层面的劳动者，而另一种是否认实习大学生可以成为劳动法律层面的劳动者。赞成实习大学生可以成为劳动法律层面的劳动者的理由是：其一，国家根本大法《中华人民共和国宪法》明确规定，中华人民共和国公民享有劳动的权利。高校实习生作为公民，理所当然享有宪法规定的劳动权。其二，劳动法律并没有将实习大学生明确排除在外。其三，大学生已经具备劳动权利能力与劳动行为能力，且一般都年满16周岁。其四，作为弱势群体的实习大学生，理应倾斜性保护。劳动法等相关法律原本就是保护"劳动者"这一弱势群体合法权益的，应理所当然地将实

---

① 赵龙娇：《大学生实习期间的法律身份研究》，安徽财经大学硕士学位论文，2016年。

习大学生纳入其保护范畴。否认实习大学生可以成为劳动法律层面的劳动者的理由是：其一，实习是一种教学活动，目的是满足专业人才培养需要，而不是就业。其二，实习期间所获得的劳动报酬与就业所获得的报酬性质不同。其三，实习学生是在校学生，不是劳动法律层面的自由人，在校学生身份本身限制了实习大学生不能成为劳动法律层面的劳动者。其四，实习大学生不满足可以与单位签订劳动合同的形式要件，不具备签订劳动合同的资格。

(二)"劳动者"的法律界定

1. 我国法律对"劳动者"的界定

劳动者是一个非常宽泛的概念。从广义上讲，劳动者是社会的主要成员，任何有劳动能力、以合法劳动收入为生活资料来源的公民，都可以称为劳动者，劳动者是整个法律体系中抽象法律关系主体之一。由于我国各种法律法规的立法理念和立法目的不同，劳动者在不同部门法中的意义不同，宪法意义上的"劳动者"是指具有中国国籍的公民，强调一切有劳动能力的公民有劳动的权利和义务，而劳动法意义上的"劳动者"和"用人单位"对应，强调在劳动过程中居于从属地位，因此需要提供倾斜保护的劳动力的提供者。本研究旨在分析大学生实习期间的权益保障问题，因此，主要从劳动法的角度对"劳动者"进行探讨。

劳动法意义上的劳动者，应根据劳动法的立法目的、调整对象即"劳动关系"的属性等因素进行界定。根据我国《劳动法》第1条规定，其立法目的是"为了保护劳动者的合法权益"，可以理解为在劳动者和用人单位之间倾斜保护劳动者的合法权益，究其原因主要是双方的地位和力量在事实上不平等；关于调整对象方面，《劳动法》和《劳动合同法》的第二条都是明确了劳动关系的双方主体及用人单位的形式，并未就劳动者的具体内涵进行界定，学理上可根据劳动关系的"从属性"反向界定劳动者。当前，我国劳动法领域对"劳动者"的界定主要从广义和狭义两个层面进行，广义上，劳动者是指具有劳动权利能力和劳动行为能力的公民；狭义上，劳动者是指具有劳动权利和劳动行为能力，并与用人单位建立劳动关系的自然人。

2. 外国法律对"劳动者"的界定

在以英国和美国为代表的英美法系中,劳动者多被称为雇员、受雇者等。英国 1996 年的《劳动权利法》第 230 节第 1 条中,将雇员表述为"已缔结服务合同或根据服务合同工作的个人";美国 1947 年的《塔夫脱—哈特莱法案》第 2(3)条将雇员表述为"包括任何雇员,但不包括'任何具有独立承包人身份的个人"。[①] 经过长期的司法实践,英美法系逐渐形成了界定雇员身份的标准,即主要基于"控制"。然而,随着社会、经济和技术的发展,实践中的劳动形式多种多样,劳动过程复杂多变,传统的"控制"标准已不能满足发展的需要,司法实践需要综合"控制""监督""工作提供""盈亏"等诸多因素作为识别"劳动者身份"的标准,而不再仅以传统的"控制论"为标准。

与以判例法为主要形式的英美法系不同,以成文法典为主要表现形式的大陆法系主要依靠成文法对劳动者的身份进行界定。在大陆法系国家的司法实践中,对劳动者的认定主要是基于"人格从属"。人格从属是指劳动者需按照用人单位的指示,按照用人单位要求的方式,在特定的地点、特定的时间提供劳动。用人单位看中的仅是劳动者的劳动力,基于劳动合同劳动者让渡的是劳动力,但由于劳动者人格与自身劳动力的不可分割,决定了劳动者在为用人单位提供劳动力时,其人格也受到一定程度的限制,即丧失了自主支配其人格、自由的可能性。[②] 各国劳动法关于劳动者界定标准的规定也不尽相同。德国相关法律将其表述为受雇者,并指出受雇者是基于特定雇佣人的委托,但并未签订劳动合同而提供劳动的人。个体经营户以及与上述情形相似的人都能够被视为受雇者。但集团法定代表人、公职人员以及军人不能视为雇佣人。[③] 日本法律也对劳动者进行了界定,劳动者是指受雇于各种企业或机构,在具体的职业岗位上提供劳动并获得报酬的人。日本《劳动基准法》第 9 条规定:"本法中劳动者,是指在不同职业种类中,受

---

① 朱琳:《大学生实习期间法律身份研究——兼谈大学生实习期间的劳动法律保护》,中国政法大学硕士学位论文,2011 年。
② 朱琳:《大学生实习期间法律身份研究——兼谈大学生实习期间的劳动法律保护》,中国政法大学硕士学位论文,2011 年。
③ 史尚宽:《劳动法原论》,北京:正大印书馆 1934 年版,第 8 页。

前条之事业或事务所使用的,而获工资之给付者而言。"①

3. 我国劳动法对劳动者资格的界定

要成为劳动法上的劳动者,必须具备法定条件,此即劳动法上的劳动者资格问题,或称法律关系主体资格问题。作为劳动法律关系的主体,劳动者必须具备两个条件:一是劳动权利能力,二是劳动行为能力。劳动权利能力,是指劳动者依法能够享有劳动权利和具有承担劳动义务的资格,它表明劳动者依法可以成为哪些劳动权利的享有者和哪些劳动义务的承担者。劳动者的劳动权利能力应当具有平等性,这既是现代市场经济的必然要求,也是现代国际社会通行的惯例。在我国,劳动者的劳动权利能力总体上是平等的,但现阶段我国仍然是一个发展中国家,经济体制改革尚未完成,受一些因素的影响,公民劳动权利能力仍存在一定差异。② 劳动行为能力,是指劳动者依法能够以自己的行为行使劳动权利和履行劳动义务的能力,它体现了公民依法可以行使哪些劳动权利,履行哪些劳动义务。只有当劳动能力符合国家利益和社会利益的要求,公民能够自由地自我控制,才能被劳动法认定为具有劳动行为能力。劳动行为能力主要取决于或受制于劳动者的年龄、健康、智力、行为自由等因素。③

和自然人的民事权利能力、民事行为能力比较,劳动者的劳动权利能力和劳动行为能力具有以下特点④:(1)劳动者的劳动权利能力和劳动行为能力始于16周岁。只有年满16周岁的公民才有劳动权利能力和劳动行为能力,才能行使劳动权利,承担劳动义务。(2)劳动权利能力与劳动行为能力是统一的、不可分割的。只有同时具备劳动权利能力和劳动行为能力的公民才能成为劳动法律关系的主体。(3)劳动者的劳动权利能力和劳动行为只能由劳动者自己来实现。法律不允许他人代表劳动者行使劳动权利能力。(4)部分劳动者的劳动权利能力和劳动行为受到一定程度的限制,根据

---

① 叶静漪、周长征:《社会正义的十年探索——中国与国外劳动法制改革比较研究》,北京:北京大学出版社 2007 年版,第 248 页。
② 王全兴:《劳动法学》,北京:高等教育出版社 2006 年版,第 95 页。
③ 王全兴:《劳动法学》,北京:高等教育出版社 2006 年版,第 96—98 页。
④ 贾俊玲:《劳动法学》,北京:北京大学出版社 2003 年版,第 54—55 页。

劳动法的规定,一些职业或工种对劳动权利能力和劳动行为有一定的限制。

(三) 实习生法律身份的再界定

当前,关于大学生实习期间法律身份的争议,主要聚焦在实习生在实习单位的身份问题。分析大学生实习期间的法律身份,可归纳为绕不开的两个问题:一是实习大学生是否满足劳动法层面劳动者的形式要求,即实习生的年龄、健康、智力、行为自由等因素;二是实习大学生是否符合劳动法层面劳动者的实质要求,即实习生是否真正参与到实习单位的劳动生产过程中,实习单位和实习生是否有劳动过程中的管理和被管理关系。整体上看,实习生基本满足劳动者身份规定的年龄、健康和智力方面的要求,而在是否满足形式要求的行为自由方面及实质要求则存在较大的争议,其原因在于高校学生实习情况比较复杂,不同的实习类型,实习期间大学生在实习单位的法律身份不同。根据前文分析,依据实习生是否参与实习单位相关实际工作、是否为实习单位创造了价值,实习可分为认识性实习和生产性实习,本研究分别分析认识性实习和生产性实习中大学生在实习单位的法律身份。

1. 认识性实习中实习生的法律身份

本研究中的认识性实习主要是指实习学生不参与实习单位相关实际工作的实习,是教学活动的延续,包括参观实习、认识实习、课程实习、观摩实习等。认识性实习主要是实习生通过深入行业企业,一方面了解专业(行业)现状,激发求知欲和培养对本专业的兴趣;另一方面加深对所学知识的理解,对理论知识有一个感性认识。在认识性实习中,实习生没有参与实习单位相关实际工作,没有实质性劳动行为的发生,不符合劳动法层面劳动者的实质要求。在认识性实习中,实习单位主要是提供实习机会和教育指导,并进行相应的管理工作。因此,本研究认为认识性实习期间实习学生的身份应定性为"学生"。

2. 生产性实习中实习生的法律身份

本研究中的生产性实习是指实习生参与实习单位相关实际工作,为实习单位创造了价值的实习,包括生产实习、毕业实习、顶岗实习、就业实习等多种类型。在生产性实习中,一方面,实习是根据专业人才培养目标和教学计划要求需要完成的各种实践性教学活动,在校生到实习单位实习的主要目的是学习,其结果是完成学业,他们还是具有学籍的全日制在校学生,仍然要接受学校的管理;另一方面,在实习过程中,实习学生为实习单位提供一定的劳动并且服从其管理,实习学生所从事的工作是实习单位经营活动的组成部分,实习工作具有"劳动"的特性,而且他们具有劳动者的主体资格,与实习单位形成了一种事实劳动关系,但由于他们并未与实习单位签订劳动合同,所以不属于劳动法意义上的劳动者。鉴于此,本研究认为应赋予生产性实习期间的实习学生以"准劳动者"身份。

(四)"准劳动者"身份确定的主要原因

生产性实习学生既不属于劳动法意义上的劳动者,也不能将其直接归入在校学生群体,他们是一个特殊的群体。本研究认为应赋予实习学生"准劳动者"身份,即介于劳动者与在校学生之间的一种法律身份,主要基于以下几点原因。

一是从生产性实习本质特征来看。无论是"学生说"还是"劳动者说"的观点,都具有一定的片面性。在生产性实习中,实习生服从实习单位管理,参与实习单位相关实际工作,为实习单位创造了价值。"学生说"忽视了生产性实习工作具有"劳动"的特性,否定了实习生与实习单位形成了一种事实劳动关系。实习大学生由于学生身份限制,实习单位对实习大学生有一定监督与管理,但与实习单位没有从属关系,所以"劳动者说"也不成立。"准劳动者说"的身份更能反映生产性实习中实习生身份的本质特性。

二是从"双重身份"的兼容性看。本研究中的实习生,即是指与实习单位签订实习协议,以在校学生的身份进入实习单位,以员工的身份在实习单位从事生产性劳动者。实习生作为一个具有多重身份的自然人,既有"学生"的身份,也有"劳动者"的身份。我们不能因为其与学校之间存在教育管理关系而否定其成为劳动者的可能。从契约到身份的回归是对现代法治核心的概括,主体身份的多元化是现代法制必须面临的一个问题,不能直接因具有某种身份而拒绝主体成为另一法律的适格主体。① 实习生的"学生"与"劳动者"两个身份之间并非完全排斥的,而是可以兼容的。

三是从实习生权益保障需要来看。无论是将实习大学生界定为学生身份还是劳动者身份,学校、实习单位、教育行政部门和劳动行政部门都不能单独承担维护其权益的责任。在法律上承认实习学生的"准劳动者"身份,可以解决实习学生权益保护的尴尬局面,既有利于强化学校和实习单位对实习学生所应负的义务和责任,也有利于教育行政主管部门和劳动行政主管部门更好地履行监督保护职责。② 作为"准劳动者",实习单位在接纳实习生时不需要执行最低工资标准等政策,这些可以为实习单位免除后顾之忧;但是实习生在实习期间,享有学习权以及休息权等劳动保障权利,实习单位也要给予保障。当然,实习期间,学校负有不可推卸的教育指导和管理服务的义务。

从现有劳动法律体系看,劳动者是具备劳动的权利能力、行为能力并与相关单位建立劳动关系的自然人,是特定劳动关系中的"劳动者"。《中华人民共和国劳动法》第2条规定:"在中华人民共和国境内的企业、个体经济组织(以下统称用人单位)和与之形成劳动关系的劳动者,适用本法。国家机关、事业单位、社会团体和与之建立劳动合同关系的劳动者,依照本法执行。"关于大学生实习期间的法律身份,理论界一般基于是否形成劳动关系推定是否具备"劳动者"身份。③ 需要说明的是"准劳动者"法律身份并非等于确认实习学生与实习单位之间构成劳动法律关系,之所以为"准劳动者",是指他们跟劳动法中规定的劳动者具有相似性,但又不是真正的劳动法律意义上的劳动者。因此,"准劳动者"的法律身份是指他们以在校学生的身份进入实习单位,以员工的身份从事实习劳动,确认他们的"准劳动者"身份,主要目的在于在法律上给予生产性实习学生在劳动保障权利方面与劳动者同等或相近的权利。④ 如果在校生的实习实质性参与实习单位的劳动,

---

① 林嘉:《劳动合同法条文评注与适用》,北京:中国人民大学出版社2007年版,第7页。
② 范围:《论顶岗实习学生的法律身份及其权益保障》,《探求》2013年第3期。
③ 赵龙娇:《大学生实习期间的法律身份研究》,安徽财经大学硕士学位论文,2016年。
④ 范围:《论顶岗实习学生的法律身份及其权益保障》,《探求》2013年第3期。

为实习单位创造了劳动价值,且工作期限较长,则不宜一概否认在校生的劳动者身份,必须将其纳入劳动法的保护范围。[1]

二、大学生实习期间的法律关系

严格意义上说,法律关系是指当事人依据法律规范形而成的以权利义务为内容的社会关系。法律关系是一种社会关系,但并不是所有社会关系都能形成法律关系。只有社会关系足够主流并适宜用法律调整,而且已有相应的法律规范,该类社会关系才能为法律规范所确认和调整而成为权利义务关系,才成为法律关系。不同的法律部门调整不同的社会关系,形成不同的法律关系,如民事法律关系、经济法律关系、行政法律关系、劳动法律关系等。[2] 广义上说,法律关系更成为一种分析问题的法学思路和方法,或者说是用权利义务分配的思路分析解决问题的思路框架。大学生实习主要由实习学生、实习单位、高校三方参与,因此,大学生实习期间主要存在三种法律关系:实习学生与高校之间的法律关系、高校与实习单位之间的法律关系,以及实习学生与实习单位之间的法律关系。

(一) 实习学生与高校之间的法律关系

关于高校与实习学生的法律关系,主要有三种观点:

一是民事法律关系说。这种观点认为高校与实习学生之间是民事法律关系。如董丽丽、王明飞(2012)认为高校与实习学生之间的民事法律关系表现为"平等主体间的教育服务合同关系",但具有行政管理性质。[3]

二是双重关系说。这种观点认为高校与实习学生之间是管理与服务的双重法律关系。如黄锐、黄维维(2014)认为高校与实习学生之间是教育管理与服务的双重法律关系。从公法角度分析,高校是法律授权的组织,对学生具有行使行政管理权力,两者之间是一种"特殊的行政法律关系",受行政

---

[1] 谢增毅:《劳动关系的内涵及雇员和雇主身份之认定》,《比较法研究》2009 年第 6 期。
[2] 李景森、贾俊玲主编:《劳动法学》,北京:北京大学出版社 2001 年版,第 46 页。
[3] 董丽丽、王明飞:《大学生实习法律保障问题初探》,《学理论》2012 年第 35 期。

法和行政诉讼法的调整。从私法角度看,高校与学生之间是平等的,其权利义务是完全对等的,是民事法律关系,受民法和民事诉讼法的调整。[①]

三是复杂关系说。这种观点认为高校与实习学生之间具有多重法律关系。如陈利敏、邓慧(2008)认为高校与实习学生之间的法律关系是带有行政管理性质的服务关系,包括:一是民事法律关系中的教育服务合同关系,学校要按照约定向学生提供合格的教育服务;二是行政法律关系中的行政管理关系,依据法律授权,高校对学生具有行使行政管理权力;三是法人组织内部的管理关系,高校作为独立法人具有对在校生进行的一系列内部管理权。[②]

无论是认识性实习还是生产性实习,大学生到实习单位进行实习时并没改变学校与其之间原有的法律关系。关于实习学生与高校之间的法律关系,本研究赞同复杂关系说,高校与实习学生之间除了是平等主体间的教育服务合同关系和行政法律关系之外,还具有法人组织内部的管理关系,如学校可以依据《普通高等学校学生管理规定》,对学生进行内部管理。[③]

(二) 高校与实习单位之间的法律关系

目前,关于高校与实习单位之间的法律关系的性质,学界一般认为是一种民事合同关系。如陈利敏、邓慧认为学校与实习单位之间的关系是一种平等的委托合同关系。[④] 董丽丽、王明飞认为学校与实习单位之间的法律关系是建立在实习协议基础上产生的平等的委托合同法律关系。[⑤] 黄锐、黄维维认为高校与实习单位之间基于委托合同产生法律关系。委托合同即实习合同或实习协议,实际上就是高校与实习单位约定将对学生的一定教育管

[①] 黄锐、黄维维:《浅谈高职院校学生校外实习中的多重法律关系》,《法制博览》2014年第7期。

[②] 陈利敏、邓慧:《浅谈大学生实习中各方法律关系》,《贵州工业大学学报》(社会科学版)2008年第6期。

[③] 徐银香、程远凤、张兄武:《"责任共担"视野下大学生实习法律制度的构建》,《现代教育科学》2014年第2期。

[④] 陈利敏、邓慧:《浅谈大学生实习中各方法律关系》,《贵州工业大学学报》(社会科学版)2008年第6期。

[⑤] 董丽丽、王明飞:《大学生实习法律保障问题初探》,《学理论》2012年第35期。

理权委托给实习单位,实习单位依约定进行管理教育的合同。[1] 高校与实习单位之间的关系相对比较简单,主要是一种平等的委托合同关系。我国《合同法》第 396 条规定:"委托合同是委托人和受托人约定,由受托人处理委托人事务的合同。"委托合同法律关系的性质可有多种表现形式。

无论是认识性实习还是生产性实习,实习单位都是学校教学场所的延伸,学生根据教学计划到实习单位去实习,实习单位实际上是受学校的委托。目前,高校的学生实习从组织形式可分为两种,即"集中实习"和"分散实习"。集中实习依据高校与实习单位之间签订的实习协议,高校派出学生委托实习单位对学生进行培养和管理。集中实习中,高校和实习单位的委托合同关系比较明显。对于分散实习,高校与实习单位之间是一种隐性的委托关系。实习是根据教学计划必须完成的教学环节,其委托方式即为教学计划的安排,实习学生完成教学计划的安排即获得相应学分。学生在实习时一定要向实习单位说明身份,告知目的,此时学生相当于学校的代理人;同时,还要求实习单位根据其综合表现给予相应的评价鉴定以及成绩评定,并加盖印章。实习单位在知晓学生身份和实习目的之后接收实习生实习,视为接受高校的委托,高校与实习单位的委托法律关系即告成立。[2]

(三)实习单位与实习生之间的法律关系

基于实习过程的特定性和复杂性,实习生和实习单位之间的法律关系是大学生实习期间法律关系的核心和难点问题,本研究将进行重点分析探讨。

1. 学者观点

实习单位与实习生之间的法律关系相对比较复杂,关于实习单位与实习生之间的法律关系目前还存在争议。主要有以下六种观点:

一是教育管理关系说。这种观点认为实习期间实习学生与实习单位之

---

[1] 黄锐、黄维维:《浅谈高职院校学生校外实习中的多重法律关系》,《法制博览》2014 年第 7 期。
[2] 徐银香、程远凤、张兄武:《"责任共担"视野下大学生实习法律制度的构建》,《现代教育科学》2014 年第 2 期。

间是以实习合同为依托的教育管理关系。实习是高校委托实习单位代为行使对学生进行的实践环节的教学,因此实习单位可以被看作高校教学场所的延伸。学生参加实习是为了锻炼能力、积累经验,而不是把实习作为自己谋生的手段。此外,实习期间虽然实习生必须服从实习单位的实习管理,但对实习单位没有依赖性,因此学生在实习期间不与实习单位建立劳动关系。同时,学生与实习单位之间的关系也不是劳务提供者与劳务接受者之间的劳务合同关系,因为劳务合同关系建立的一方必须是劳动者,而全日制在校学生不具有劳动法规定的劳动者法律身份。①

二是劳动关系说。这种观点认为实习生与实习单位的关系本质上是一种劳动关系。在校实习生符合法律规定的劳动者资格要求,在我国,劳动者一般是指年满16周岁且具有劳动能力的公民,参加实习的大学生年满16周岁且具有劳动能力,显然属于劳动者范畴;虽然实习生还没有毕业,没有与学校脱离管理关系,但是实习生在实习的同时与实习单位同样形成了管理与被管理的从属关系,实习生在一定程度满足了实习单位对其劳动的要求;实习期间,实习生将劳动力使用权转让给实习单位,实现劳动力与生产资料相结合,创造财富获得部分报酬,具有财产性特征。②

三是劳务关系说。这种观点认为实习生与实习单位的关系是一种劳务关系。劳务关系一般是指劳动者按照约定向用人单位提供特定劳务,用人单位按照约定向劳动者支付报酬的一种有偿服务法律关系。③ 劳动关系与劳务关系的相似之处在于,二者本质上都属于劳动者以劳动换取报酬的行为,但劳动关系强调劳动者和用人单位之间的"从属性",劳务关系则侧重于劳务提供方和接收方在事实上或法律上的"平等性"和"意思自治"。由于实习生的身份仍然是学生,不能与一般意义上的劳动者画等号,实习生在实习单位的工作期限也明显少于正式员工,实习生与实习单位之间是一种基于意思自治关系,因此,该观点认为实习生与实习单位的关系更类似于一种劳

---

① 曹培东、李文亚:《论大学生法律关系的多重性——以大学生实习期间受到意外伤害展开》,《煤炭高等教育》2006年第6期。
② 叶剑华:《试论大学生实习期间的权益保障》,《九江学院学报》2008年第4期。
③ 何雅丽:《大学生实习法律问题的民商法思考》,上海交通大学硕士学位论文,2011年。

务关系。①

四是事实劳动关系说。这种观点认为实习生与实习单位的关系是一种事实劳动关系。事实劳动关系是指劳动者与用人单位之间虽然没有书面劳动合同,但在实际劳动过程中,劳动者与用人单位都履行了法律规定的劳动关系中各自的权利和义务,劳动合同形式的缺失不影响双方实际劳动关系的建立和存在,我国劳动法律法规也不否定事实劳动关系的存在与效力。该观点认为,在大学生实习过程中,虽然实习学生与实习单位之间不是规范意义上的劳动关系,但现行法律并未明确将实习学生排除在合格劳动者之外,也没有排除实习学生签订劳动合同的资格,并且实习学生在实习过程中所从事的劳动内容,接受实习单位的管理,并遵守工作纪律与正式员工有着很强的相似性。实习学生通常在与实习单位签订实习协议后,进入实习单位进行实习劳动,从而形成事实劳动关系,这种事实劳动关系理应受到劳动法的保护。②

五是附带劳动关系说。这种观点认为,学生与实习单位的关系主要是教育管理与被管理的关系,同时兼有一定的劳动关系。学校与实习单位签订的实习协议性质上属于委托合同,学校与实习单位间的法律关系是以委托合同为基础的委托法律关系。实习单位通过实习协议接受学校的实习委托,从而获得对学生的教育管理权,因此学生与实习单位是一种教育管理与管理的关系。同时,学生通过向实习单位提供劳动而与实习单位形成一定的劳动关系,只是由于学生的在校生身份,这种劳动关系尚不由《劳动法》调整。因此,学生与实习单位的基本关系应该是教育管理与被管理的关系,并在此基础上附加一定的劳动关系。③

六是事实劳动关系和教育管理关系双重说。这种观点认为实习生与实习单位的关系并不是单一的,而是具有教育管理关系和事实劳动关系的双重性。首先,根据我国现行《劳动法》规定,劳动者与用人单位应当签订劳动合同,才能形成法律意义上的劳动关系。实习生与实习单位之间没有签订

---

① 王鲁:《大学生实习权益保障法律机制研究》,山东大学硕士学位论文,2012年。
② 王鲁:《大学生实习权益保障法律机制研究》,山东大学硕士学位论文,2012年。
③ 崔玉隆:《大学生实习相关法律问题的探讨》,《法制与社会》2008年第14期。

劳动合同,因此不能形成法律意义上的劳动关系。但是,通过签订实习协议,实习学生为实习单位提供劳动,接受实习单位管理,遵守劳动纪律,获得劳动报酬,并得到劳动保护,实际上形成了事实劳动关系。其次,实习学生与用人单位之间也存在着一种教育管理关系。无论是校方推荐还是学生自己联系的实习单位,高校与实习单位的关系都基于平等的委托合同,实习单位应履行实习管理的义务,双方存在教育管理关系。①

上述观点从不同的视角阐述了实习生与实习单位之间的法律关系,各有一定道理,但又存在一定的问题。第一种"教育管理关系说"的问题在于否定了顶岗实习、带薪实习等生产性实习中,实习生为实习单位提供一定劳动、服从单位管理、遵守劳动纪律、获得劳动报酬,与实习单位形成一种事实劳动关系的事实。第二种"劳动关系说"、第三种"劳务关系说"和第四种"事实劳动关系说",其缺陷在于未充分考虑大学生实习类型的多样性及复杂性,如没有考虑到认识性实习的非劳动性,也没有考虑到实习劳动与实习单位正式员工劳动的差别及特殊性。第五种"附带劳动关系说"和第六种"事实劳动关系和教育管理关系双重说"在本质上并无区别,都是将大学生与实习单位之间的法律关系主要视为教育管理关系,但又具有一定的劳动关系,这两种观点虽然考虑到了大学生实习类型的多样性和复杂性,但将两种不同的法律关系混同纠缠在一起,权利义务难以明晰,同时也没有考虑到认识性实习的非劳动性特点。

2. 相关概念与关系辨析

(1) 劳动关系的概念内涵与主要特征

作为劳动法调整对象的劳动关系,是指劳动者与用人单位之间,为实现社会劳动过程,一方有偿提供劳动力,而另一方将其与生产资料相结合的社会关系。② 传统的劳动关系具有如下特征:第一,劳动关系是在实现社会劳动过程中发生的与劳动有直接联系的关系。所谓实现社会劳动过程,是指劳动者在用人单位参与某种社会化劳动的过程。第二,劳动关系的双方当

---

① 张勇:《大学生的实习权益保障及制度构建》,《教育评论》2007年第6期。
② 王全兴:《劳动法学》,北京:高等教育出版社2006年版,第53页。

事人,一方是劳动力的所有者和提供者,即劳动者,另一方是生产资料的所有者或提供者,即用人单位。劳动者作为劳动关系的一方,不与自己的或者直接控制的生产资料相结合,而是与用人单位所有或提供的生产资料相结合。第三,劳动关系一方的劳动者应当成为另一方用人单位的成员,遵守用人单位的内部劳动规则。①

(2) 劳动法律关系的概念内涵与主要特征

劳动法律关系,是指劳动者与用人单位之间依据劳动法律规范,在实现社会劳动过程中形成的权利义务关系。劳动法律关系除了具有法律关系的共同特征外,还具有自身独有的特点②:一是主体双方具有平等性和隶属性。劳动法律关系成立前,劳动者与用人单位是平等主体;劳动法律关系成立后,劳动者处于提供劳动的主导地位,用人单位处于管理者的主导地位,双方形成领导与被领导的隶属关系。二是具有以国家意志为主导、当事人意志为主体的特点。劳动法律关系是根据劳动法律规定和劳动合同的约定形成的,既体现国家意志,又体现双方当事人共同意志。三是具有社会劳动过程中形成和实现的特点。只有将劳动者的劳动与用人单位提供的生产资料相结合,实现社会劳动过程,才形成劳动权利义务关系。

(3) 劳动法律关系与劳动关系的区别和联系

从区分层面上说,劳动法律关系与劳动关系有明显的不同。主要表现在:第一,所属范畴不同。劳动关系是生产关系的一个组成部分,属于经济基础范畴;劳动法律关系是一种意志关系,属于上层建筑范畴。第二,形成基础不同。劳动关系的形成是以劳动为前提的,劳动是在实现社会劳动的过程中发生的;劳动法律关系的形成则是以劳动法律规范的存在为前提,发生在劳动法律规范调整劳动关系的范围内。第三,主要内容不同。劳动关系的内容是劳动,双方形成劳动支配与被支配关系;劳动法律关系的内容是法定的权利和义务,双方必须依法享有权利和承担义务。③

更重要的是,劳动法律关系与劳动关系有密切的联系。一方面,劳动关

---

① 李景森、贾俊玲主编:《劳动法学》,北京:北京大学出版社 2001 年版,第 5—6 页。
② 李景森、贾俊玲主编:《劳动法学》,北京:北京大学出版社 2001 年版,第 46 页。
③ 李景森、贾俊玲主编:《劳动法学》,北京:北京大学出版社 2001 年版,第 46 页。

系是劳动法律关系的现实基础;劳动法律关系是劳动关系的法律形式,是劳动关系经劳动法律规范调整的结果;另一方面,并非所有的劳动关系都能形成劳动法律关系,只有已经纳入劳动法调整范围并符合法定模式的劳动关系才能表现为劳动法律关系。① 另外,当不是特意而严谨地区分两者时,劳动法律关系会被表述为劳动关系,甚至出现在法律规范中。我国《劳动合同法》第7条规定:用人单位自用工之日起即与劳动者建立劳动关系;第10条规定:建立劳动关系,应当订立书面劳动合同。

（4）劳动法律关系与事实劳动关系的异同

劳动法律关系和事实劳动关系尽管都属于劳动法范围,但二者具有不同的法律属性。主要表现在:一是法定模式上不同。劳动法律关系是一种符合法定模式的劳动关系,事实劳动关系则完全或部分不符合法定模式,特别是缺乏劳动法律关系赖以确立的法律事实的有效要件,如劳动合同的缺失或劳动合同的无效。二是权利义务内容的设定不同。劳动法律关系的内容即权利义务,是双方当事人所预期和设立的;事实劳动关系的双方当事人之间虽然存在一定的权利义务,但一般不是双方当事人所明确预期的,更不是由双方当事人所明确设立的。三是法律保障及其存续时间不同。劳动法律关系由法律保障并可长期依法依约存续;事实劳动关系只能短期存续,当事人应及时依约转化为劳动法律关系,如果不能及时依约转化为劳动法律关系,用人单位可以终止事实劳动关系,超过一年的,法律将强制转化为劳动法律关系。

（5）劳务关系与劳动关系的异同

劳务关系与劳动关系的相似之处在于,二者在本质上都属于劳动者以劳动换取报酬的行为。劳务关系与劳动关系区别表现在:第一,主体范围和地位不同。在劳动关系中,用人单位必须是法人或其他组织,另一方是劳动者个人或劳动者组织(工会),不可能两方都是自然人,且劳动者与用人单位之间存在不平等的隶属关系,劳动者应当服从用人单位的指挥和管理;而在劳务关系中,劳务的提供方与劳务的接受方可以是法人、其他组织或自然人

---

① 王全兴:《劳动法学》,北京:高等教育出版社2006年版,第81页。

的各种组合,且双方事实上、最少法律假定上是平等的主体,并通过协商或者协议确定双方的权利和义务。第二,适用法律不同。劳动关系适用《劳动法》《劳动合同法》《劳动合同实施条例》等实体法规调整;而劳务关系适用《民法总则》《合同法》《侵权责任法》等民事法律。第三,双方权利、义务配置及法律干预不同。劳动关系建立后,雇主除承担提供必要的劳动条件等义务外,还需依法为劳动者缴纳养老、医疗、工伤、生育、失业等社会保险,劳动者在工作中遭受人身伤害、享受工伤保险待遇时适用无过错责任原则,法律基于社会正义对劳动关系进行适度干预;而在劳务关系中,劳务接收方并不承担为劳务提供者缴纳各类社会保险的义务,当劳务提供方遭受人身或财产损失时,劳务接收方通常只按过错责任承担民事赔偿责任,法律基于平等自愿尊重意思自治。第四,争议处理程序不同。在劳动关系中,劳动者和用人单位之间因为劳动权利和劳动义务发生争议,属于劳动争议,应依据《劳动争议调解仲裁法》和《民事诉讼法》处理,有其特定的协商、调解、仲裁和诉讼等争议处理机制,诉讼时实行仲裁前置原则;而在劳务关系中,尽管劳务提供方和劳务接收方的权利义务因具体劳务不同而不同,但整体上都属于民事关系,因此产生的争议属于民事争议,争议处理适用《民事诉讼法》或《仲裁法》,诉讼与仲裁间的关系采用"或裁或审"原则,即当事人只能从诉讼或仲裁中选择一种方式,如当事人自愿选择仲裁,该争议适用《仲裁法》解决,仲裁裁决为终局裁决,此争议不得再提起诉讼;当事人也可以直接选择诉讼,依据《民事诉讼法》解决争议。

3. 本研究观点

本研究认为不同的实习类型,实习单位与实习生之间的法律关系性质不同,应该分不同实习类型分析实习单位与实习生之间的法律关系。根据前文分析,下面从认识性实习和生产性实习两种不同的实习类型来分别分析实习单位与实习生之间的法律关系。

(1) 认识性实习中实习单位与实习生之间的法律关系

一般来说,认识性实习不参与实习单位相关实际工作,是教学活动的延续,包括参观实习、认识实习、观摩实习等。认识性实习主要是实习学生通过深入行业企业,一方面了解专业(行业)现状,激发求知欲,培养对本专业的兴趣;加深对所学知识的理解,对理论知识有一个感性认识。在认识性实习中,实习生没有参与实习单位相关实际工作。因此,本研究认为认识性实习期间学生的身份应定性为"在校学生",实习单位与实习学生之间的关系比较简单,主要是教育管理关系。

(2) 生产性实习中实习单位与实习生之间的法律关系

生产性实习是指参加实习单位实际工作,为实习单位创造价值的实习,包括毕业实习、顶岗实习、带薪实习等多种类型。在生产性实习中,一方面,实习是教学计划中规定的必要教学环节,学生在实习单位实习的主要目的是学习,结果是完成学业,他们仍然是全日制学生;另一方面,在实习过程中,实习学生服从实习单位管理,参与一定的劳动,实习过程实现劳动力与生产资料的结合,为实习单位创造了劳动价值,与实习单位形成了一种事实劳动关系,但是,由于他们没有与实习单位签订劳动合同,因此在劳动法意义上他们不是劳动者。鉴于此,应赋予生产性实习学生以"准劳动者"身份,兼有学生和劳动者的双重身份。由于学生与实习单位之间既有教育管理关系,又有一定的劳动关系,因此,实习学生与实习单位之间应建立一种"特殊劳动关系或非标准劳动关系"亦即"实习劳动关系",是劳动关系的一种,但又区别于一般的劳动关系。

"实习劳动关系"即达到法定年龄的大学生,在生产性实习中与实习单位建立的暂时性劳动关系。① 实习生与实习单位能否建立劳动关系,唯一的判断标准就是其间是否形成了"从属劳动"。② 实习劳动关系在形式上完全符合《劳动法》规定的"从属性"标准,只是在特定的具体内容上不符合规范的劳动关系,但这些方面并不影响劳动关系的本质,因此实习劳动关系应被视为一种特殊的劳动关系予以保护。缺乏一定的形式要件,但不能否定实习活动符合事实劳动关系构成要件所形成的事实劳动关系。③ 特殊劳动关系是现行劳动法律调整的标准劳动关系和民事法律调整的民事劳务关系以

---

① 黄礴:《应当建立实习劳动关系制度——宪法视野下的高校实习生权益保护》,《广西政法管理干部学院学报》2009 年第 1 期。
② 李培智:《大学生实习劳动关系认定探微》,《法学杂志》2012 年第 6 期。
③ 韦嘉燕、乐永兴:《实习权的权利价值与保护》,《合肥学院学报》(综合版)2018 年第 4 期。

外的一种用工关系,其劳动者一方在用人单位从事有偿劳动、接受管理,但与另一用人单位存有劳动合同关系或不符合劳动法律规定的主体条件。生产性实习中实习学生与实习单位之间"实习劳动关系"作为一种特殊劳动关系的认定,便于法律适用的明确,从整体上有利于保障实习生的合法权益。[1] 以特殊劳动关系来对实习劳动关系进行定性,现实问题均可迎刃而解。

4. 实习劳动关系与劳动关系的异同

实习生与实习单位形成的实习劳动关系符合标准劳动关系(简称劳动关系)的本质特征,但在某些方面与劳动关系并不相同。

实习劳动关系与劳动关系具有的共同特征[2]:一是人格从属性相同。实习生与实习单位也是一种从属性关系,实习生需接受实习单位管理,遵守劳动纪律。二是劳动力支配权相同。实习生要在实习单位的安排和指导下从事劳动,其承担的工作内容、范围和工作时间均由单位决定,并非自主地进行劳动。三是劳动风险事故和经营风险责任承担方式相同。实习生在同样的生产环境中劳动,面临基本劳动事故风险,也可能与正式员工一样产生同样的经营风险,诸如设备毁坏、商业失利等非实习生故意造成的损害,后果均由实习单位承担,这一点与正式员工跟单位的关系是相同的。四是劳动价值相同。实习生的劳动与实习单位一般劳动者的劳动都是具有价值的劳动,并无本质上的差异,只是在劳动的形式上有所不同。

实习劳动关系与劳动关系也存在差异性[3]:一是实习劳动与一般劳动者劳动目的不同。实习是高等教育必要的教学环节,实习劳动的目的主要不是就业,而是锻炼能力、提高素质、积累经验,而一般劳动者的劳动主要是就业,通过劳动获得报酬。二是实习期间实习生社会关系不是单一的。标准劳动关系下,劳动者通常与单位具有单一的劳动关系,组织上具有单一的隶属性。高校学生的实习行为并不完全是自由的,实习生在服从单位进行劳动力支配的同时,与所在学校也存在教育与被教育的关系。三是劳动报酬、

---

[1] 卢肖伊:《浅议高校学生实习期间权益立法保护》,《丽水学院学报》2013年第6期。
[2] 付静怡:《大学生实习之法律关系解构——兼论应予以劳动法保护的必要性》,《法制与社会》2015年第14期。
[3] 付静怡:《大学生实习之法律关系解构——兼论应予以劳动法保护的必要性》,《法制与社会》2015年第14期。

社会保障方面规定不同。实习生在很多情形下并不能获得报酬,有些即使能获得少量的实习补贴,也是种象征性收入,与一般的劳动关系不同;社会保障方式不同,实习生没有被纳入工伤保险范畴。四是实习期限比较短。实习活动多是一种短期行为,实习生与实习单位的劳动关系不具有长期性和稳定性,二者之间的隶属性相对较弱。

第三章
大学生实习权的内涵、属性与法律确认

准确把握大学生实习权的概念内涵和权利属性,并进行法律确认,是保障实习生权益的前提和基础。大学生实习权的权利属性决定了对其进行保护与救济的途径。大学生实习具有教育与劳动的双重特征,属于教育关系和劳动关系的混合产物,单纯的教育法思维或劳动法思维都无法妥善解决当下实习生权益保障与救济问题,需要准确把握大学生实习权的概念内涵和权利属性,并在此基础上进行法律确认。

一、大学生实习权的概念内涵

(一)学界的主要观点

实习权在法学上并不是个确切的概念,我国的现行法律法规中没有实习权的概念,不像劳动权、教育权那样在宪法上得到确定,即便在高关联度的教育法、劳动法研究领域,也没有对其给予明确的界定。随着大学生实习权益被侵害问题日渐凸显,大学生实习权也越来越受重视。但目前,学者们对大学生实习权的概念研究还相对较少,主要有以下几种观点:

一是将实习权等同于实习生权益。 黄芳、范兰德(2011)认为实习权是学生的受教育权和在实习工作劳动过程中享有的人身与财产的权利总和。[1]

---

[1] 黄芳、范兰德:《职业院校学生实习权侵权问题研究》,《现代教育科学》2011年第2期。

韦嘉燕、乐永兴(2018)认为实习权是指在实习活动过程中实习主体所享有的权利之和的总称。①

二是认为实习权就是享有实践学习的权利。李文康(2011)认为实习权是指学生遵循认识规律、进行实践学习的权利,是学生的受教育权在实习阶段的表现形式,即参与实习的权利。② 陈雪培(2015)认为实习权是大学生巩固知识、获取实践经验的重要途径之一,是受教育权的具体化,是大学生的受教育权在实习阶段的表现形式。③ 袁泉(2016)认为实习权,又称实践教育权,是指大学生,尤其是行将毕业的大学生进入企事业单位,将自己所学知识运用到实际工作中,锻炼自己实际工作能力的权利。④

三是把实习权理解为获取劳动机会的权利。黄芳(2011)认为实习权是指未毕业的大学生为就业而获取真实性工作劳动机会的权利。⑤

(二) 访谈对象的主要观点

为深刻理解大学生实习权的概念内涵,本研究在文献研究的基础上,深度访谈30人/次,为使获取的依据更具代表性,访谈对象尽可能包括了参加过实习的学生、企事业等实习单位中层以上管理人员和业务骨干,以及高校教师和管理人员等类型的群体,各类对象10人/次。访谈对象对于大学生实习权概念内涵的认识,归纳起来主要有以下四种观点:

一是将实习权等同于实习生权益。这种观点认为实习权就是实习学生在实习过程中应享有的各种权益总和。访谈对象中有5位持该观点,其中3位是参加过实习的学生,2位是高校教师和管理人员。

二是认为实习权就是享有实践学习的权利。这种观点认为实习权是在校大学生根据学校专业教学计划安排享有到企事业等单位进行实践学习的

---

① 韦嘉燕、乐永兴:《实习权的权利价值与保护》,《合肥学院学报》(综合版)2018年第4期。
② 李文康:《高校学生实习权探析与立法研究》,《西南农业大学学报》(社会科学版)2011年第12期。
③ 陈雪培:《大学生实习权的法律救济》,广西大学硕士学位论文,2015年。
④ 袁泉:《大学生实习权益保护研究》,云南财经大学硕士学位论文,2016年。
⑤ 黄芳:《论大学生的实习权》,《高教探索》2011年第3期。

权利。访谈对象中有14位持这种观点,占比接近50%,覆盖3类访谈对象,其中7位是高校教师和管理人员,5位是参加过实习的学生,2位是企事业等实习单位中层以上管理人员和业务骨干。

三是把实习权理解为获取劳动机会的权利。这种观点认为实习权是指在校大学生为增强实际工作能力或为获得经济报酬而参加真实性工作获得劳动机会的权利。访谈对象中持该观点的2位访谈对象均为企事业等实习单位中层以上管理人员和业务骨干。

四是把实习权理解为获取就业机会的权利。这种观点认为实习权是指大学生为获得就业机会而在毕业前到拟就业的企事业单位进行实践学习或参加真实性工作的权利。访谈对象中有9位持这种观点,其中6位是企事业等实习单位中层以上管理人员和业务骨干,2位是参加过实习的学生,1位是高校教师和管理人员。

(三)对现有观点的述评

关于大学生实习权的概念内涵,学者们的主要观点有三类,访谈对象的主要观点有四类,访谈对象四类观点中有三类与研究者们的三类观点基本类似,其中不同的是有访谈对象认为实习权是指大学生获取就业机会的权利,持这种观点的9位访谈对象中有6位是企事业等实习单位中层以上管理人员和业务骨干,通过进一步交流发现持这种观点的多数访谈对象主要是受就业实习这种实习类型的影响。学者们与访谈对象相似的三类观点中:1.认为"实习权就是实习学生在实习过程中应享有的各种权益总和"的观点,其主要问题是把实习权混同于实习生权益了,没有深刻理解实习权与实习生权益的实质内涵和本质区别;2.将"实习权理解为获取劳动机会的权利"的观点,其主要问题是忽略了学校教学计划中安排的实习的教育目的性,访谈对象中只有2位持该观点,相对最少;3.本研究基本认同"实习权是在校大学生享有参与实践学习的权利"的观点,但要明确的是有些大学生为了赚取劳动报酬而去企事业单位的所谓实习,其主要目的已不是本研究的实习范畴了,而是一种课外打工。

(四) 实习权概念内涵的界定

大学生实习是一个典型的权利问题。[①] 但要准确理解大学生实习权,首先需要正确认识大学生实习的内涵特点。本研究中的"实习"是学生在校期间按照专业培养目标和教学计划要求,由学校组织或自己联系到国家机关、企业事业单位、社会团体及其他社会组织进行的与专业相关的实践性教学活动。实习分为认识性实习和生产性实习,其中生产性实习的主要特点是:实习的主体是在校大学生,即尚未毕业的在籍大学生,区别于已毕业但未就业的毕业生的就业见习;实习的目的是为了实现专业人才培养目标的需要,检验、应用理论知识,以及锻炼能力、提高素质,不是为了劳动报酬,也不是为了一般性的拓宽视野;实习的性质是教学计划安排的必须完成的教学环节,与以获取劳动报酬为主要目的的课外打工或勤工俭学不同;实习的内容要与专业有对应性或相关性,不同于学生自主安排的社会实践;实习的方式是到实习单位参与具体的岗位实际工作,而不是一种实景参观学习;实习是一种学校组织行为,无论实习单位是学校推荐的还是学生自主联系的,学校都要负责管理,并安排教师进行实习指导。

综合上述研究观点,并结合大学生实习的内涵特点,本研究认为大学生实习权是指大学生在校学习期间,根据专业人才培养目标需要和教学计划安排,享有到企事业等实习单位通过参加与专业对应或相关的实际工作进行实践性学习的权利。此概念内涵的核心观点是认为实习权是在校大学生实践性学习的权利,而不是获取劳动机会或就业机会的权利;实习权的实现方式是在校大学生到实习单位参加与专业对应或相关的实际工作,而这种实际工作是专业教学计划中安排的规定环节。

二、大学生实习权的权利属性

因为对大学生实习权的概念内涵理解不同,学者们和访谈对象对大学

---

① 张勇:《大学生实习及其权益保障的法律与政策》,上海:上海人民出版社 2012 年版,第 77 页。

生实习权的权利属性的理解也各异。

（一）学界主要观点

关于大学生实习权的权利属性,学者们的观点不一,主要观点有四种：

第一种观点认为实习权在本质上属于受教育权。李文康(2011)认为实习权在本质上属于受教育权范畴,是受教育权的具体化。探讨实习权的性质,实质是分析受教育权的性质。实习权是学生应该享有的一种基于学习的认识规律特性的权利。既是受教育权的具体化,又关系到学生生存权和发展权的实现,在性质上是宪法权利。① 刘敏、阮李全(2014)认为无论是从法理基础还是从立法依据来看,实习权尽管带有劳动就业权的某些外在特征,但在来源上、本质上应归属于受教育权,实习权是受教育权的重要内容和具体形态,在来源上、本质上应归属于受教育权。② 陈雪培(2015)认为实习权是受教育权下的权利,是大学生的受教育权在实习阶段的表现形式。实习权的内容包含在受教育权的三个子权利当中,即实习权的内容为获得实践教育的机会权、获得实践教育的条件权、获得实践教育的公正评价权。③

第二种观点认为实习权既是一项受教育权也是一项劳动权。黄芳(2011)认为实习权既是一项受教育权也是一项劳动就业权,它是公民受教育权与公民劳动权的交集,是两项权利的交集衍生出的一项新的权利。大学生实习权来源于两个方面:一方面是公民的受教育权,另一方面是公民的劳动就业权。从学生受教育权角度看,实习权是实现学生受教育权的一个表现,在我国《教育法》中我们可以找到实习权存在的依据;从劳动权视角分析,实习权是公民劳动就业权的外延表现,具有劳动权的某些基本特质。④ 彭海(2014)则认为大学生的实习权并非一种新的权利,既是其行使受教育权利的一种体现,又是其享受劳动权利的体现,只是同时具有教育权和劳动权的特例。从教育权视角分析,实习是教学计划安排中的一个环节,即使是

---

① 李文康:《高校学生实习权探析与立法研究》,《西南农业大学学报》(社会科学版)2011年第12期。
② 刘敏、阮李全:《职业院校学生实习权的法律探析》,《教育理论与实践》2014年第36期。
③ 陈雪培:《大学生实习权的法律救济》,广西大学硕士学位论文,2015年。
④ 黄芳:《论大学生的实习权》,《高教探索》2011年第3期。

带薪实习,依然是为了实现专业人才培养目标的需要,学生依法享有教育权;从劳动权视角分析,由于实习学生通过自己的劳动,为实习单位创造了劳动价值,与实习单位之间形成了事实上的劳动关系,因此,大学生实习权是劳动权在实习生这个特殊群体身上的具体体现。① 韦嘉燕、乐永兴(2018)认为实习权具有教育权和劳动权的价值特征,其作为教育权和劳动权的组成部分,体现着生存与发展功能价值的权利特征。实习权是受教育权的一个组成部分和具体内容表现,也是实现教育权权利价值的支柱保障;同时,因基于实习活动形成了事实劳动关系,所以实习权权利保障的实现依赖于劳动权。②

第三种观点认为实习权既是一项学习权也是一项就业权。 张勇(2010)认为实习权具有以下两方面的权利特性:一方面,大学生实习是一种学习权,学习是在校大学生所拥有的一项基本权利,实习权是学习权的重要内容;另一方面,大学生实习还是一种就业权,实习是完成从毕业到就业的前奏和必经阶段,是大学生迈向社会就业岗位的"第一步",如果把就业权的含义向前进一步延伸,大学生的实习权就可以作为其就业权的内容。③

第四种观点认为实习权本质上属于受教育权,但又是一种公益性权利。 黄亚宇(2016)以顶岗实习为例,认为实习权尽管在形式上具有"劳动就业权"的某些特征,但就其本质而言,其应该属于受教育权,实习权从本质内容到外在形态都具有受教育权的特征。但实习权又是一种公益性权利,实习自由权、实习社会权等内容均体现了公益性;实习权行使的目的是为了维护社会公共的教育利益,其并不像私权那样只维护私人的利益。④

(二)访谈对象主要观点

为深刻理解大学生实习权的权利属性,本研究在文献研究的基础上,深

---

① 彭海:《大学生实习权益及其保障问题研究》,《法制与社会》2014 年第 2 期。
② 韦嘉燕、乐永兴:《实习权的权利价值与保护》,《合肥学院学报》(综合版)2018 年第 4 期。
③ 张勇:《基于促进就业理念的大学生实习立法问题研究》,《华东理工大学学报》(社会科学版)2010 年第 2 期。
④ 黄亚宇:《职业院校学生顶岗实习权的司法救济研究——基于引入教育公益诉讼保障学生顶岗实习权的思考》,《教育探索》2016 年第 10 期。

度访谈 30 人/次，访谈对象与前文相同。关于大学生实习权的权利属性，访谈对象的观点也不一，归纳起来主要有以下四种观点。

第一种观点认为实习权在本质上属于受教育权。这种观点与李文康、刘敏、阮李全、陈雪培等学者观点一样，认为实习权就是一种受教育权，是学生受教育权在实习环节的具体表现形式。访谈对象中有 9 位持这种观点，其中 5 位是高校教师和管理人员，4 位是参加过实习的学生。

第二种观点认为实习权在本质上属于劳动权。这种观点认为大学生实习也是一种劳动，与实习单位构成了事实劳动关系，实习权是劳动权在学生实习活动中的一种特殊形式。访谈对象持这种观点的比较少，只有 2 位，与将"实习权理解为获取劳动机会的权利"观点的访谈对象相同。

第三种观点认为实习权既是一项受教育权也是一项劳动权。这种观点与黄芳、彭海等学者观点基本一致，认为大学生的实习权并非一种新的权利，只是在大学生实习阶段同时具有教育权和劳动权的特例。访谈对象中有 13 位持这种观点，其占比超过 40%，覆盖 3 类访谈对象，其中 5 位是高校教师和管理人员，6 位是参加过实习的学生，2 位是企事业等实习单位中层以上管理人员和业务骨干。

第四种观点认为实习权既是一项受教育权也是一项就业权。这种观点与张勇等研究者相似，认为实习权既是一项受教育权也是一项就业权。访谈对象中有 6 位持这种观点，均是企事业等实习单位中层以上管理人员和业务骨干。

（三）对现有观点的述评

关于大学生实习权的权利属性，上述观点都具有一定的合理性，但也存在一定的片面性。主要问题是如何理解实习和大学生实习权的概念内涵，认为"实习权在本质上属于受教育权"的观点，其主要问题是强调了实习权的受教育权这个核心权利特性，但忽略了实习也是学生参与实习单位实际工作的劳动事实；认为"实习权在本质上属于劳动权"的观点，其主要问题是强调了实习的劳动特性或就业特性等外在特性，忽视了受教育权这个核心权利特性；认为"实习权既是一项受教育权也是一项就业权"的观点，虽然肯定了受教育权这个核心权利,但过多强调了实习有利于促进就业,甚至有些学生通过实习获得了就业机会的附带特征,实习不仅包括就业实习,还包括其他类型,忽略了实习的劳动属性;认为"实习权既是一项受教育权也是一项劳动权"的观点,相对来说更具合理性,既认识到了实习的教育目的性,也考虑到了实习的劳动特点,但还不全面,忽略了实习生遭受客观存在的实习风险的社会保障救济问题。

(四) 本研究的主要观点

本研究认为大学生实习权具有受教育权、劳动权和职业伤害保障权等权利属性。大学生实习权并非单个权利,而是一种权利束。

一是受教育权。受教育权是指公民依法享有的并由国家保障实现的接受教育的权利。受教育权是我国宪法赋予我国公民的一项权利,具体由《教育法》《高等教育法》等相关法律法规来规范调整。受教育权是公民应有的权利,一般认为,它由学习自由权、学习条件保障权和个人发展权等三大权利构成,在社会发展过程中,人们对此的理解与把握在不断地深化和拓展。[①]受教育权是在校学生的核心权利,也是最主要的权利。实习作为专业教学计划安排的一个必要教学环节,虽然学习的场所、方式等都与在校内学习不同,但其主要目的依然是实现专业人才培养目标的需要。接受教育是实习目的之本身,是实习制度设计的宗旨和目标。学生实习期间,学校和学生之间的法律关系在性质上未发生变化。因此,实习权最为主要的还是一种受教育权,是学生在实习期间受教育权的另一种表现形式。

二是劳动权。劳动权是宪法所确认的基本人权,是指有劳动能力的公民依法享有获得参与社会劳动,并按照劳动的数量和质量取得相应报酬及劳动条件保障的权利。劳动权具体由《劳动法》《劳动合同法》等相关法律法规来规范调整。本研究中的实习是一种通过实际工作进行学习的方式,虽然与一般职业劳动不同,但也是一种劳动,而且这种劳动不是自我劳动和公益劳动,其劳动的本质属性与一般职业劳动一样,都为实习单位创造了价

---

① 劳凯声:《中国教育法制评论:第5辑》,北京:教育科学出版社2007年版,第207页。

值。虽然大学生实习的劳动目的与用人单位员工的一般职业劳动目的不同，但也不能用实习的"教学"特性来否定实习的劳动性质。① 实习是公民劳动权在实习大学生这个特殊群体身上的一种具体体现，实习过程中实习学生与实习单位之间形成了一种"实习劳动关系"，实际上也就是一种"准劳动关系"。因此，实习学生依法应享受相应的劳动权利。

三是职业伤害保障权。职业伤害保障权（也称工伤保险权）是指劳动者因职业伤害导致暂时或永久丧失劳动能力时依法享有的物质帮助权。② 实习过程中职业伤害风险是实习学生所不可回避也无法抗拒的一个现实。③ 只有将大学生实习权划入社会保险的保障范畴，才能使实习生的权益保障不产生空白。在保障实习生职业风险等相关权益时，很多专家和学者寻求的是社会保障权，但本研究将其界定或限定为职业伤害保障权。主要基于以下两方面的原因：一是社会保障权范围过于宽泛，在我国，社会保障权包括社会保险权、社会福利权、社会救助权和社会优抚权等四方面权利，而实习生在实习过程中的职业风险仅涉及社会保险中的意外伤害保险；二是社会保险的风险和责任分担机制更加公平、灵活有效，费用可由国家、学校、实习单位和实习学生共同负担或约定分担，被保险对象的权利与义务相统一，在保障实习生权益的同时，有利于分摊和降低风险。

实习权既是一种受教育权又是一种劳动权和职业伤害保障权的观点，对解决当前大学生实习问题具有很高的现实价值，单方面的教育法思维或劳动法思维都无法妥善解决当下实习生权益保障与救济问题。这种观点在后续的"关于大学生实习权益体系的调查问卷"中也得到印证，实习学生、实习单位人员、高校教师三类调查对象认为实习权同时具有受教育权、劳动权和职业伤害保障权等主要权利特性的赞同比率分别为 96%、88% 和 87%。实习属于高校人才培养的一个必要环节，实习过程虽然具有劳动的性质与特征，但它又与一般的职业劳动不同，其主要目的是满足高校专业人才培养

---

① 黄芳：《论大学生的实习权》，《高教探索》2011 年第 3 期。
② 杨燕绥：《新劳动法概论》（第 2 版），北京：清华大学出版社 2008 年版，第 53 页。
③ 尹晓敏：《权利救济如何穿越实习之门——实习伤害事故中大学生权利救济的法律思考》，《高教探索》2009 年第 3 期。

需要,培养专业技能、提高素质、积累经验。因此,实习权最主要的是一种受教育权,不能因为过多关切实习报酬等劳动权益,忽视或偏离了学生实习的目的本身,导致实习效果无法保证、实习目的无法实现;但也不能过度强调实习的教育目的性,而忽视实习的劳动性质,致使实习学生变成免费或廉价的劳动力;同时,由于实习劳动风险的客观存在,还应为实习学生可能遭受的职业伤害提供救济保障。

三、大学生实习权的法律确认

有法必依的前提条件是有法可依。目前,我国相关法律制度对实习权的确认还不明确,甚至缺失,既没有形成一套由不同法律法规构成的协调互补的实习生权益法律保障体系,也没有一部全国性的关于大学生实习的单行法律或法规。现行的教育法律、劳动法律以及社会保障法律没有对大学生实习权给予明确的法律确认,劳动法律和社会保障法律还将大学生实习排除在外。保障实习生权益、减少或避免实习生权益侵害事件的发生,必须对大学生实习权进行法律确认,使大学生实习权由应有权利转化为法定权利。

(一)大学生实习权法律确认的必要性

依据"正当性""合法性""现实性",权利可分为"应有权利""法定权利""现实权利"三种存在形态。① 应有权利是指应当但还没有法律化的权利,是一种理想状态的权利;法定权利是指通过法律法规确认的权利,是一种待定状态的权利;现实权利是已经实现了的权利。在应有权利向现实权利形态的转化过程中,法定权利的确认至关重要。根据前文分析,实习权既是一种受教育权又是一种劳动权和职业伤害保障权,因此,对大学生实习权的法律确认,事实上就是对实习生的受教育权、劳动权和职业伤害保障权的确认。但是,当前相关法律制度对实习权的确认还不明确,甚至缺失。

---

① 翁文刚、卢东陵:《法理学论点要览》,北京:法律出版社2001年版,第82页。

教育法律方面。实习权的法定权利存在形态,在教育法律法规中得到了"隐约"的确认与保障。《教育法》第 43 条规定:"受教育者享有下列权利:(一)参加教育教学计划安排的各种活动……"第 48 条规定:"国家机关、军队、企业事业组织及其他社会组织应当为学校组织学生实习、社会实践活动提供帮助和便利。"《高等教育法》第 53 条规定"高等学校学生的合法权益,受法律保护",尚未明确提及实习事宜。《职业教育法》第 37 条规定:"企业、事业组织应当接纳职业学校和职业培训机构的学生和教师实习;对上岗实习的,应当给予适当的劳动报酬。"上述这些法律规定大多较为笼统,表述极具纲领性,操作性较差。大学生在实习过程中遇到的相关纠纷难以适用以上法律。

劳动法律方面。我国现行的《劳动法》《劳动合同法》是国家法律层面调整劳动者与用人单位之间的劳动关系,规范二者之间权利义务的典型代表。但我国现行劳动法律制度没有将大学生实习纳入劳动法的调整范围。我国《劳动法》第 2 条规定:"在中华人民共和国境内的企业、个体经济组织和与之形成劳动关系的劳动者,适用本法。国家机关、事业组织、社会团体和与之建立劳动合同关系的劳动者,依照本法执行。"《劳动法》第 16 条规定:"劳动合同是劳动者与用人单位确立劳动关系、明确双方权利和义务的协议。建立劳动关系应当订立劳动合同。"《劳动合同法》第 2 条也作了类似的规定。我国的劳动法要求建立劳动关系需要双方签订劳动合同,而在校生在实习期间到用人单位进行实习,双方并没有签订正式的劳动合同,因此不在调整范围之内。

社会保障法律方面。实习生在实习期间发生意外,并不适用 2003 年 4 月国务院颁布的《工伤保险条例》,2010 年修订后也并未将"实习生"纳入其中。由于目前国家缺乏实习生权益保护方面的法律法规,导致大学生在实习期间其权益无法得到全面保障。在实践操作中,关于实习学生是否能认定工伤,各地实施《工伤保险条例》操作不一,如《河南省工伤保险条例》《山西省工伤保险条例》以及《江西省童工、实习学生受伤可享受相应待遇指导意见》对实习生的工伤事故作了明确规定,《云南省贯彻〈工伤保险条例〉实施办法》和《宁夏回族自治区实施〈工伤保险条例〉办法》等明确规定实习学生不适用于工伤保险。

大学生实习法定权利的不明确是造成大学生在实习期间的合法权益屡屡遭到侵害的最为重要的原因。因为我国大学生实习的相关法律法规缺失,大学生实习性质不明,大学生实习期间法律身份模糊,导致实习生权益保护与救济途径不明确,难以维护实习大学生的合法权益。根据因权利而获得利益的权与权益的关系,只有通过法律确认大学生实习权,实习生才能法定获得实习权益及自由。因此,为减少或避免实习生权益侵害事件的发生,有效保障实习生权益,迫切需要通过立法确认大学生实习权,使大学生实习权由应有权利转化为法定权利。

(二) 大学生实习权法律确认的路径选择

根据前文分析,实习权既是一种受教育权又是一种劳动权和职业伤害保障权,因此,对大学生实习权的法律确认,事实上就是对实习生的受教育权、劳动权和职业伤害保障权的确认。大学生实习权法律确认的路径选择主要有三种:一种路径是制定一部全国性的单行法律或法规,如《大学生实习管理条例》,对大学生实习权进行法律确认,明确大学生实习的权利义务主体,划定权利的范围和限度,明确法律责任。第二种路径是通过修改相关法律法规分别对实习生的教育权、劳动权和职业伤害保障权进行确认。如通过修改《高等教育法》《职业教育法》,对实习生受教育权进行确认;通过修改《劳动法》《劳动合同法》,对实习生劳动权进行确认;通过修改《工伤保险条例》,对实习生职业伤害保障权进行确认。第三种路径是通过修改《教育法》《劳动法》或《工伤保险条例》中的一类法律,来确认大学生实习权。

比较分析大学生实习权法律确认的三种路径,本研究认为制定全国性单行法律或法规更为合适,如制定全国性的《大学生实习管理条例》。理由如下:其一,没有一部全国范围内的专门针对大学生实习的法律规范,司法实践中遇到大学生实习伤害纠纷时,司法机关就没有明确的法律依据,容易导致相类似的情形出现较大差距的司法裁判结果,严重影响大学生以及用人单位对实习行为的合理法律预期。[1] 其二,因为要确认大学生实习权而同

---

[1] 袁泉:《大学生实习权益保护研究》,云南财经大学硕士学位论文,2016年。

时修改《高等教育法》和《职业教育法》,《劳动法》和《劳动合同法》,以及《工伤保险条例》不现实,修改任何一部法律的程序都很复杂,何况同时修改几部法律。其三,确认大学生实习权,就是对实习生的受教育权、劳动权和职业伤害保障权的确认,由于《教育法》《劳动法》立法目的、原则等不同,通过修改《教育法》《劳动法》等一类法律来确认大学生实习权,容易出现顾此失彼的情况。

拟制定的《大学生实习管理条例》应当全面确认实习生的受教育权、劳动权和职业伤害保障权,要作为全国性的规范大学生实习的最重要的核心法规。一方面,该条例须避免《学生伤害事故处理办法》《中等职业学校学生实习管理办法》《职业学校学生实习管理规定》等现有规定的不足和弊端,打破现行全国性法律法规多头规定,但极不协调又不具体的局面;另一方面,在外部对接上要与《教育法》《高等教育法》《职业教育法》以及《劳动法》《劳动合同法》《工伤保险条例》等相关法律法规进行有效衔接,应当是其上位法《教育法》《劳动法》等中相关原则和制度在实习活动中的具体化和操作规则。[①]

(三) 大学生实习权法律确认的主要原则

大学生实习涉及实习学生、实习单位、学校三方,在对大学生实习权进行法律确认时,应该根据实习内涵特点和现实条件,遵循以下原则[②]:

1. 育人为本原则

实习是指高等学校按照专业培养目标和教学计划安排,组织学生或学生自己联系到国家机关、企业事业单位、社会团体及其他社会组织进行与专业相关的实践性教学活动。实习的目的是实现专业人才培养目标的需要,是专业培养计划的要求,是必要的教学环节。随着国家职业教育改革、地方本科高校转型发展、创新创业教育改革、卓越人才教育培养计划等一系列高

---

① 张勇:《大学生实习及其权益保障的法律与政策》,上海:上海人民出版社 2012 年版,第 149 页。
② 徐银香、程远风、张兄武:《"责任共担"视野下大学生实习法律制度的构建》,《现代教育科学》2014 年第 2 期。

等教育重要改革措施的深入推进和实施,实习在人才培养过程中尤其是职业技能型人才、应用型人才、创新创业型人才、卓越人才培养过程中将发挥越来越重要的作用。大学生实习是学校正常教学的一部分,虽然实习生在实习过程中为实习单位提供了一些劳动,但接受教育是实习的主要目的,也是实习制度设计的宗旨。因此,在对大学生实习权进行法律确认时,要坚持育人为本原则,确认大学生实习的受教育权这个核心权利。教育行政部门要加强对大学生实习的指导、管理与监督,学校要科学制定实习方案、加强过程管理与指导,实习单位要按照实习方案安排学生实习,共同保障实习的教育目的性和实习效果。

2. 倾斜保护原则

所谓倾斜保护原则,是指对实习关系中相对弱势方的利益给予倾斜保护,以达到"实质平等"的目的。法律必须对弱势群体进行保护,以非对等的特别措施保障社会弱势群体的权利。在实习过程中,实习大学生无论是对于学校,还是实习单位,甚至是与其他劳动者相比,都处于事实上和制度上的弱势地位。实习学生在权利保障、权利实现、权利救济等方面,实际上处于弱势地位。[①] 因此,在确认大学生实习权时,应对实习生予以适当的"倾斜保护",从而实现法律"实质平等"的理念。实习虽然与一般职业劳动不同,但也是一种劳动,为实习单位创造了价值,实习学生依法应享受相应的劳动权利,尤其是劳动保护等方面的权利;同时,实习生在实习过程中与一般职业劳动者一样,无法避免职业伤害风险,法律应该确认实习生相应的职业伤害保障权。但由于实习生的劳动与企业员工的劳动还是有一定差别,同时,企业在接受学生实习的时候还需要为其付出培训等方面的费用成本,因此对于实习生劳动报酬等其他权益,应根据实习的类型并尊重市场规律进行适当调整。如果处理不当,如过度强调实习生的劳动报酬权,势必会损伤企业接受实习生的积极性,甚至会阻碍高校、企业、实习生三方的良性互动,减少学生获得实习的机会,影响实习的教育质量。

---

① 黄开丽:《论作为社会权的受教育权的保障路径》,《濮阳职业技术学院学报》2016年第2期。

3. 责任共担原则

实习作为高等教育人才培养的一个必要教学环节,大学生有获得实习机会的权利,有获得国家、社会提供实习机会和条件保障的权利,有获得国家、社会提供救济和帮助的权利。[①] 但实习不是大学生个体的随机行为,也不是高校和企业之间一种简单的对口实习任务,而是涉及政府、高校、实习单位和大学生的一种规范、系统的常规化制度行为。[②] 大学生实习是一项系统的社会工程,破解大学生"实习安排难""权益保障难"等问题,要更全面、更客观地考虑不同社会主体的责任和义务。根据"责任共担"原则,考虑到政府、高校、以企业为主体的社会组织和学生在实习活动中的职能和角色等不同,政府、高校、以企业为主体的社会组织和学生在大学生实习中应承担"共同但有区别"的责任和义务。如政府牵头制定实习法律制度、加强监管与政策保障,高校加强实习教学改革、改进实习过程管理,企业建立实习生制度、完善和落实实习措施,大学生端正实习态度、认真对待实习环节。对大学生实习权的确认,就是要通过制定相关法律制度分别规定政府、高校、以企业为主体的社会组织和学生等不同主体的权利与义务。

(四) 大学生实习权法律确认的主要内容

实习权只有通过国家立法明确为法定权利,并通过确定大学生实习法律关系主体,明确大学生实习法律关系性质,规定不同法律关系主体的权利与义务,以及明确大学生实习权的救济途径,才能使大学生实习权从应有权利转化为现实权利。

1. 确定大学生实习法律关系的主体

大学生实习期间法律关系的主体是指参与到大学生实习期间法律关系中,享受权利并承担义务的人,通常称为权利主体和义务主体。大学生实习的法律关系主体包括:

---

① 张勇:《基于促进就业理念的大学生实习立法问题研究》,《华东理工大学学报》(社会科学版)2010年第2期。
② 肖云、吴国举:《大学生实习制度存在的问题及对策思考》,《人力资源开发》2007年第12期。

(1) 实习学生

大学生是实习期间法律关系的最重要的主体,没有实习大学生,实习法律关系也就不存在。大学生为实现受教育权进入学校,按照专业教学计划安排到实习单位参加实习,从而享有实习权。可见,大学生是实习活动的特定主体,是实习权的直接权利主体;但是,作为实习权的直接权利主体,在实习活动中也必须承担相应的义务。当然,只有按照专业教学计划安排需要实习的学生才能成为实习权的实际享有者,而暂时不需要实习的大学生的实习权可视为一种期待权。①

(2) 实习单位

以企业为主体的各种社会组织作为接受大学生实习的单位,当然是法律关系的主体。实习单位是实习权的直接义务主体,当然实习单位在大学生实习活动中也拥有相应的权利。实习单位包括两种类型:一种是具有法人资格的单位,如国家机关、企业及社会团体等;另一种是不具有法人资格但依然能够享受一定权利、承担一定义务的组织,主要有合伙、个体户及其他不具有法人资格的组织。

(3) 高校

高校是大学生实习活动的组织者、管理者和教育者,根据专业培养目标和教学计划安排,组织大学生参加实习,并对大学生实习活动进行管理、教育指导。因此,高校也是大学生实习期间法律关系主体的重要组成部分。由于高校是法律授权的教育组织,所以,高校是实习权行政法意义上的义务主体。在高校内部,一般具体负责大学生实习的都是学校下属的各学院(系),由于这些单位不具有独立的主体资格,而且其所行使的权利及承担的义务都是代表学校,因此这里不把这类单位作为大学生实习期间法律关系的独立主体。②

(4) 政府

政府负责高校实践活动的宏观管理、政策引导、资源投入和监督检查,

---

① 李文康:《高校学生实习权探析与立法研究》,《西南农业大学学报》(社会科学版)2011年第12期。

② 页金鼋:《大学生实习期间的法律关系研究》,《教育与职业》2009年第30期。

出台相关的法律制度文件,广义上也是大学生实习期间法律关系的主体。作为实习权的义务主体,政府层面更为复杂,具有多元化、多层次的特征,国家是宪法意义上的实习权义务主体,而各级教育行政主管部门、人力资源和社会保障部门以及其他相关政府部门则是行政法意义上的实习权义务主体。[①]

2. 明确大学生实习法律关系的性质

大学生实习法律关系,是指法律规范调整实习学生、实习单位与学校等主体之间在实习过程中形成的权利和义务关系。大学生实习法律关系具有复杂性。首先,大学生实习期间法律关系是一种多边法律关系,大学生实习主要涉及实习学生、实习单位与学校的共同参与,实习期间三者之间分别构成实习学生与学校之间的法律关系、学校与实习单位之间的法律关系,以及实习学生与实习单位之间的法律关系。其次,大学生实习期间的关系也是一种复合性的法律关系,它既可能是一种平等主体之间的法律关系,也可能是一种隶属的法律关系;既可能是一种源自合法行为的原生法律关系,也可能是因原生法律关系受损而产生的派生法律关系。[②] 所以,要较好地处理大学生实习期间法律关系,就必须对大学生实习期间法律关系有清楚的认识。

根据前文分析,关于实习学生与学校之间的法律关系,本研究认为学校与实习学生之间的法律关系是带有行政管理性质的服务关系,包括民事法律关系中的服务合同关系、行政法律关系中的行政管理关系和法人组织内部的管理关系。[③] 关于学校与实习单位之间的法律关系,普遍认为高校与实习单位之间主要是一种平等的委托合同关系,集中实习类型中的高校和实习单位的委托合同关系比较明显,分散实习类型中的高校与实习单位之间是一种隐性的委托关系。实习单位与实习生之间的关系相对比较复杂,关于实习单位与实习生之间的关系目前还存在争议。本研究认为不同的实习类型其实习单位与实习生之间的法律关系性质不同,认识性实习类型中学

---

① 李文康:《高校学生实习权探析与立法研究》,《西南农业大学学报》(社会科学版)2011 年第 12 期。
② 页金鼍:《大学生实习期间的法律关系研究》,《教育与职业》2009 年第 30 期。
③ 陈利敏、邓慧:《浅谈大学生实习中各方法律关系》,《贵州工业大学学报》(社会科学版)2008 年第 6 期。

生的身份应定性为"在校学生",实习单位与实习学生之间的关系比较简单,主要是教育管理关系;生产性实习类型中应赋予学生"准劳动者"身份,即兼有学生和劳动者的双重身份,实习学生与实习单位之间既有教育管理关系,又有一定的劳动关系,因此,建议实习学生与实习单位之间建立一种"非标准劳动关系"亦即"准劳动关系",是劳动关系的一种,但又区别于一般的劳动关系。①

3. 规定各法律关系主体的权利与义务

大学生实习法律关系主体包括实习学生、实习单位、高校以及政府等社会主体。虽然说支持和保障大学生实习是全社会的共同责任,但是通过立法明确大学生实习法律关系各方主体的权利与义务还是十分必要的。明确大学生实习法律关系各主体的权利与义务是大学生实习活动规范化、制度化的基本前提。如前所述,重点要规定政府、高校、实习单位和实习学生的权利与义务,划定权利边界和义务履行范围。

政府。国家和相关行政主管部门作为大学生实习权的义务主体履行不同的义务。国家是大学生实习权宪法意义上的义务主体。作为宪法意义上的实习权义务主体,国家应该制定诸如《大学生实习管理条例》这样的全国性法律法规,通过立法确认大学生实习权、确定大学生实习法律关系主体、明确大学生实习法律关系性质、规定不同法律关系主体的义务与责任,以及明确大学生实习权受侵害后的救济途径。教育行政主管部门、人力资源和社会保障部门作为行政法意义上的实习权义务主体,应各司其职,分工协作,制定相应的落实措施,并做好协调、监督和管理工作。② 教育行政主管部门重点保障大学生在实习方面的受教育权,应当联合人力资源和社会保障等部门制定大学生实习规范或标准,规范高校和实习单位在学生实习活动中的行为;同时,要依照相关法律法规和大学生实习规范或标准对高校在组织与管理学生实习方面进行监督检查,重点检查学校在实习中三方协议签订情况、管理责任履行情况。人力资源和社会保障部门重点保障实习大学

---

① 徐银香、张兄武:《"责任共担"视野下大学生实习权益法律保障体系的构建》,《高等工程教育研究》2016 年第 1 期。

② 龚勋:《大学生顶岗实习的法律风险与应对策略研究》,《中国成人教育》2014 年第 23 期。

生的劳动权和职业伤害保障权,要依法对实习单位和实习中介组织进行监督管理,重点是对实习协议签订情况和协议内容等进行监管审查,确保三方共同签订实习协议且内容合法;同时,对实习学生劳动权利的实现情况进行检查,如劳动报酬支付情况(包括工资标准、是否收取保证金及押金以及拖欠克扣拒付实习工资等情况)、劳动保护、休息休假以及实习意外伤害的治疗与赔偿情况等。①

高校。高校作为行政法意义上的义务主体,负有对实习学生进行推荐、管理、教育与保护等义务。一是健全实习管理制度。设置专门的实习管理和服务机构,建立实习生推荐制度和实习审批制度,完善申请与审批程序;同时,健全实习信息沟通机制,建立实习意外事故应急制度,完善、落实责任保险保障制度等。二是加强对实习的全程管理。实习前,高校应安排实习指导教师考察实习单位提供的岗位情况,除做好与实习单位的接洽外,为学生提供必要的岗前培训;实习中,实习指导教师应常到实习地点了解情况,并协助企业指导教师处理实习指导中遇到的问题;实习结束时,实习指导教师应协助企业指导教师共同做好学生实习效果的评价考核。三是维护实习学生的合法权益。应对大学生加强法律法规教育,增强其维权意识和能力;保护实习学生的安全,并在法定范围内承担相应的事故责任。

实习单位。以企业为主体的实习单位是大学生实习权的直接义务主体。实习单位作为大学生实习权的直接义务主体,应该根据国家相关法律规定履行大学生实习的义务,其中最为核心的是为大学生提供实习机会、给予指导和劳动安全与卫生保护。建立实习生制度,定期向社会发布实习岗位信息并接受实习学生。主动签订实习协议,实习单位应与实习学生签订实习协议,明确学校、实习单位以及实习生各自的权利、义务和责任。安排岗位提供指导,实习单位要为实习学生提供符合高校实习教学计划要求的实习岗位,并安排指导人员对实习学生进行指导。保障合法劳动权益,加强劳动安全与卫生保护、保障休息休假以及根据实习工作劳动量提供适当的劳动报酬。落实实习责任保险制度和建立意外事故应急机制,保障实习生

---

① 徐银香、张兄武:《"责任共担"视野下大学生实习权益法律保障体系的构建》,《高等工程教育研究》2016年第1期。

人身安全以及出现意外伤害事故时的及时救治及权益救济,实习单位应成为实习学生劳动安全与卫生保护的第一责任人。[①] 法律也应该明确实习单位可优先选拔优秀实习生、享有税收优惠政策等权利。

实习学生。作为实习权利主体的实习学生,在享有受教育权、劳动权和职业伤害保障权的同时,也应该承担相应的义务和责任。大学生实习期间的义务和责任主要包括:服从学校及实习单位的实习工作安排,遵守学校及实习单位规章制度;严格按照操作规程使用相关设施;对实习中所接触到的商业机密和秘密文件保密;接受学校及实习单位相关人员教育管理和考核;及时向学校和家长汇报与沟通实习进展情况;因自己的过错给实习单位造成损失的要承担责任;等等。[②]

4. 明确大学生实习权的救济途径

无救济则无权利。权利救济是指在权利人的合法权利因义务人违背义务而不能实现或者遭受侵害时,由有关机关或个人依法采取一定的补救措施或消除侵害,使合法权利及法定义务能够得到实现和履行,或使权利人获得一定的补偿或者赔偿。[③] 维护大学生实习期间的合法权益不仅需要完善实体法律制度,还需要完善救济机制,明确救济途径。实习权既是一种受教育权又是一种劳动权和职业伤害保障权的权利属性特点,以及由于大学生实习多元化的权利义务主体之间形成的多样性实习法律关系,导致大学生实习权的救济复杂。因此,在拟制定的《大学生实习管理条例》中需要根据实习侵权性质和侵权程度明确救济路径。

---

① 申素平、贾楠:《实习生权益保障研究》,《教育学术月刊》2017年第6期。
② 陈利敏、邓慧:《浅谈大学生实习中各方法律关系》,《贵州工业大学学报》(社会科学版)2008年第6期。
③ 李文康:《高校学生实习权探析与立法研究》,《西南农业大学学报》(社会科学版)2011年第12期。

第四章
基于实习权的实习生权益内容体系

明晰的实习生权益内容是保障实习生权益的前提和基础,只有准确把握实习生权益的具体内容,才能通过健全法律法规来保障实习生权益。实习生权益是由不同性质的权利所构成的一种权益体系,基于实习权的实习生权益主要体现在受教育权、劳动权和职业伤害保障权等三个方面。保障实习生权益,不仅要完善相应的立法,做到有法可依,还要通过严格执行法律,做到有法必依。同时,要建立救济机制,使得大学生在实习期间合法权益受到侵害时得到救济。

一、实习生权益的概念内涵

权益即指合法权益,就是公民、法人、其他组织依法所享有的一定的社会权利和利益。权益是一种集合权利,是一系列相关权利的总和。关于实习生权益,李文康(2011)从实习权与实习生权益比较的角度认为实习生权益是泛指实习学生在实习期间依法享有的所有权益的总和。[1] 黄芳、范兰德(2011)认为实习生权益是实习学生在实习学习过程中应享有的受教育权和在实习工作劳动过程中享有的人身与财产权利的总和。[2] 金劲彪、韩玮(2019)认为大学生实习权益是指在校学生为顺利就业而获取真实性工作劳

---

[1] 李文康:《高校学生实习权探析与立法研究》,《西南农业大学学报》(社会科学版)2011年第12期。

[2] 黄芳、范兰德:《职业院校学生实习权侵权问题研究》,《现代教育科学》2011年第2期。

动机会的权利与利益,它以实习为主要内容。①

法律权利意味着人们可以依法作或不作一定行为,可以依法要求他人作或不作一定行为。② 实习生权益是从权利主体——实习生的角度把多个不同性质的权利集合在一起的概念,实习生权益是由不同性质的权利所构成的一种权益体系。实习生权益不仅包括基于实习权的权益,还包括人身、财产权利等其他权益。根据课题研究目的,本研究中的实习生权益主要是指大学生在实习期间依据实习权依法享有的所有权利和利益的总和。这些权益既包括实体法上的权利和利益,如劳动报酬、休息休假与劳动保护等权益;也包括程序法上的权利和利益,如是否获得公平的实习推荐、实习单位选择权等权益。

二、实习权与实习生权益的辨析

(一) 实习权与实习生权益的区别

1. 实习权与实习生权益的概念内涵不同

实习权是指大学生在校学习期间,根据专业人才培养目标需要和教学计划安排,享有到企事业等实习单位通过参加与专业对应或相关的实际工作进行实践性学习的权利。实习生权益是指大学生在实习期间依法享有的所有权利和利益的总和。实习生权益是从大学生这个实习权利主体的角度把多个不同性质的权利集合在一起的概念,各项权益因性质不同而权利属性各异,既包括基于实习权的权益,还包括人身、财产权利等其他权益。本研究主要探讨基于实习权的实习生权益。

2. 实习权与实习生权益的确认方式不同

权利通过法律规定,才能使人们获得某种利益或自由。由于大学生实习权并非单个权利,而是一种权利束,具有受教育权、劳动权和职业伤害保

---

① 金劲彪、韩玮:《大学生实习权益的保障机制研究》,《黑龙江高教研究》2019 年第 1 期。
② 本书编写组:《思想道德修养与法律基础》,北京:高等教育出版社 2006 年版,第 133—134 页。

障权等权利属性,所以,实习生的受教育权、劳动权和职业伤害保障权需要得到相关法律的确认。根据"私权利法无禁止即可为"和"当事人是自己利益的最佳判断者"的法谚,实习生权益不一定非经法律规定和确认,带有利益诉求的意义,而且有些权益可以通过私力救济。实习生权益不仅包括基于实习权的权益,还包括人身、财产权利等其他权益。实习生权益中的人身、财产权利已有民法等予以一般性保护,而基于实习权的实习生权益却需要其他相关法律的确认与保护。

(二) 实习权与实习生权益的联系

尽管权益不一定需要法律确认和规定,其起初带有利益诉求的意义,有些权益甚至仍需通过私力救济。但实习权的法律确认及其相关制度的构建,还是实习生权益维护的最有效保障。基于实习权的实习生权益是实习生权益这一"集体"中的一个特殊成员,其特殊性在于实习权的实现是基于学生取得实习生身份。根据因权利而获得利益的权与权益的关系,通过法律确认实习权,实习生才能法定获得实习权益及自由。由于实习权包含的各项权利的权利属性不尽相同,因此,实习生权益就是由不同性质的权利所构成的一种权益体系。根据上文分析,实习权同时具有受教育权、劳动权和职业伤害保障权的权利属性,所以,基于实习权的实习生权益也就主要体现在受教育权、劳动权和职业伤害保障权等三个方面。

三、实习生权益的主要构成内容

(一) 学界的主要观点

关于实习生权益的内容,张勇(2007)认为无论何种实习形式,大学生在实习期间都拥有合法权益,包括获得人身安全和卫生保护权、休息权、获得报酬权、享受社会保险权等。[1] 陈红梅(2010)认为实习生应该享有受教育

---

[1] 张勇:《大学生的实习权益保障及制度构建》,《教育评论》2007年第6期。

权、获得实习报酬的权利、身心安全受到保障的权利,其中受教育权在实习环节表现为实习权,获得实习报酬的权利是实习生的劳动权的反映,身心安全受到保障的权利是实习生的社会保障权的表现。[①] 黄芳(2011)将实习权益归纳为实践教育权、平等实习权、自由选择实习权、实习劳动报酬权、劳动安全权、休息权、人格权与停止实习权等权利内容。[②] 沈红艳、刘平(2014)认为应包括获得劳动报酬的权利,休息、休假的权利,获得劳动安全卫生保护的权利,接受职业技能培训的权利,享受社会保险的权利,拒绝实习单位强令冒险作业的权利。[③] 金秋平(2015)鉴于实习大学生非劳动者这一特殊身份,认为实习大学生至少应当享有平等实习权、劳动信息知情权、休息权、劳动报酬请求权和损害赔偿请求权。[④] 袁泉(2016)认为实习大学生权益主要包括以下内容:实习权(又称实践教育权)、劳动报酬权、劳动安全权、休息休假权、社会保障权、接受指导权,以及损害赔偿请求权。[⑤]

(二) 本研究的观点

根据上文分析,实习权同时具有受教育权、劳动权和职业伤害保障权的权利属性,决定了实习生权益也就主要是由受教育权、劳动权、职业伤害保障权等不同性质的权利和利益所构成的一种权益内容体系。为客观反映和确认实习生权益的具体内容,本研究在综合学者们的观点和访谈结果的基础上,编制了"关于大学生实习权益内容的调查问卷"并进行了预调查,对预调查结果进行了分析并征询了教育学和法学专业的专家意见,最后确定了"关于大学生实习权益内容的调查问卷"(见附录二)并开展了问卷调查。调查共发放问卷300份,其中参加过实习的学生(以下简称实习学生)100份,回收有效问卷98份;企事业等实习单位中层以上管理人员和业务骨干(以下简称实习单位人员)100份,回收有效问卷99份;高校教师和管理人员(以下

[①] 陈红梅:《对高校实习生法律身份的新认识》,《江淮论坛》2010年第2期。
[②] 黄芳:《论大学生的实习权》,《高教探索》2011年第3期。
[③] 沈红艳、刘平:《大学生实习权益保护的法律解读》,《赤峰学院学报》(汉文哲学社会科学版)2014年第4期。
[④] 金秋平:《大学生实习期间劳动权益保障研究》,《法制与社会》2015年第8期。
[⑤] 袁泉:《大学生实习权益保护研究》,云南财经大学硕士学位论文,2016年。

简称高校教师)100份,回收有效问卷99份。调查对象中的实习学生和教师主要来源于江苏、安徽、江西的7所学校,包括4所本科院校和3所高职院校;实习单位人员主要来源于江苏、安徽、江西不同类型的政府机构和企事业单位。调查结果采用频数数据分析方式进行了分类统计,原则上选择三类不同调查对象的赞同比率均为多数(即超过50%)的选择项作为最后确定的某项实习生权益。

1. 基于受教育权的实习生权益

与在学校的课堂学习不同,实习是学生到实习单位通过参与具体的岗位实际工作进行学习的一种方式,学习的地点、方式等均发生了变化,因此,在实习期间,学生享有的受教育权益内容与在校学习期间是有差异的。根据调查问卷统计结果,基于受教育权,实习生享有的主要权益包括获得实习推荐权、实习指导权、实习信息知情权、平等实习权和实习选择权等。

实习推荐权。实习推荐权是指学生享有就读学校向实习单位推荐实习的权利。关于实习推荐权,实习学生、实习单位人员和高校教师三类调查对象的赞同比率分别为54%、78%和63%。实习是专业教学的一个环节,实事求是、公平公正地向实习单位推荐学生实习是学校的基本义务和责任,学校履行实习推荐义务的好坏,直接影响学生获得实习机会的大小和实习质量的高低。

实习指导权。实习指导权主要指学生享有从就读学校和实习单位得到相应指导教育的权利。关于实习指导权,实习学生、实习单位人员和高校教师三类调查对象的赞同比率分别为89%、85%和77%。接受指导教育是实习学生的一项重要权益,直接影响实习教育目的的实现。作为必要的教学环节,学校要指派老师对实习学生进行指导,实习单位也有义务对实习生进行必要的教育培训和实习指导。

实习信息知情权。信息知情权是指实习学生在签订实习协议前,享有对实习目的与要求、实习单位基本情况,以及协议内容等情况进行全面了解的权利。关于信息知情权,实习学生、实习单位人员和高校教师三类调查对象的赞同比率分别为85%、55%和77%。信息知情权是实习生选择实习单位的基础和关键,协议中涉及的诸如实习目的、实习内容、期限与工作时间、实习报酬,工伤、职业病的救济方法和途径,以及知识产权、保密责任、违约责任及争议的解决方式等内容要征得学生的同意。

平等实习权。平等实习权主要是指实习学生在整个实习过程中享有被平等对待的权利。关于平等实习权,实习学生、实习单位人员和高校教师三类调查对象的赞同比率分别为87%、85%和93%。平等实习权包括实习前平等获得实习机会的权利,实习中平等获得实习教育资源、接受教育指导、享受安全保障的权利,以及实习结束时接受公正评价的权利。平等实习权与区别对待、排斥、优先对待相对,明确平等实习权可以保障实习生免受实习机会不平等的危害。

实习选择权。实习选择权是指学生在符合国家的方针、政策以及学校实习管理制度条件下,可根据实习目的和要求自主选择实习单位的权利。关于实习选择权,实习学生、实习单位人员和高校教师三类调查对象的赞同比率分别为83%、63%和83%。实习选择权不是指学生可以拒绝参加实习的权利,而是指高校或任何其他个人都不能将其意志强加给实习学生,实习选择权是保护实习生权益不受侵害的重要权利,可防止高校与企业强制学生违法违规实习现象的发生。

关于实习推荐权,实习学生赞同比率仅为54%,有些不合常理。据调查,主要原因之一是学校推荐的实习单位大多是同时批量接受实习学生,学生不太满意。关于信息知情权,实习学生、高校教师与实习单位人员的观点差异较大,结果也比较符合目前"实习难""实习侵权"状况严重的现状。关于有受访谈者提出的使用实习教育资源的权利,在预调查中三类调查对象的平均赞同比率未达到50%,经征询专家意见并研究分析认为,实习指导权已经包含了使用实习教育资源的权利,不再需要单独作为一项权益。

2. 基于劳动权的实习生权益

与一般职业劳动者不同,作为"准劳动者"的实习生,应享有"准劳动者"应该享有的相应劳动权益。根据调查问卷统计结果,实习生的劳动权益主要包括劳动报酬权、休息休假权、劳动保护权、协议签订权以及提请劳动争议处理等方面的权益。

劳动报酬权。劳动报酬权即劳动者依据提供的劳动量而获得相应劳动报酬的权利。关于劳动报酬权,实习学生、实习单位人员和高校教师三类调查对象的赞同比率分别为100%、85%和87%。劳动报酬权的确认可以有效防止实习单位以实习名义强制学生从事无偿或廉价的劳动。实习生是否获得劳动报酬和获得劳动报酬的多少,应根据学生在实习中是否为实习单位创造实际价值和价值的多少来确定。实习报酬与一般职业劳动者在标准方面应有不同,实习生的劳动与企业员工的劳动毕竟还是有一定差别。

休息休假权。休息休假权是指劳动者在规定的工作时间以外可以自行支配时间的权利。关于休息休假权,实习学生、实习单位人员和高校教师三类调查对象的赞同比率分别为96%、85%和87%。对于尚处于生长发育阶段的实习学生,需要得到较成年劳动者更多的关怀和爱护,在参加一定时间的劳动、工作之后更需要休息休假。休息休假权的确定,可以避免实习单位随意延长实习生的工作时间,压榨实习学生。

劳动保护权。劳动保护权是指劳动者享有的保护其劳动过程中生命安全和身体健康的权利。[①] 关于劳动保护权,实习学生、实习单位人员和高校教师三类调查对象的赞同比率分别为98%、85%和97%。劳动保护权是对实习学生生命安全以及身体健康的保障。实习单位有义务提供合格安全卫生标准的劳动条件和安全教育指导,不得强迫学生冒险作业、接触有毒有害的环境(特殊专业除外)等;学校也要承担起对实习生的教育培训与管理监督义务。实习学生有权拒绝实习单位安排的非法或不合规的冒险作业,以保护自己的人身安全。

协议签订权。协议签订权是指协议两方及以上的当事人,用彼此商量的方式来签订相关协议,使彼此之间建立合同关系的权利。关于协议签订权,实习学生、实习单位人员和高校教师三类调查对象的赞同比率分别为83%、73%和80%。按现行《劳动法》《劳动合同法》相关规定,实习学生不具备劳动者的身份,无法与实习单位签订劳动合同。在这种状况下,实习协议就成了保障大学生实习权益的重要依据。任何用人单位或高校不得无缘无故地拒绝实习生请求签订实习协议的要求,高校更不应推卸责任,应积极主

---

① 黎建飞:《劳动与社会保障法教程》,北京:中国人民大学出版社2007年版,第141页。

动与实习单位签订一个涉及各方面合法权益的实习协议。

提请劳动争议处理权。提请劳动争议处理权,是指劳动者在劳动过程中因权益问题与用人单位发生争议时,享有的请求有关部门对争议进行处理的权利。① 劳动争议处理是通过法律救济程序保护劳动者合法权益的一项重要制度。② 关于提请劳动争议处理权,实习学生、实习单位人员和高校教师三类调查对象的赞同比率分别为 76%、55% 和 63%。实习生与实习单位作为实习关系的不同主体,各自存在不同的利益,双方不可避免地会产生分歧。本研究认为,作为"准劳动者"的实习生,法律也应该赋予其享有提请劳动争议处理的权利。法律赋予实习学生提请劳动争议处理的权利,实质就是实习学生享有的请求保护的权利,有利于劳动争议的尽快解决,有利于保护实习学生的合法权益。

关于劳动报酬权、休息休假权、劳动保护权,三类调查对象的赞同比率相对较高,均超过 80%,其中劳动报酬权的实习学生的赞同比率为 100%,说明实习学生还是很重视实习报酬的。关于协议签订权,三类调查对象的赞同比率均超过 60%,但并不高,这反映了实习需要签订协议还没有引起足够重视。关于提请劳动争议处理权,三类调查对象的赞同比率相对偏低,这既说明对不符合现行《劳动法》规定的劳动关系的实习生是否享有提请劳动争议处理权存在争议,也说明目前对实习侵权的权利救济意识还不强。另外,关于有受访谈者提出的停止实习权,在预调查中三类调查对象的平均赞同比率未达到 50%,经征询专家意见并研究分析认为,作为正常的学校专业教学计划中安排的实习,学生需要按要求完成实习任务;如果存在违法违规的实习安排,学生可以依据相应权利进行保护,如依据劳动保护权学生有权拒绝实习单位安排的非法或不合规的冒险作业,因此,停止实习权不单独作为一项主要权益。

3. 基于职业伤害保障权的实习生权益

作为"准劳动者"的实习生,在实习过程中与一般职业劳动者一样,都面

---

① 黎建飞:《劳动与社会保障法教程》,北京:中国人民大学出版社 2007 年版,第 146 页。
② 张勇:《大学生实习及其权益保障的法律与政策》,上海:上海人民出版社 2012 年版,第 82 页。

临职业伤害风险,主要包括突发性生产事故导致的伤害和工作环境原因造成的健康侵害。根据调查问卷统计结果,基于职业伤害保障权,其权益主要应该包括职业伤害保险权、职业伤害治疗权和职业伤害赔偿权。

职业伤害保险权。根据现行《劳动法》和《工伤保险条例》,实习学生不是工伤保险对象,但学生在实习期间和一般劳动者面临的劳动风险是一样的。为了保障实习学生的合法权益,避免发生伤害后得不到救济,应该建立实习学生职业伤害保险法律制度,规定实习生依法享受职业伤害保险权。关于职业伤害保险权,实习学生、实习单位人员和高校教师三类调查对象的赞同比率分别为100%、95%和97%。以社会保险的方式降低实习学生职业伤害风险,能有效地促进实习意外伤害风险事故的处理,为实习学生身体健康和生命安全提供保障,同时有利于和谐实习关系的构建。

职业伤害治疗权。关于职业伤害治疗权,实习学生、实习单位人员和高校教师三类调查对象的赞同比率分别为98%、85%和97%。伤害治疗权是保障实习学生免遭事故伤害或者患职业病的最基本也是最重要的权益。实习学生因工作遭受事故伤害或者患职业病的应及时地获得有效的救治。对于需要一段时间康复治疗的应通过医疗保障体系给予救济。

职业伤害赔偿权。关于职业伤害赔偿权,实习学生、实习单位人员和高校教师三类调查对象的赞同比率分别为100%、100%和100%。实习学生因工作遭受事故伤害或者患职业病除应接受及时、正规的医疗救治外,还应获得相应的意外伤害赔偿。

关于职业伤害保险权、职业伤害治疗权和职业伤害赔偿权,三类调查对象的赞同比率都非常高,均超过85%,其中关于职业伤害赔偿权,三类调查对象的赞同比率均为100%。调查结果说明,目前,相比于受教育权和劳动权,实习学生因突发性生产事故受伤害和因工作环境原因健康受侵害的保障救济更受到社会各界的关注。

4. 与实习相关的其他重要权益

访谈中,在上述权益之外,访谈对象还提到其他权益,如实习学生的个人隐私保护权、知识产权、生命健康权、财产保护权、人格权等。经预调查、专家征询和问卷调查,实习学生的其他主要权益包括隐私保护权、知识产权和实习申诉投诉权等。由于生命健康权、财产保护权以及人格权都是公民的基本权利,对实习学生不具有特殊性,因此不作为本研究中的实习学生的其他主要权益。

隐私保护权。隐私保护权是指自然人享有的私人生活安宁与私人信息秘密依法受到保护的一种权利。关于隐私保护权,实习学生、实习单位人员和高校教师三类调查对象的赞同比率分别为93%、88%和87%。大学生在实习过程中,不可避免地要将自己的部分信息提供给用人单位,用人单位有可能违规将实习生的隐私出卖。实习过程中的隐私保护权主要涉及个人信息维护。隐私保护权的确认,可以防止在没有经过实习学生同意的情况下,任何单位和个人不得将实习生的个人信息随意发布、使用,一旦因实习单位泄露导致实习生权益受损,实习生可以提出损害赔偿请求权。

知识产权。关于知识产权,实习学生、实习单位人员和高校教师三类调查对象的赞同比率分别为80%、75%和60%。随着大学生创新创业能力的增强、学校与企业产学研合作的深入,尤其是现在很多学生毕业论文(设计)题目就来源于实习单位,同时又是在实习单位指导老师指导下完成的,在这种情况下,如何明晰实习学生的知识产权归属问题将越来越复杂重要。将实习大学生取得的专利、发明以及其他智力成果列入知识产权的保护范围,有利于提高学生创新创业的积极性,保护处于弱势地位的实习生权益,具体可根据实际情况在实习协议中进行约定。

实习申诉投诉权。实习申诉投诉权是指实习学生享有的在权益受损时向政府主管部门申诉投诉的权利,涉及受教育权的可以向政府教育行政主管部门申诉投诉,涉及劳动权等其他权益的可以向劳动保障监察部门申诉投诉。关于实习申诉投诉权,实习学生、实习单位人员和高校教师三类调查对象的赞同比率分别为70%、70%和80%。通过确认实习申诉投诉权,建立和规范申诉投诉制度,一方面可以保障学生的合法权益;另一方面,有利于教育行政主管部门和劳动保障行政部门及时掌握高校和实习单位在履行实习责任和义务方面的真实状况,便于对大学生实习活动进行有效的监督、管理。

四、实习生权益的法律制度保障

通过立法诸如出台《大学生实习管理条例》对大学生实习权进行确认，这种确认表明了法律对此项权利的确认，完成了实习权从应有权利向法定权利形态的转化，但这种转化尚未变为现实权利。法定权利只有转化为现实权利，对权利主体才有实际价值和效益。从法定权利到现实权利的转化，受很多内外部条件的制约和影响，关键在于法律制度的落实和有效的救济。有效保障实习生权益，在对大学生实习权给予法律确认的基础上，还要建立健全相关法律制度和救济机制。本研究认为其中最为主要的是严格执行大学生实习协议制度、推行实习责任保险制度、建立大学生实习监管制度、完善大学生实习激励制度以及健全大学生实习救济制度等。

（一）严格执行大学生实习协议制度

实习协议是替代劳动合同的现实选择。我国《劳动法》第 16 条规定："劳动合同是劳动者与用人单位确立劳动关系、明确双方权利和义务的协议。"由于当前我国法律未明确赋予实习生劳动者资格，实习生通常不能与实习单位签订正式劳动合同，因此，签订实习协议就成为保障实习生合法权益的直接的重要途径，以便实习生维护合法权益时有据可查。目前，签订实习协议有三种模式：一是学校与实习单位签订实习协议，这种模式以学校与实习基地签约模式为多；二是实习学生与实习单位直接签订实习协议，这种模式以学生自己联系实习单位的为多；三是学校、实习学生、实习单位签订三方实习协议。多项调查研究表明，相当多的实习没有签订实习协议，签订三方协议则更少；签订协议的，很多也并不规范，实习协议内容空泛、概念性、原则性的居多，可操作性不强；实习目的不明确，各方权利和义务约定不清晰。现阶段，要切实保障实习生的合法权益，除了完善国家相关法律法规之外，还必须注重实习协议制度的建立与完善。

实习协议是确定学校、实习单位和实习学生之间权利与义务关系的具有约束力的法律文件。虽然说支持和保障大学生实习是全社会的共同责任,但是通过实习协议明确各方主体的法定义务和责任是最直接而有效的方法。① 实习活动涉及学校、实习单位和学生,为更有效保护实习学生合法权益,要通过实习协议明确学校、用人单位、学生三方之间的权利义务关系。无论是学校推荐的实习,还是学生自主联系的实习,都应该签订学校、实习单位与实习学生之间的三方协议,不能抛开学校或学生,而由实习单位与学生,或学校与实习单位两方设定权利与义务。作为一种必要的教学环节,抛开作为负有教育、管理和保护职责的学校,将无法对实习内容、实习时间、实习报酬、实习安全等进行监管与保障;另外,即使是学校推荐的实习或在学校实习基地实习,也不能抛开学生而由学校和实习单位为学生设定权利与义务。实习协议必须是实习学生、实习单位与学校三方共同签订,不能由学校代替学生签订实习协议,实习协议必须在三方签字后并向劳动保障行政部门备案后方可生效。

实习协议的内容非常重要,它是确定相关权利、义务、责任与风险分担的主要依据。政府应尽快出台格式化或半格式化版本的实习三方协议文本,实习协议中明确规定学校、实习单位以及实习生各自的权利、义务与责任,但在设定三方权利、义务与责任时,要对实习生进行适当倾斜保护,同时兼顾各方利益。只有这样,才能在不影响学校组织学生实习、用人单位接受学生实习积极性的同时,最大限度地保护实习学生的合法权益,做到兼顾多方利益平衡。实习协议内容应充分体现实习学生受教育权、劳动权和社会保障权的重要权益,可以参照劳动法的相关规定,将实习目的与要求、实习内容与工作岗位、实习期限与工作时间、实习场所(地点)、实习报酬、休息休假、劳动保护以及协议的变更、解除与终止等作为必要内容。对于那些在实习过程中可能出现的问题以及纠纷,如工伤、职业病等给予明确的规定,对于救济的方法和途径也应该给予详细的说明。各方还可以根据实习的性质和需要,约定知识产权、保密责任、违约责任及争议的解决方式等。

---

① 张勇:《基于促进就业理念的大学生实习立法问题研究》,《华东理工大学学报》(社会科学版)2010年第2期。

(二) 推行大学生实习责任保险制度

实习生在实习期间发生意外,并不适用国务院颁布的《工伤保险条例》,2010年修订后也并未将"实习生"纳入其中。由于《工伤保险条例》没有将实习学生作为参保对象,实习中的人身意外伤害不能通过工伤保险得到救济。关于大学生实习期间的人身伤害事故救济,一直是个很难处理的问题。如果没有一种兼顾多方利益的大学生实习伤害事故处理机制或制度,一旦发生伤害事故,高校、实习单位、实习生及其家庭都将无可避免地被卷入赔偿责任承担之旋涡中,如果是群体事故,还会造成不良的社会影响。借鉴发达国家与地区的成功经验,以及我国中等职业学校学生实习时的实践做法,本研究认为,处理高校大学生实习意外伤害事故的有效途径,是将实习风险纳入强制保险的范围,完善和推行实习责任保险制度,充分发挥实习责任保险的风险分散功能。2009年,教育部、财政部、中国保监会联合发布了《关于在中等职业学校推行学生实习责任保险的通知》,经过几年的实践,实习责任保险对有效分散实习学生的责任风险,保障广大实习学生合法权益发挥了重要作用。

实习责任保险制度既有利于实习伤害事故的及时救济,有效保护实习学生合法权益;又可分散责任风险,有利于解决高校及实习单位的后顾之忧,保护高校和实习单位的积极性。实习责任险,应具有一定的强制性,并融入商业化的保险机制。关于实习责任保险费用的支付,可依据利益协调和责任共担的原则,由国家(政府)、学校、实习单位和学生按照法律规定比例或者实习协议中约定的比例分摊。其中,实习单位作为实习风险管控人、伤害事故发生地,承担第一位的投保义务人责任;学校作为实习的组织者和教育方,承担补偿投保的责任[①];由于实习责任保险具有一定的社会公共利益的性质,国家有义务承担一定比例的保险费用支付义务;学生虽是实习责任保险制度的受益人,但他们也可能因个人的不当行为导致实习意外伤害发生,因此,可根据具体实习性质、特点决定学生是否需要承担一定比例的

---

① 王毅:《荷兰萨克逊大学工作实习协议及其启示》,《金华职业技术学院学报》2013年第3期。

保险费用。

(三) 建立大学生实习监管制度

高校和实习单位是两个独立的平等主体,保障实习生权益,单靠学校和实习单位的配合显然是不够的,势必造成实习管理的缺位甚至无序,政府的协调、管理与监督十分必要。[1] 教育行政主管部门与人力资源和社会保障部门作为大学生实习活动的两个主要主管职能部门,应当分工协作,各司其职,明确与细化监管职责,做好监督管理工作。[2]

教育行政主管部门应当联合人力资源和社会保障等部门制定大学生实习规范或标准,规范高校、学生和实习单位在实习活动中的行为,并建立实习质量与实习风险评估制度。实习质量评估主要是对学校安排实习情况和实习单位接受开展实习情况进行评估。实习风险评估主要是对实习生的工作事项、司法救济、实习心理风险等劳动权益风险进行评估。[3] 教育行政主管部门检查学校方面在实习中三方协议签订情况、管理责任履行情况,要严肃打击学校与中介或实习单位利用"实习"的名义,共同欺压实习学生,侵害实习生合法权益的违法行为。对于在实习中侵害学生合法权益,如使用暴力、威胁、监禁或非法限制人身自由等手段强迫学生劳动的,以及严重失职造成实习事故发生的企业、学校相关责任人,应根据情节的严重程度追究其行政责任和刑事责任。

人力资源和社会保障部门应当联合教育行政主管部门研制出台格式化或半格式化版本的三方实习协议文本。人力资源和社会保障部门依法对实习单位进行监督管理,重点检查实习三方协议签订情况、劳动报酬支付情况(包括工资标准、是否收取保证金及押金、是否拖欠克扣拒付实习工资等情况)、劳动卫生保护、休息休假以及实习意外伤害的治疗与赔偿情况等。人力资源和社会保障部门要将实习纳入劳动监察的范围之中,充分发挥劳动

---

[1] 徐银香、张兄武:《"责任共担"视野下大学生实习权益法律保障体系的构建》,《高等工程教育研究》2016 年第 1 期。
[2] 龚勋:《大学生顶岗实习的法律风险与应对策略研究》,《中国成人教育》2014 年第 23 期。
[3] 姜国平:《我国高校学生实习法律制度的立法完善》,《现代教育管理》2017 年第 1 期。

保障监察网格化优势,加大对职业中介机构、劳务派遣单位和用人单位的执法监督检查力度,纠正、处罚实习中的违法行为,受理实习中的申诉和纠纷等。

(四) 完善大学生实习激励制度

实习单位接收实习生的积极性和主动性,在很大程度上影响了大学生实习状况及其权益保障问题的解决。企业是接受实习生最多的单位,作为一个主要以营利为目的的社会经济组织,仅仅从应承担义务和责任的角度来接受实习生,肯定动力不足。虽然法律规定企业接受大学生实习是一种强制性的义务,但企业毕竟是以营利为目的的经营性组织,如果接收大学生实习所付出的代价大于收益,在没有政策鼓励和支持的条件下,很少有企业愿意将资金和精力投入到培养实习生上。为了支持与鼓励更多的企业单位接收大学生实习并保障其实习权益,国家和地方各级政府应当给予企业足够的政策支持,并制度化。

政府要通过财税优惠政策鼓励企业接纳大学生实习,对于支付给学生实习期间的报酬,准予企业在缴纳所得税税前扣除;企业为实习学生提供的安全防护和劳动保护费用,列入安全生产措施费。将企业接受实习生情况纳入企业诚信信息系统,将在接收学生实习中表现突出的企业,作为企业优良业绩之一向社会发布。各行业组织要在高校与行业企业之间发挥桥梁纽带作用,协助高校与行业企业解决大学生实习问题。

(五) 健全大学生实习救济制度

无救济则无权利。权利救济是指在权利人的合法权利因义务人违背义务而不能实现或者遭受侵害时,由有关机关或个人依法采取一定的补救措施或消除侵害,使合法权利及法定义务能够得到实现和履行,或使权利人获得一定的补偿或者赔偿。[①] 维护大学生实习期间的合法权益不仅需要完善立法,更需要完善救济机制,明确救济途径。基于大学生实习权益纠纷特

---

① 李文康:《高校学生实习权探析与立法研究》,《西南农业大学学报》(社会科学版)2011年第12期。

点,健全大学生实习救济制度可优先考虑以下几个路径:

一是建立非诉调解制度。通过调查可知,实习侵权只有在损失较大时,实习生才会坚持维权与单位抗衡。实习生最常遇到的克扣工资、延长劳动时间、拒付加班工资等违约和侵权行为,由于维权复杂、维权成本较高,实习生经常选择妥协或放弃维权。构建与完善在校实习生权益的司法保护和救助机制,需要建立相应的非诉调解机制。因为非诉调解具有手段温和、程序简洁、灵活高效的特征,可以及时解决在校实习生遇到的普通侵权问题。将一般性的劳动权和职业伤害保障权受侵事件列为调解的内容,由人民调解委员会或乡镇街道等基层调解委员会先行进行调解。[①]

二是建立行政救济制度。大学生实习权的行政救济指的是行政救济主体为大学生提供法律救济的方式,主要包括申诉和行政复议。[②] 要明确大学生的申诉范围以及申诉程序,具体到哪些内容可以申诉、向谁申诉、怎么申诉。一般对于涉嫌学校侵犯大学生实习的受教育权的行为,大学生先向学校的申诉委员会申诉,大学生对学校的申诉委员会作出的决定不满意的,可以再向教育行政主管部门提出申诉,若对教育行政主管部门的处理不服,大学生可以直接依法提起行政复议,对教育行政主管部门的行政复议仍不服的,可以依法提起行政诉讼。

三是建立实习监察和仲裁制度。如果实习单位涉嫌强迫劳动、严重危害人身安全等严重违反法律的行为,劳动监察等部门应积极主动介入监管,各级劳动保障监察机构针对克扣、拖欠学生劳动报酬的投诉举报要开通绿色通道,从快从严处置,努力维护在校学生的合法权益。修改《劳动人事争议仲裁办案规则》,拓宽劳动争议仲裁的受理范围,将实习纠纷纳入《劳动人事争议仲裁办案规则》,明确实习生有权向劳动争议仲裁机构申请仲裁。在校实习生不愿调解、调解不成或不履行调解协议的,可向劳动争议仲裁机构申请仲裁。仲裁机构在已经调解或调解协议的基础上进行仲裁,不必再进行仲裁前调解。

四是完善司法救济制度。司法救济是对受害学生实习权保护的最后屏

---

① 郄夏利:《我国在校实习生劳动权益保护问题研究》,河北经贸大学硕士学位论文,2018年。
② 陈雪培:《大学生实习权的法律救济》,广西大学硕士学位论文,2015年。

障,依据"司法最终裁决原则",对经过仲裁的案件,当事人对仲裁裁决不服起诉到法院的,或启动立案速裁程序,或直接移送审判业务庭,不再进行立案调解。基于实习过程中实习单位和实习生间的教育与被教育、管理与被管理的关系属性,以及实习生群体的特殊性,实习权纠纷的司法救济,除了遵循一般司法救济原则外,在完善司法救济机制时,要适当简化实习纠纷诉讼制度。明确规定实习纠纷中的举证责任适用举证责任倒置原则,即实习单位承担举证责任,否则承担不利后果,既保障了实习纠纷的及时处理,又可体现我国法律对弱势群体的倾斜保护。[1] 对严重侵犯高校学生实习权益的行为、实习活动中的恶性安全事故行为、具有监管责任的国家机关及其工作人员滥用职权和玩忽职守等渎职行为,应依法追究刑事责任。对于触犯刑法的行为,除通过刑事诉讼方式维护实习权和公共利益外,还应建立刑事附带民事诉讼制度,并对实习生提供法律援助,建立公益诉讼制度、派生诉讼制度或代表人诉讼制度等,降低实习生维权的成本,充分运用司法程序保障实习生的合法权益。[2]

---

[1] 郄夏利:《我国在校实习生劳动权益保护问题研究》,河北经贸大学硕士学位论文,2018年。
[2] 张勇:《大学生实习及其权益保障的法律与政策》,上海:上海人民出版社2012年版,第188页。

第五章
我国大学生实习权益保障的状况

近年来,大学生在实习期间合法权益遭受侵害的事件屡屡发生,实习生权益保护问题已引起社会广泛关注。实习生的受教育权益、劳动权益、职业伤害保障权益不同程度受到侵犯,而且权益受损后的维权、救济困难,主要是大学生实习供求矛盾突出,相关法律政策缺位或缺乏可操作性,以及不同社会主体作用发挥不够等原因造成的,如:政府尚未建立有效的监管制度,相关政策支持也不到位;高校实习教学安排不科学,实习管理制度不健全;企业社会责任感不强,没有建立实习生制度;学生实习态度不端正,维权能力整体不足;支持大学生实习的社会氛围尚未形成,中介机构还不规范;等等。

一、研究设计

1. 问卷调查

为科学揭示大学生实习权益保障存在的主要问题,本研究设计了"关于大学生实习权益保障状况的调查问卷"(见附录三),问卷分"基本情况"和"大学生实习权益保障状况"两部分。根据前文分析,实习生权益是主要由受教育权、劳动权和职业伤害保障权等不同性质的权利和利益构成的权益体系。"大学生实习权益保障状况"部分主要根据受教育权、劳动权和职业伤害保障权的具体权益内容,以及实习权益受损后的救济状况设计相应问题。

为保证调查问卷质量,正式调查前进行了预调查,对调查问卷进行了完善。正式调查共发放问卷 500 份,收回问卷 478 份,回收率达 95.6%,有效问卷 469 份,占总回收问卷的比例为 98.1%。以在苏州高校就读的参加过实习的高年级学生和在苏州工作的毕业生为调查对象。调查对象既包括在校学生,也包括已毕业学生;既包括本科院校学生,也包括高职院校学生;既包括苏州高校学生,也包括从外地高校毕业来苏州工作的学生;既包括理工科专业学生,也包括文科专业学生。样本均为随机抽样,具有较强的代表性。调查结果采用频数分析方式。

2. 深度访谈

为深入分析大学生实习权益受损的主要原因和相应对策建议,深度访谈了 30 人/次。访谈方式为半结构化访谈,因为有访谈提纲,不至于访谈时偏离主题;同时,使访谈具有开放性,可获得更多相关信息。为保证获取观点更具代表性,访谈对象涉及参加过实习的学生(本科院校学生 5 人/次,高职院校学生 5 人/次)、企事业等实习单位中层以上管理人员和业务骨干(10 人/次)以及高校教师和管理人员(本科院校 5 人/次,高职院校 5 人/次)等群体。

二、大学生实习权益保障现状

1. 受教育权益保障状况

接受教育是实习的目的,是实习制度设计的宗旨和目标,受教育权是实习生权益的核心内容。本研究主要从实习机会获得情况和实习教育效果两方面调查受教育权益保障状况,研究发现:

一是实习机会难获得。实习单位特别是对口的实习单位难找,是大学生实习遇到的普遍问题。主要表现为:其一,学校推荐的实习偏少。一般来说,学校推荐的实习单位大都经营合法、管理规范、保障良好,理论上讲,学生都应到学校专业实习基地或学校推荐的其他实习单位实习。但从调查结果看,学校推荐的实习偏少,学生到学校推荐的实习基地或其他实习单位的只占 49%,另有 22% 的是由亲戚朋友推荐联系的,20% 是通过校友或其他信息途径由自己联系的，9%是通过人力资源公司等中介机构获得的。其二，学生自主联系困难。26%的受访者认为很难获得实习机会，44%的受访者认为比较难获得实习机会，21%的受访者认为比较容易获得实习机会，9%的受访者认为很容易获得实习机会。即超过半数的受访者认为不容易获得实习机会，能选择专业对应或相关的实习单位或实习岗位的所占比例更低。其三，实习岗位竞争激烈。由于用人单位提供的实习岗位少，需要实习岗位的学生不断增加，导致实习岗位竞争激烈。调查结果显示，65%的受访者为获得实习机会在对实习单位并不了解的情况下就进入单位实习，这为实习权益受损埋下了隐患，尤其是中介机构推荐的实习；82%的受访者对实习中学校、实习单位与本人权利、义务等内容不清楚。调研中也发现，在学校推荐实习岗位不足和学生自主联系与专业相符的实习岗位比较难的情况下，少量学生为完成学校布置的实习任务，就随意找个单位实习，甚至出现"虚假实习"情况，杜撰假实习情况找个单位盖个章或在网上购买"实习证明"。

二是实习效果难保证。从调查结果看，很多实习没有达到预期实习效果，学生对实习效果满意度不高，受访者对实习效果满意的占8%、比较满意19%、一般占46%、不满意占27%，即近3/4的学生认为实习效果一般，甚至不满意。主要表现为：其一，实习工作与专业相关程度不高。调查结果显示，实习工作与专业"对口"的占12%、"比较相关"的占28%、"有点相关"的占32%、"无关"的占28%。实习工作与专业"对口"和"比较相关"的仅占40%，文科类专业学生更低，也就是说，超过半数的实习与专业无关，实习生在实习单位就像是"打杂"，干些诸如收发文件、复印资料、端茶倒水及打扫卫生的活，实习变成必须完成的任务和形式，谈不上经验积累与专业提升。其二，实习教育目的性缺失。28%的受访者对实习目的与要求不明确，45%的受访者基本了解实习目的与要求，27%的受访者理解实习目的与要求。实习单位能根据实习计划进行岗位轮换的占8%，有个别岗位调整的占38%，实习岗位不变的占54%，超过一半的学生整个实习期间就固定在同一岗位上从事简单重复的工作，高职类理工科专业学生比例更高，实习学生变成实习单位的廉价劳动力。另外，57%的受访者认为实习中有些实习单位不愿提供接触实际生产或先进设备技术的岗位安排。其三，实习指导工作不到位。学校安排指导老师的占45%,实习单位安排指导老师的占72%。超过半数的实习,学校没有安排指导教师,其中主要是非学校安排的实习,可以看出非学校安排的实习几乎处于学校不管状态。另外,从指导效果看,无论是学校教师的指导还是实习单位的指导,学生的满意度都很低,不满意的均在1/3左右。对学校的实习指导不满意的占35%、一般的占43%、比较满意的占12%、满意的占10;对实习单位的指导不满意的占32%、一般的占46%、比较满意的占14%、满意的占8%。

2. 劳动权益保障状况

实习过程是一种职业劳动过程,实习生依法享有相应的劳动权利和利益。劳动权益是实习生的重要权益,从调查结果看,实习生劳动权益受损情况严重。

一是实习协议难签订。由于法律没有明确赋予实习生劳动者资格,实习生不能与实习单位签订正式劳动合同,因此,签订实习协议就成为保障实习生合法权益的直接重要途径,可使实习生维护合法权益时有据可查。但调查发现,目前实习协议签订还很困难。主要表现为:其一,签订实习协议比例小。96%的实习没有签订学校、实习单位和学生三方协议,78%的实习没有签订实习单位和学生双方实习协议。没有签订实习协议的原因,一方面在于学生,部分学生无签订实习协议意向或未提出签订实习协议;另一方面还在于实习单位,实习单位不愿意签订书面实习协议。还有一种情况是学校与实习单位签订了实习基地协议,到实习基地实习的学生没有再与实习单位签订实习协议。实习生无签订实习协议意向的占18%,有签订实习协议意向由于担心失去实习机会而未提出签订实习协议的占29%,提出签订实习协议但遭实习单位拒绝的占26%,口头协议的占27%。其二,实习协议内容不规范。签订协议的受访者中,72%的认为实习协议不规范,对实习生权益保护不全面,实习协议内容空泛,概念性、原则性居多,可操作性不强,各方权利、义务及可能发生的争议解决方式不明确。当前实习单位与学生签订的实习协议多出于程序上的要求,忽视了对学生权益的实质性保护。

二是劳动权益难落实。在各类实习生权益受侵案件中,劳动权益受损的比例很高。从学生群体看,高等职业类实习学生相对受损更多;从实习类型看，顶岗实习、带薪实习的学生受到侵害的占多数。其一，实习劳动报酬无或少。受访者中交纳实习费的占8%，无报酬的占44%，有少许报酬的占38%，有一定报酬的占10%。加班加点未获得报酬现象严重，周末、节假日加班未得到报酬补偿的占54%，工作日超时工作未得到相应报酬补偿的占62%。克扣、拖欠、拒付实习报酬等违法行为时有发生，45%的学生认为实习单位曾克扣、拖欠和拒付过实习报酬。在调研中发现，部分实习单位主要是一些制造业企业利用实习生（主要是高等职业类学生）来降低企业用工成本，它们不向实习生提供劳动报酬，或者向实习生提供廉价的报酬，把实习生当成廉价劳动力。其二，加班加点现象严重。实习学生休息日加班或工作日超时工作情况严重，周末、节假日正常休息休假的占22%，偶然加班的占52%，经常加班的占26%；工作日正常休息的占18%，偶然超时工作的占48%，经常超时工作的占34%。加班大部分未与实习学生进行过协商，周末、节假日加班未与实习学生协商的占56%，工作日超时工作未与实习学生协商的占77%。其三，劳动安全保护不到位。部分实习单位对实习生缺乏必要的安全教育与业务指导。实习单位提供良好安全卫生保护措施的占15%，有一定安全卫生保护措施的占38%，未提供安全卫生保护措施的占47%。学生对实习工作环境满意度不高，认为工作环境舒适的占18%，认为工作环境一般的占42%，认为工作环境较差的占31%，认为工作环境恶劣的占9%。

3. 职业伤害权益保障状况

职业伤害保障权是遭受意外伤害事故或因工作环境原因造成健康侵害的实习生获得及时有效的救济以及促进职业伤害预防和康复的重要保障。但从调查看，职业伤害权益保障方面的问题也很严重。主要表现为：其一，意外伤害保险购买比例低。根据现行《劳动法》和《工伤保险条例》，实习学生不符合工伤保险对象，不能根据工伤保险法进行救济，因此，购买社会保险（即实习生意外伤害保险）就成为有效化解实习学生职业伤害风险的重要方式。但目前购买意外伤害保险的实习比例低，84%的实习学生没有购买意外伤害保险，仅16%的实习生购买了意外伤害保险，购买意外伤害保险中有56%由学校购买，44%由实习单位购买。其二，伤害治疗、赔偿推诿情况严重。实习学生因工作遭受事故伤害或患职业病的应及时获得有效救治和相应赔偿,但调查发现,由于78%的实习没有签订实习协议、84%的实习学生没有购买意外伤害保险,在没有购买社会保险又没有书面协议的情况下,学校和实习单位往往互相推诿。受过意外伤害的学生,责任清晰获得有效医疗和相应赔偿的占38%,责任不清存在相互推诿的占62%。

4. 实习权益受损后的救济状况

实习期间实习生权益受损难以避免,从调查看,实习生权益受损后维权、救济困难。主要表现为:其一,救济途径混杂。权益受侵害时,52%的受访者选择忍受、放弃,48%的受访者表示会维护自己的合法权益。选择维护合法权益的,46%的受访者表示首选与用人单位协商,26%的受访者首选请求学校帮助,28%的受访者首选申请调解、仲裁与诉讼。选择法律途径的,首选调解协商途径的占23%,首选工伤救济途径的占45%,首选民法救济途径的占32%。其二,救济效果不佳。实习侵权救济主要表现在劳动权益侵权救济和职业伤害权益侵权救济两方面。关于实习报酬等劳动权益侵害的救济效果,受访者很不满意的占25%,不满意的占47%,比较满意的占24%,满意的占4%。关于职业伤害的治疗、赔偿满意程度,受访者很不满意的占14%,不满意的占52%,比较满意的占28%,满意的占6%。由于实习学生与实习单位之间不是标准劳动关系,实习生被排除在劳动仲裁保护范围之外,实习生不能通过劳动监察执法和劳动仲裁的手段来维护自己的合法权益;此外,通过民事途径解决权益纠纷也十分困难。因此,大学生在实习期间一旦出现工伤、医疗事故等,他们的合法权益就很难得到有效保障。调查发现近半数学生考虑到维权成本、各方压力等因素会选择忍受、放弃,最终选择和坚持维权的主要是受到比较严重的劳动权益侵害或职业伤害者。

三、大学生实习权益受侵的主要类型

根据侵权主体特征,可以将对大学生实习权益的侵权分为四大类型:

学校侵权。高校是实习管理的主体,是大学生实习的主要组织者和管理者,应该是实习生权益的保护者,但在调查中发现部分高校存在一定的侵权行为,有些还很严重。学校侵权行为主要表现为:有的学校出于利益考虑,以实习名义强制学生到指定企业从事廉价甚至无偿劳动。近年来,学校强制或隐性强制学生实习的现象时有发生,有些还以扣发毕业文凭或不给予学分相威胁。有的学校委托中介机构或者其他有偿代理组织或个人代为联系安排实习岗位、组织管理实习学生,一些学校或学校管理者个人从中收取中介费用。一些学校为减少办学成本或从实习单位获得更多利益,延长实习时间,超过正常的人才培养需要;一些实习管理人员、指导教师个人侵吞学生实习报酬,或克扣学校下拨的实习补贴或经费;消极或不履行教育管理职责,对学生实习放任不管而导致实习学生受伤害;实习指导教师侵犯学生的知识产权,将学生的一些创新性的实习成果归为己有。

实习单位侵权。实习单位应当依据国家有关法律法规和实习协议履行保障实习生权益的义务和责任,但由于经济利益等多种原因,部分实习单位尤其是企业成为实习生权益受侵的最重要主体。实习单位侵权的主要表现为:直接骗取钱财,一些企业单位假借招聘实习生,向学生索要押金,或所谓的培训费、保证金等,钱到手后单位一夜之间就消失了;也有一些实习单位以各种名义收取实习学生押金或其他费用,并且向学生许诺实习结束后会返还,可实习结束后提出各种借口而不返还。一些实习单位不按大学生的劳动收入支付劳动报酬,实习生和正式员工完成相同甚至更多的工作任务,实习单位只支付很少甚至不支付劳动报酬,也有不及时付款和任意扣减的情况。在一些实习单位,特别是制造企业,常常出现实习学生加班加点,却拿不到补休和加班费,没有福利保障,甚至出现以非法限制人身自由的方式强迫学生加班的现象。还有无故辞退实习生或延长实习期的情况。一些实习单位考虑成本,甚至不提供基本的安全生产防护设备和措施,导致实习生安全事故和意外伤害频发。一些实习单位安排实习生从事高风险工作,如安排实习生从事高毒、易燃易爆、国家规定的第四级体力劳动强度和其他有安全隐患的工作;或安排学生到酒吧、夜总会、歌厅、洗浴中心等法律法规明令禁止的营业性娱乐场所实习。实习学生因工作遭受事故伤害或患职业病,不给予及时救治和后期康复治疗以及赔偿。还有些实习单位或实习指导教师侵犯学生的知识产权,侵占学生实习成果。

中介机构侵权。实习中介机构在大学生实习中起着咨询、服务和桥梁的作用,是解决"实习难"问题的重要社会力量,但有些中介机构利用实习法律法规不健全的漏洞或因经济利益驱动等因素,也成为侵犯实习生权益的主体,单独或与学校、实习单位共同侵犯实习生权益。在实习供求关系矛盾突出、大学生急切寻求实习岗位的情况下,中介机构侵犯实习生权益的事件也越来越多。中介机构侵权主要表现为:非法的"黑中介"通过提供虚假广告骗取大学生实习中介费,却不提供实习单位;有些中介机构与用工单位勾结推荐学生到管理不规范甚至经营不合法的用工单位去实习;也有中介机构以所谓培训费、保证金等名目骗取钱财;还有中介机构单独或与学校、实习单位联合推荐学生到用工需求量大的制造业或服务业单位,让实习学生成为廉价劳动力或免费劳动力。在调查实习生自主联系实习单位的途径中发现,60%的实习学生表示曾经遭遇黑中介,有些不仅没有找到合适的实习单位,还白白搭进去一些中介费用。[1]

政府侵权。保护实习学生合法权益,政府应该义不容辞地承担责任。政府作为宏观管理者,应通过颁布相关法律法规以及财政政策等方式来保障实习生权益;同时,作为实习监督管理部门,教育行政部门、人力资源与社会保障部门应对大学生实习工作进行组织、协调、监督、管理。但是在大学生实习中,也出现了政府的侵权行为。政府侵权行为主要表现为:强迫学生实习,教育行政主管部门通过下发文件等方式强迫学校安排学生到指定企业实习;相关机构或人员失职渎职、玩忽职守、滥用职权、徇私舞弊充当非法用工单位或雇主的"保护伞";政府作为实习单位的侵权行为,如政府有关部门以实习名义招收大学实习生,从事无报酬或少报酬劳动,以及休息日加班或工作日超时工作;等等。

四、大学生实习权益受损的主要原因

大学生实习是涉及多方主体共同参与的活动,在文献研究的基础上,结

---

[1] 郄夏利:《我国在校实习生劳动权益保护问题研究》,河北经贸大学硕士学位论文,2018年。

合访谈发现,实习生权益受侵害是多方原因造成的,既有大学生实习供求矛盾突出的社会原因,也有大学生实习相关法律法规缺位的原因,还有不同社会主体作用发挥不够等原因。

(一) 大学生实习供求矛盾突出

近年来,随着高校在校大学生规模的不断扩大,以及国家职业教育改革、地方本科高校转型发展、创新创业教育改革、卓越人才教育培养计划设立等一系列高等教育重要改革措施的深入推进和实施,要求参加实习的大学生数量不断增加。同时,高校大学生实习的时间安排相对集中,各个高校相同专业的实习安排几乎都是在同一时间段,如毕业实习,一般都安排在第七学期后半学期或寒假前后进行,这两方面的叠加加剧了大学生对实习岗位的需求。而考虑到经营成本、防范商业秘密泄漏以及安全生产事故等多种原因,部分企业接受学生实习的意愿不强、积极性不高,不太愿意提供实习岗位,或者只是提供少量的实习岗位。这种高校大学生对实习岗位需求量大,而企业等实习单位实习岗位供给有限的状况,造成实习岗位不能满足日益增长的大学生实习需求,导致实习岗位供求矛盾突出。

实习机会有限、实习岗位竞争激烈,必然导致实习单位与实习学生关系严重失衡,实习单位处于强势地位而实习学生处于弱势地位。在这种强弱关系失衡的状况下,实习大学生在实习机会选择、实习协议签订、实习过程中没有自己的话语权,也因此造成实习侵权事件多发。如在实习活动的组织过程中,经常会有违背学生意愿的情形发生,一些教育行政部门或高校出于各自的目的,通过强制的方式集中组织学生参与实习活动;一些实习单位则利用大学生寻找实习岗位的迫切心理需求,向学生索要培训费、保证金,或不支付、拖欠、克扣实习生劳动报酬,以及强迫实习生超时工作,等等。实习大学生因没有足够的经济实力、社会地位,不论对学校、实习单位来说,还是与其他劳动者比较,在实习期间往往处于弱势地位。在当前大学生实习供求关系矛盾异常突出的情况下,更加剧了实习生的弱势地位,更凸显了大学生实习的"权利贫困"。大学生实习供求关系的突出矛盾导致的实习单位与实习学生关系严重失衡已成为造成实习生权益受侵的重要客观原因。

（二）大学生实习法律制度缺位

从法律制度的角度看，实习侵权的存在不是偶然的、人为的，而是因为存在着大学生实习相关法律制度的缺失。[①] 立法和司法的滞后和缺陷是造成实习生权益受损和维权救济难的重要原因。相关调查数据显示，78.9%的调查对象（高校和用人单位）认为，影响用人单位接收学生实习的关键因素是"缺乏企业接收学生实习的法律法规"。[②]

1. 教育法律制度方面

教育法律。实习权的法定权利存在形态在教育法律法规中得到了"隐约"的确认与保障。《教育法》第 43 条规定："受教育者享有下列权利：（一）参加教育教学计划安排的各种活动……"第 48 条规定："国家机关、军队、企业事业组织及其他社会组织应当为学校组织的学生实习、社会实践活动提供帮助和便利。"从《教育法》的上述规定可知，大学生有权参与教育教学计划安排的实践活动，即有"实习权"；而国家机关、军队、企事业单位及其他社会组织都有为这项权利的实现提供帮助和便利的法定义务。但是，《教育法》的有关规定比较笼统，没有规定国家机关、军队、企事业单位和其他社会组织不履行义务的相应法律责任。[③] 另外，《高等教育法》只在第 53 条规定"高等学校学生的合法权益，受法律保护"，没有对大学生实习以及实习生相关权益保障问题作出规定，也没有明确哪些社会组织有接受大学生实习的义务，等等。《职业教育法》第 37 条规定："企业、事业组织应当接纳职业学校和职业培训机构的学生和教师实习；对上岗实习的，应当给予适当的劳动报酬。"该规定中的上岗实习很模糊，另外对"劳动报酬"外的其他方面权益也没有明确的规定。上述这些法律规定大多较为笼统，表述过于"原则"，缺乏操作性。大学生在实习过程中遇到的相关纠纷难以适用以上法律。

[①] 张勇：《大学生实习及其权益保障的法律与政策》，上海：上海人民出版社 2012 年版，第 59 页。

[②] 林蕙青：《实习实训难已成为影响高校人才培养的瓶颈》，2018-03-08，http://www.sohu.com/a/225148857_362042。

[③] 李文康：《高校学生实习权探析与立法研究》，《西南农业大学学报》（社会科学版）2011 年第 12 期。

部门规章。2016年,为规范和加强职业学校学生实习工作,维护学生、学校和实习单位的合法权益,教育部会同财政部、人力资源社会保障部、国家安全监管总局、保监会联合出台了《职业学校学生实习管理规定》。《职业学校学生实习管理规定》根据《中华人民共和国教育法》《中华人民共和国职业教育法》《中华人民共和国劳动法》《中华人民共和国劳动合同法》等制定。该规定从实习组织、实习管理、实习考核、安全职责等方面作出了具体的规定,内容涉及认识实习、跟岗实习和顶岗实习三种实习类型,但重点对顶岗实习相关内容作了更为详细的规定,如顶岗实习报酬的规定,规定提出应根据顶岗实习学生的工作量、工作强度和工作时间等因素,合理确定顶岗实习报酬,原则上实习报酬不低于本单位相同岗位试用期工资标准的80%。应该说,这项规定的颁布对中等职业学校和高等职业学校学生的实习权益保护具有非常积极的现实意义,但该规定在主体上仅限于中等职业学校和高等职业学校学生,适用的对象不够广泛;同时该规定还存在着立法层次低、实习合同欠规范、对实习单位的激励机制不完善、法律责任缺失、救济途径缺乏等问题。[①] 2019年,为进一步提高实习质量,切实维护学生、学校和实习单位的合法权益,就加强和规范普通本科高校实习管理工作,教育部出台了《关于加强和规范普通本科高校实习管理工作的意见》,该意见内容包括充分认识实习的意义和要求、规范实习教学安排、加强实习组织管理、强化实习组织保障等四部分,对跟岗、顶岗实习的相关内容有较具体的规定,但对其他实习类型未能照顾考虑;对实习生权益保护不全面,而且相关规定处在宏观指导层面,过于原则性,操作性较差;实习活动的各项权利、义务规定不明确;另外,关于高校实习工作的监管,监管主体是教育行政部门,监管对象主要是高校,监管主体和对象比较单一、不全面。

地方性法规。广东省出台的《广东省高等学校学生实习与毕业生就业见习条例》(以下简称《条例》)是具有代表性的地方性法规,这是我国第一个对高校学生实习进行规范的法规形式的条例。该《条例》第8条规定:"保障学生实习是全社会的共同责任,国家机关、国有和国有控股企业、财政拨款

---

① 黄亚宇:《职业学校学生实习管理的立法思考——兼评〈职业学校学生实习管理规定〉》,《职业技术教育》2016年第30期。

的事业单位和社会团体应当按照在职职工的一定比例接收学生实习";第11条规定:"学校应当按照规定安排专项经费用于学生实习";第19条规定:"学校组织学生在实习基地实习,学校、实习基地和实习学生应当签订三方实习协议,明确各方的权利、义务和责任";第28条规定:"学生顶岗实习期间,实习单位应当按照同岗位职工工资的一定比例向学生支付实习报酬,具体比例由地级以上市人民政府根据本地实际情况予以确定。非顶岗实习的学生,学校、实习单位和学生可以在实习协议中约定给予实习补助。实习单位、学校应当按照规定或者约定,按时足额向学生支付实习报酬、实习补助,不得拖欠、克扣"。同时《条例》从第54条到第63条,规定了学校、实习单位、中介机构等有违反行为时应当承担的法律责任。广东省出台的这个条例,本着学校组织、政府扶持、社会参与的原则,突出了学校的组织责任和全社会保障学生实习的责任,且将企业接纳大学生实习由先前的社会责任上升为一种法律义务。另外,还有《上海市普通高等学校学生校外实习暂行规定》《山东省教育厅关于进一步加强普通本科高等学校学生实习管理工作的通知》等地方性法规或管理规定。但由于这些都只是地方性法规,法律效力仅局限于地方,没有普及全国,覆盖面不够广泛。

2. 劳动法律制度方面

劳动法律。我国现行的《劳动法》《劳动合同法》是国家法律层面调整劳动者与用人单位之间的劳动关系,规范二者之间权利义务的典型代表。我国《劳动法》第2条规定:"在中华人民共和国境内的企业、个体经济组织(以下统称用人单位)和与之形成劳动关系的劳动者,适用于本法。国家机关、事业组织、社会团体和与之建立劳动合同关系的劳动者,依照本法执行。"《劳动法》第16条规定:"劳动合同是劳动者与用人单位确立劳动关系、明确双方权利和义务的协议。建立劳动关系应当订立劳动合同。"《劳动合同法》第2条规定:"中华人民共和国境内的企业、个体经济组织、民办非企业单位等组织(以下称用人单位)与劳动者建立劳动关系,订立、履行、变更、解除或者终止劳动合同,适用本法。"我国现行的《劳动法》《劳动合同法》没有将大学生实习劳动关系纳入劳动法的调整范围。《劳动法》《劳动合同法》要求建立劳动关系需要双方签订劳动合同,而在校生在实习期间到用人单位进行实习,双方并没有签订正式的劳动合同,因此不在调整范围之内。

地方性法规。江苏省等少数省级地方性法规以实习生作为特别内容进行了规定。如《江苏省劳动合同条例》(2013 年修订)在第五章第 42 条的特别规定中提出用人单位接纳全日制在校学生进行实习的,应当遵守法律、法规和国家有关规定,提供必要的劳动条件和安全健康的劳动环境,不得安排学生从事与所学专业无关的高空、井下作业和接触放射性、高毒、易燃易爆物品的劳动。学校不得通过中介机构或者劳务派遣单位组织、安排和管理实习工作。企业不得安排总时间超过 12 个月的顶岗实习,不得安排学生顶岗实习每日超过 8 小时、每周超过 40 小时。用人单位应当对实习学生进行劳动安全卫生教育,预防劳动过程中发生事故。企业应当按照实习协议为顶岗实习学生办理意外伤害保险。企业应当按照约定的标准直接向顶岗实习学生支付实习报酬,且不得低于当地最低工资标准。企业、学校不得克扣或者拖欠顶岗实习学生的实习报酬。另外,《江苏省人力资源和社会保障厅关于调整全省最低工资标准的通知》规定,企业支付给顶岗实习学生的实习报酬和勤工助学学生的劳动报酬按照小时计酬,并且不得低于当地非全日制用工小时最低工资标准。《江苏省劳动保障监察案由规定》中将安排学生顶岗实习总时间超过 12 个月、每日超过 8 小时或者每周超过 40 小时,克扣、拖欠顶岗实习学生实习报酬,低于当地最低工资标准支付顶岗实习学生实习报酬等内容纳入劳动保障监察案由。《江苏省劳动合同条例》等其他相关地方性法规对实习生权益保护起到了积极的保护作用,但还不全面也不具体,如非顶岗实习生问题、法律责任、救济途径等问题缺乏明确规定;同时,明确规定学校不得通过中介机构或者劳务派遣单位组织、安排和管理实习工作,这个规定值得商榷。

3. 社会保障法律制度方面

1996 年我国劳工部颁布实施的《企业职工工伤保险试行办法》明确规定:"到参加工伤保险的各类企业实习的大中专院校、技工学校、职业高中学生发生伤亡事故的,可以参照本办法的有关待遇标准,由当地工伤保险经办机构发给一次性待遇。工伤保险经办机构不向有关学校和企业收取保险费用。"但是,此后国务院于 2003 年颁布实施的《工伤保险条例》中将此项规定完全删除,而且删除之后也没有另作规定,2010年修订后也并未将"实习生"纳入其中。在实践操作中,关于实习学生是否能认定工伤,各地具体实施《工伤保险条例》的操作不一。如《河南省实施〈工伤保险条件〉办法》中规定大中专院校、技工学校、职业高中等学校学生在实习单位由于工作遭受事故伤害或者患职业病的,参照本条例规定的标准,一次性发给相关费用,由实习单位和学校按照双方约定承担;没有约定的,由双方平均分担。《山西省实施〈工伤保险条例〉办法》以及《江西省童工、实习学生受伤可享受相应待遇指导意见》对实习生的工伤事故作了类似明确规定。《云南省贯彻〈工伤保险条例〉实施办法》和《宁夏回族自治区实施〈工伤保险条例〉办法》等明确规定实习学生不适用于工伤保险。这使得大学生在实习过程中一旦遇到职业伤害事故,就面临无法可依的尴尬局面。司法实务中也由于地方法规地域局限性,导致实务中同案不同判。

4. 民事法律制度方面

由于当前我国大学生实习期间的劳动权益保障缺乏劳动法律依据,在司法实务中一般倾向于将实习大学生与实习单位之间的关系当作民事法律关系适用民法调整。民法对大学生实习期间权益的保障主要体现在违约责任与侵权责任两个方面。违约主要依据双方签订的合同,在这里主要指实习协议。由于相当部分实习未签订协议、签订的协议不规范或签订的协议最大限度保护企业,大学生在实习期间与实习单位发生相关纠纷并不能真正依据实习协议维护自己的合法权益。侵权主要依据《侵权责任法》的相关规定处理,与工伤认定的规则原则区别甚大,根据《侵权责任法》"过错责任"的归责原则,即"谁主张谁举证"的举证责任,受害学生只有在实习单位或学校有过错的前提下才能获得赔偿。也就是说,实习学生需要证明实习单位或学校对其人身伤害有过错,否则将导致无法获得赔偿的结果。然而,处于弱势地位的受害大学生很难为实习单位或高校的过错提供证据。[①] 对于实习生权益的保护,无论在归责原则、举证责任还是赔偿数额上,民事法律制

---

① 尹晓敏:《权利救济如何穿越实习之门:实习伤害事故中大学生权利救济的法律思考》,《高教探索》2009年第3期。

度都不利于对处于弱势地位实习生的倾斜保护。[①]

5. 司法救济制度方面

普通劳动者在发生劳动争议后,可以通过协商、劳动调解、劳动仲裁、诉讼等方式维权。此外,劳动仲裁在仲裁员的构成和时效制度等方面均凸显了对劳动者的倾斜保护。《劳动人事争议仲裁办案规则》规定了其调整范围是构成劳动关系的劳动者,不具备标准劳动关系的实习生被排除在劳动仲裁保护范围之外。因此,除广东省、江苏省等少数省份以外,劳动行政部门认为实习生不具备劳动者身份,劳动监察部门、仲裁机构不受理实习劳动纠纷。实习生不能通过劳动监察执法和劳动仲裁的手段来维护自己的合法权益。

民事法律路径救济的难度也非常大,实习侵权维权程序复杂、成本高,通过民法救济途径的寥寥无几。关于协商和调解,对于弱势群体的实习生来说,协商和调解的结果往往是实习生要么妥协,要么拒绝接受而提起诉讼。走诉讼程序,一方面,实习大学生举证困难;另一方面,诉讼耗时长,也需要诉讼费用,部分大学生可能会因此放弃诉讼,即使不放弃,也不能及时有效地保障大学生实习期间的权益。由于《侵权责任法》本身具有一定的局限性,这导致了在实习侵权司法诉讼中存在起诉主体单一、异地实习管辖权不利于起诉、举证责任受限制、诉讼费用不能减免等司法救济方面的缺陷,造成了实习生合法权益受侵的民法救济困难。[②]

大学生实习权行政救济不完善。实习生在权利受侵后,有些也会向教育行政主管部门进行申诉。但除受教育权受侵外,由于实习单位不属于教育行政部门的管辖范围,教育行政部门即使想为实习学生提供救济也于法无据。《行政诉讼法》没有具体规定大学生实习权受侵害的案件为行政诉讼的案件,实习生权益受侵案件进入行政诉讼程序没有相应的法律依据支撑。当大学生就实习权受侵害向法院提起行政诉讼时,通常情况下被法院以高

---

① 孙长坪:《学生顶岗实习劳动风险化解的法律缺失与完善》,《中国高教研究》2012年第11期。

② 黄亚宇:《职业学校学生实习管理的立法思考——兼评〈职业学校学生实习管理规定〉》,《职业技术教育》2016年第30期。

校对实习的管理不属于受案范围而驳回,除非高校对大学生实习直接造成侵权。

(三)不同社会主体作用发挥不够

实习不是实习学生个体的随机行为,也不是学校和实习单位之间一种简单的实习委托任务,需要政府、高校、实习单位、大学生,乃至实习中介等社会组织的共同努力。但目前,政府、高校、实习单位、学生以及中介等社会组织在支持大学生实习方面作用发挥还不够,也尚未形成合力。

1. 各社会主体自身作为不到位

(1) 政府方面

政府相关部门对大学生实习的重视程度还不够,尚未建立有效的监管制度,相关政策支持也不到位。

一是监管职责不清。政府对高校学生实习基本处于监管缺位状态。教育行政主管部门、人力资源和社会保障部门作为行政法意义上的义务主体,应该各司其职,分工协作,制定相应的落实措施,并做好大学生实习的相关协调、监督和管理工作,但目前教育行政主管部门、人力资源和社会保障部门在大学生实习的监管中职责尚不明确。劳动监察部门一般不接受大学生在实习过程中发生的投诉和举报,而教育行政部门基于职责所限,根本无法对实习单位的违法行为进行监管和处罚。

二是监管不到位。当前,政府监管不全面,实习生权益监管处于游离状态。为保障劳动者的权益,劳动监察部门强制要求用人单位与劳动者签订劳动合同,并送至监管机构进行备案,同时对用人单位为劳动者缴纳的社会保险等情况进行监督。但是对于比普通劳动者还要弱势的在校实习生,劳动监管机构既没有对二者之间的实习协议进行备案,也没有对在校实习生的劳动权益保障进行监督。教育行政管理部门对高校组织、管理大学生实习工作情况的检查和监督也不到位。

三是政策支持还不足。政府应该制定出符合产业、高校、学生及政府自身利益的政策,并在政策实施过程中引导大学生实习机制良性发展。但目前国家和地方政府对企业接受学生实习的支持政策不健全,政府没有对接收大学生实习的企业提供成本补贴,缺乏对接收大学生实习的企业给予税收优惠政策,等等。

四是其他社会保障缺失。当前,我国没有专门针对在校大学生的社会保险制度。政府在推动建立实习社会责任保险方面力度不够,承担一定比例的保险费用也还不普遍。

(2) 高校方面

在实习活动的实际组织过程中,很多高校并未真正承担起教育、组织与管理的职责。

一是实习安排不科学。部分学校的实习计划安排不科学合理,国内多数高校一般采用集中实习模式,时间安排在寒暑假或大四最后一年,寒暑假恰好是一些行业企业的淡季,成批量学生要到实习单位实习,对接受实习生单位造成一定压力,也影响实习效果。

二是实习基地数量偏少、建设水平不高。实习基地建设数量整体偏少,不能满足学生到实习基地实习需要,导致学生需要自主联系实习单位。同时,高校与实习基地间缺乏有效的联系和互动,校企长效合作机制尚未健全,实习基地在建设过程中多半是走过场,流于形式,往往就是签一份协议书、挂一块牌子了事,实习基地的运行效果并不尽如人意。学校与实习基地在大学生实习中的职责、经费投入、成果分享等方面还缺乏明确规定,容易出现损害学生权益的情况。

三是实习管理制度不健全。实习管理制度还不完善,大学生实习期间的组织管理较松散,学生进实习单位后的过程管理缺失,尤其是非学校安排的实习;部分高校法制意识淡薄,未与实习单位及学生签订三方协议;实习考核标准缺乏、考核机制不健全,从而造成相当一部分实习流于形式;高校、学生与实习单位之间缺少信息沟通机制,学生在实习单位的进程和表现没有及时与学校沟通。

四是实习指导服务不到位。有的高校在实习前对学生的安全教育不到位,对实习期间可能遇到的安全、侵权方面的问题未尽到教育提醒义务;实习教师安排不到位,高校连续多年扩招导致师资紧张,生师比过大,实习指导教师安排紧张;部分实习指导老师对实习指导投入不够,实习指导效果不理想。

五是实习信息化建设滞后。高校在收集和发布实习岗位信息方面不够及时全面,另外高校与实习单位之间、校内外指导教师与实习学生之间、校内外指导教师之间尚未建立便捷的信息化沟通渠道。

(3) 实习单位方面

以企业为主体的实习单位在接受、指导实习生实习方面的积极性还不高,保障实习生权益方面还存在诸多问题。

一是企业等社会组织积极性不高。市场经济环境使得企业重视经济效益,考虑到接收实习生需要付出相应的资源、培训及安全保障等方面的成本,企业等实习单位接受大学生实习积极性不高,甚至不愿接受大学生实习。[1] 一些实习单位认为接受学生实习是一种负担,有的企业担心学生实习会给企业增加额外负担,有的企业认为学生实习会影响正常生产经营,有的企业担心会泄露商业秘密,还有的企业认为实习学生的安全责任很难界定,一旦出现问题,企业的责任重大。

二是企业社会责任感不强。部分企业认为没有义务接受学生实习、教育培养大学生,对实习生缺乏必要的安全教育与业务指导,不给实习生提供锻炼机会;部分企业为了追求利益,非但不给实习学生安排专业的实习指导教师,还把实习生当作"廉价劳动力"使用,或为节约开支,不提供安全工作环境,甚至克扣、拖欠、拒付实习生劳动报酬。

三是没有建立实习生制度。国内大部分企业没有形成规范的实习生制度,既没有稳定的接收大学生实习的计划,也没有建立人才招聘与大学生实习对接的人力资源储备机制,接收大学实习生未能有效针对其未来招聘人才的岗位需求,导致接收大学生实习成本和招聘人才的培训成本重复,使得其接收实习生的成本损失无法在后期人力资源招聘中得到有效补偿。[2]

(4) 学生方面

作为实习权利主体的实习学生,在实习过程中也会由于自身的原因直

---

[1] 李世辉、龙思远:《"五体联动"视角下的大学生实习机制研究》,《现代大学教育》2017年第5期。

[2] 李世辉、龙思远:《"五体联动"视角下的大学生实习机制研究》,《现代大学教育》2017年第5期。

接或间接造成权益受侵。

一是实习动力不足。有些实习生对实习的态度不正确,存在走过场、走形式状况。他们认为实习不过是学校安排的一项教学任务,实习的目的是为了获得学分,不必认真对待,简单应付就行。还有学生编造实习经历、抄袭他人实习报告等不良行为,甚至有部分学生为了获得"实习经历"而开虚假证明,或者花钱买"实习证明",如有资料显示某淘宝网店"代开实习证明"业务的月销量超过 700 单,在淘宝网提供相关业务的网店有 70 多家。① 实习动力不足既影响了实习教育效果,也影响了实习单位接受学生实习的积极性。

二是对实习存在认识偏差。一些学生对实习的本来目的认识不清,对实习的理解产生偏差,把找实习单位当成找工作和兼职的机会,带有很强的功利色彩。在寻找实习单位和实习岗位时,考虑的不是实习岗位是否与专业相关、是否符合实习内容要求,而是考虑实习单位是否是大公司、大企业,实习工资、实习条件如何,是否留人、待遇如何。有一些学生把单纯追求赚钱作为自己的实习目标,更注重薪酬,不管与专业是否相关,也不管是否有利于未来的职业发展。在某种程度上,这些做法导致企业对实习生产生不良印象。此外,急切的求职心理也成为一些实习单位无偿或廉价使用实习生的直接原因。

三是维权意识不强、能力不足。由于缺乏社会经验,加之高校对学生缺乏相关的法律教育,相当多的学生缺乏相关法律知识,契约意识不强,不重视实习协议的签订和法律效力。一些学生因急于寻找到实习单位,以致忽视对自己合法权益的保护。有些学生认为实习机会来之不易,即使权益被侵,也选择忍受;许多学生不了解自身实习期间的权利、义务,也不知道自己的权益遭到侵害,更想不到依靠法律的武器来维权;还有部分学生虽然知道实习生具有哪些权益,但权益受侵害后不知道如何维权,或因担心维权成本过高等原因而放弃维权。高校实习生自我保护意识和维权能力的缺乏无疑纵容了部分实习单位对学生合法权益的漠视。

四是懒散、缺乏敬业精神。一些大学生娇气十足,怕苦怕累,缺乏敬业

---

① 顾雪存:《网售"实习证明"单店月入超 7 万每单 100 元起步》,2014-07-16,http://news.cnhubei.com/xw/jj/201407/t2986968.shtml。

精神和吃苦耐劳精神;有些学生对工作环境和实习待遇挑剔,只愿意选择轻松的岗位实习;有些大学生强调自己个性,缺乏团结协作精神,不喜欢受到约束,不遵守实习单位的规章制度,自由散漫、随心所欲,实习过程中与实习指导教师、班主任或辅导员等也联系沟通不够;还有些大学生对于实习工作安排斤斤计较,有的还眼高手低,不愿做一些基础性的、具体性的工作,认为这些事务性工作是"低值实习"。[①]

(5) 其他社会组织方面

当前,全社会还没有形成支持大学生实习的社会氛围,政府、企业以外的其他社会组织在解决大学生实习问题中还没有充分发挥作用。

一是中介机构数量不足、不规范。目前,国内几乎没有专门服务于大学生实习的中介组织,只是一些人力资源中介服务机构等其他有关社会组织参与了大学生实习中介服务活动,提供大学生实习中介服务的机构数量严重缺乏。由于缺乏关于大学生实习中介服务方面的相关规定,这些中介的服务能力和水平与大学生实习的需求还有相当大的差距,没有起到很好的桥梁纽带作用和专业化保障作用,一些中介机构利用学生缺少社会经验和寻找实习机会心切的心理非法牟利,甚至还有不少以骗大学生钱为目的的黑职介。实习市场中介机构还很不健全,亟待培育和整治。

二是法律援助体系不健全。大学生实习纠纷的解决大多要经过司法程序。但司法程序耗时较长、程序过于复杂,需要当事人投入大量精力;同时,争议的解决需要一定的资金成本,包括必要的诉讼费用、律师费用等。因此,近半数学生考虑维权成本、各方压力等因素会选择忍受、放弃维权。维权程序复杂、维权成本高昂,已成为挡在实习大学生维权之路上的巨大绊脚石,严重影响了实习大学生的权益维护。我国虽有法律援助体系,但大多用于刑事类案件,少有专门针对实习大学生的法律援助。

2. 不同社会主体间运行机制不健全

(1) 不同社会主体互动不够

从社会层面看,高校大学生实习是一项系统的社会工程,牵涉不同的利

---

① 倪素香:《大学生实习易陷入哪些误区》,《人民论坛》2019 年第 14 期。

益相关者,保障实习生权益离不开它们的共同努力和参与。政府、高校、以企业为主体的实习单位、实习学生以及实习中介机构等其他社会组织的社会功能和利益追求不同,由于缺乏明确的沟通渠道和协作机制,不同社会支持主体之间相互脱节,保障实习生权益尚未形成合力。各社会主体相对孤立,互动不够,缺乏配合,"孤岛效应"明显。政府一方面在协调政府内部不同部门之间、政府与高校、企业以及其他社会主体之间的沟通上存在不足,另一方面在建立合作平台与互动机制、促进不同主体之间的协同合作上也有所欠缺。高校多从学校角度组织安排和管理学生实习,在实习时间安排等方面与产业、企业的实际情况脱节,与政府、企业、实习中介机构等社会组织联系合作的主动性还不强。企业也没有从发展战略的高度认识、对待大学生实习,以及加强与高校的深度合作。实习中介机构在沟通供需双方市场信息、维护供需双方合法权益、提供专业化保障等方面还没有发挥好作用。

(2) 实习市场信息不畅通

目前,国内大学生实习信息化建设相对滞后,信息不对称、不顺畅是我国大学生实习市场的一个严重缺陷。[①] 政府层面尚未建立健全国家、省与地方三级大学生实习信息管理服务平台,社会层面也缺乏大型的大学生实习信息化服务平台,高校在大学生实习信息化建设方面差异很大。大量大学生对实习岗位有强烈的需求,企业等实习单位也有接受大学生实习的需求,但由于信息不对称、供需渠道不畅,实习需求不能及时进行信息对接,也加剧了实习岗位供求矛盾。大学生实习市场信息的不畅通也成为实习生实习权益难以保障的原因之一。

---

① 张昕辉:《大学生实习权益保障的缺陷及对策研究》,湖南大学硕士学位论文,2011年。

第六章
大学生实习权益保障的国际借鉴

美国等发达国家在大学生实习权益保障方面已经形成了比较完善的制度体系,与国际上这些发达国家相比,我国目前在大学生实习权益保障方面还存在诸多不足。考察美国、德国、法国等发达国家大学生实习权益保障的主要做法,分析总结发达国家大学生实习权益保障的成功经验,有助于改进我国大学生实习权益保障体系。

一、不同国家实习生权益保障的主要做法

(一) 美国

在美国,学生、学校、企业、政府与中介组织等利益相关者构成了一个五方共同参与的本科生实习系统。[①] 美国本科生尤其是工科学生对实习有正确的态度,多自愿申请参加实习;高校为大学生参加实习活动提供全过程支持;企业愿意接受大学生实习;政府通过出台相关法律法规与政策保障学生和实习单位的共同利益;中介组织为学校、学生和企业提供信息咨询、培训、协调、评价等服务。

美国政府出台相关法律法规和政策,用以约束实习过程中出现的不合理甚至违法行为。美国1938年通过的《公平劳动标准法案》规定,只要双方

---

① 李瑾、陈敏:《五元合一:美国工科本科生实习系统研究》,《高等工程教育研究》2011年第6期。

存在事实上的雇佣和被雇佣关系,被雇佣一方都应当视为劳动者,受到有关劳动法律的保护。劳动者包括实习生、见习者和全日制学生等。① 根据美国《公平劳动标准法案》和劳工部工资工时处制定的六项标准,实习生基本上可以认定为准劳动者,除非符合免费实习的严格要求,否则实习生和普通员工享有同等权利。免费实习即"无薪实习"的规定和要求是,企业必须提供类似职业学校的实习培训,并能使实习生受益;实习生的工作不能给实习单位带来即时的利益。② 美国《公平劳动标准法案》对用人单位支付给包括实习生在内的人员的薪酬作了明确规定,其中实习生的薪资水平不低于最低工资标准的75%。③ 这在很大程度上保障了实习生依法获得实习报酬的权利,而免于成为用人单位的廉价劳动力。另外,美国有较为完善的知识产权保护体系,《专利法》《商标法》等法律为避免实习生和实习单位之间出现知识产权纠纷提供了法律依据。

美国高校学生实习工作有严格的审核监督程序,当在校生提出外出实习申请时,学校专门的监督管理机构会对其实际情况进行核查。④ 劳动主管部门也重视对实习的管理,如为防止过度使用实习生对企业内在职劳动者造成不当替代,雇主在雇佣实习生时,必须向劳动主管机关申请特别许可。⑤ 在美国,还以政令的形式强制要求实习单位与实习生签订实习协议,且对实习协议的内容进行了详细规定,例如工作内容与学生所学专业的相关度、实习的最长期限、实习工资标准及发放以及实习形式等。⑥ 除此之外,美国劳工部也针对不同年龄阶段的未成年人能够从事的劳动范围、劳动时间、劳动内容作了非常具体的规定。

美国肯定在校实习生为劳动者与学生的双重身份,以保障在校实习生学习为前提,强制缴纳学生健康保险为保障。为保障学生人身安全,美国利用其成熟的保险体系,承担实习生在实习过程中可能出现的风险损害。美

---

① 马万里:《试论实习生劳动权益的法律保障问题》,《滁州学院学报》2013年第6期。
② 王景枝:《大学生实习制度的国际比较及启示》,《黑龙江高教研究》2011年第2期。
③ 林晓云:《美国劳动雇佣法》,北京:法律出版社2007年版,第258页。
④ 郄夏利:《我国在校实习生劳动权益保护问题研究》,河北经贸大学硕士学位论文,2018年。
⑤ 林晓云:《美国劳动雇佣法》,北京:法律出版社2007年版,第42页。
⑥ 李卫萍:《学生实习期间权益保障研究——以因工人身伤害法律保护为视角》,上海师范大学硕士学位论文,2017年。

国通过学校责任险和学生意外伤害险相结合的方式分散风险损害。保险费主要是国家财政支持,学生只需缴纳一部分。当实习生出现意外事故时,较高保险赔偿能及时弥补学生损失,减轻企业负担,大大降低了实习生承担不利后果的风险,也鼓励了企业接纳实习生的积极性。[①]

美国的大学生实习中介服务组织发达。美国的实习中介服务组织既有非营利性,也有营利性的,最著名的非营利组织是成立于1956年的全美高校和雇主协会,每年为100多万大学生和毕业生提供实习就业服务。[②] 还有很多营利性实习中介服务机构。学生通过支付一定的费用,可以从中介公司获得高质量的实习岗位。例如,华盛顿实习项目专门负责为大学生安排实习,并向每个实习生收取3400美元的中介费用。[③] 实习中介服务组织从实习的内容、对实习生培训以及对如何进行评价等方面向实习单位提出建议和要求。

美国大学生实习工作深受社会关注,尤其是政府给予积极的政策支持。美国政府通过实施财政扶持、税收减免等措施来支持大学生实习。为鼓励企业接受大学生实习,政府对于提供一定数量实习岗位的企业给予税收减免或通过政府购买的方式进行支持。如美国政府实施青年暑期实习计划(2009)(Planning for 2009 Summer Youth Activities),投入大量资金,在暑期为学生提供实习机会。[④] 政府部门也主动提供实习岗位,发放实习薪酬,表现优秀的实习生有机会转为政府部门的正式员工,以此鼓励企业单位接纳实习生,为企业做榜样。在美国,中央情报局、国防部、白宫等一些看似神秘的政府机构也接纳大学生实习,如美国劳工部长赵小兰曾经就在白宫进行实习。

(二)德国

在德国,大学生实践能力的培养已引起教育界、工业界、政府和社会的

[①] 郗夏利:《我国在校实习生劳动权益保护问题研究》,河北经贸大学硕士学位论文,2018年。
[②] 金秋平:《大学生实习期间劳动权益保障研究》,《法制与社会》2015年第8期。
[③] 王景枝:《大学生实习制度的国际比较及启示》,《黑龙江高教研究》2011年第2期。
[④] 何斌:《发达国家大学生顶岗实习体系构建分析及思考》,《长沙民政职业技术学院学报》2013年第4期。

普遍关注。大学生特别是工科大学生的企业实践,形成了由学生、学校、企业、政府和社会中介组织等组成的完善体系。德国通过建立完善的大学生法律法规体系、积极的政策推动和比较成熟的大学生实习管理体系,充分保障实习生的合法权益。

德国大学生实习是一种社会化、市场化的行为,但为了保护实习生的合法权益,建立了完善的实习法律法规体系。20 世纪 50 年代以来,德国先后颁布了 20 多部相关法律法规,如 1969 年首次颁布实施的《联邦职业教育法》。为不断完善实习制度,先后出台了《职业教育促进法》《企业基本法》《意外伤害保险法》《青年劳动保护法》等配套法律法规。政府部门、行业组织和地方政府也出台了相关规定或实施措施。① 这些法律法规规定了在大学生实习活动中企业、政府、高校等各方主体的责任和义务,大学生实习原则和具体实习办法,以及大学生实习过程中发生事故伤害的处理原则和处理办法。② 如《联邦职业教育法》规定,实习必须签订教育合同,也就是我们所说的大学生实习协议,并明确实习生的劳动报酬及节假日休息安排。③ 德国联邦劳务部发布的《实习条例》,对实习目的及规则、义务实习条例、自愿实习条例、社会保障内容,以及对于不同类型实习中实习生的法律地位、合同规范、实习期限、实习报酬、实习假期以及实习证明等问题都作了详细的说明。④

德国把实习生直接纳入工伤保险范围。德国《事故保险法》规定,学徒与劳动者和公职人员一样享受工伤事故保险待遇。⑤ 德国是最早建立工伤保险制度的国家,完善的工伤保险制度被世界各国借鉴学习,它的工伤保险受益人不局限于劳动者,既包括存在雇佣关系的工人、管理者、学徒、实习人员等领薪雇员,也包括学生、残疾人、幼儿园儿童、公共团体的义务劳动者等

---

① 赵明刚:《德国大学的实习制度探析》,《教育评论》2010 年第 6 期。
② 陈凌:《德国劳动力市场与就业政策研究》,北京:中国劳动保障出版社 2000 年版,第 223 页。
③ 欧运祥:《劳动法热点问题研究》,北京:法律出版社 2014 年版,第 242—243 页。
④ 陈敏,许媛:《五元合一:德国工科本科生企业实习系统研究》,《高等工程教育研究》2012 年第 5 期。
⑤ 欧运祥:《劳动法热点问题研究》,北京:法律出版社 2014 年版,第 244 页。

非领薪者。① 在德国,享受工伤保险待遇不考虑是否缴纳工伤保险费用,只要遭遇事故,被认定为工伤就享受工伤保险待遇。②

德国政府还制定了企业优惠政策,支持大学生到企业实习。政府施行有关税收优惠政策,鼓励企业提供优质实习岗位,对接受大学生实习的企业给予资助,并给予一定的经济补偿;而对不愿意接受大学生实习的企业则给予相应的经济处罚。同时,通过提供实习补贴,支持大学生到企业实习,实习生可以向所在地劳动局申请实习补贴。政府成立了"产业合作委员会",对企业和学校进行监督,对与学校开展合作的企业也给予一定的经济补偿。

形成比较成熟的实习管理体系。在德国,建立了学生主动参与、高校有效引导、企业积极参与、政府宏观管理、中介组织配合的运行机制,在政府、高校、企业、学生、中介组织等方面形成了较为成熟的大学生实习管理体系。③ 政府成立大学生实习专门委员会,由专门委员会负责对大学生实习的统一指导、监督;联邦和各州劳动局下设大学生职业指导处、信息中心或其他机构,为大学生实习提供便捷的咨询和服务。高校是大学生实习的直接管理者,学校层面负责制定实习条例、审批实习申请、指导实习活动、评价和鉴定实习效果;院系层面设立专门的企业实习管理机构指导和管理学生实习,通过制定相关制度规范对实习目的、实习时间、实习过程、实习生行为准则等各个方面作出详细的规定。企业愿意接受高校的实习生,主动为大学生提供实习岗位,一般都根据业务和不同经营规模提供层次不等的实习岗位供实习生选择;另外,企业最注重挑选具有实习经历的高校毕业生,有的企业不仅对实习的期限有要求,而且对实习的岗位也有要求,毕业院校和学历等反而成为次要的因素。④ 学生主动参与实习,企业实习是德国高校专业实践教学体系的重要组成部分,实习是必修科目,一些学生也会自主安排些

---

① 孙孝花:《德国"双元制"职业教育运行机制研究》,《河南商业高等专科学校学报》2011年第5期。
② 陈中泽、李君:《高校实习生人身权益保护制度的构建——以损害赔偿责任为基础》,《今日湖北》2013年第12期下。
③ 陈敏、许媛:《五元合一:德国工科本科生企业实习系统研究》,《高等工程教育研究》2012年第5期。
④ 陈敏、许媛:《五元合一:德国工科本科生企业实习系统研究》,《高等工程教育研究》2012年第5期。

实习(教学计划外的实习);学生一般提前向学校申请实习,实习过程中,学生必须填写学校规定的实习报告或实习日记,详细记录实习情况。在德国,社会中介组织主要是各类信息交流平台,据调查,德国90%左右的学生是通过实习信息网站找到实习单位的;另外,工业界行业协会也关注支持工科学生的企业实习。[①]

(三) 法国

在法国,中央集权制的管理体制特点在大学生实习的管理中得到充分体现。政府用法律法规规范实习的各项事务,在大学生实习系统中发挥主导作用。不过,法国政府在发挥主导作用的同时,也考虑到该体系其他成员的需要和权利。在处理与高校、学生、企业的关系时,追求集权与自治的平衡,以调动其他成员的积极性。虽然政府主要采取立法的方式来规范实习参与者,但对于不同的成员采取不同的方式来维护整个系统成员的利益。[②]

法国为保障实习生权益专门制定了实习法律。为了保护实习生的劳动权益,法国专门制定了《实习生法案》;2014年,法国国会投票通过了左翼社会党成员提出的《新实习生法案》,旨在保障每年120万名实习生的权益,防止企业过度招聘实习生,减少正常员工,规避社会责任。《新实习生法案》(以下简称《新法案》)对实习生劳动时间、薪资待遇等条款进行了修订,以维护学生实习权益;同时,对企业招募实习生规模、加强企业劳动监管等亦提出改革意见,确保企业履行好社会义务,承担起社会责任。关于实习生招募规模,《新法案》严格限制企业招聘实习生的数量,为避免过度使用实习生作为廉价劳动力,大型企业每年招聘实习生不得超过实习生总数的10%。关于实习生待遇,《新法案》对实习生的工作时间、实习工资、福利、实习期限等基本利益作出了详细规定,如《新法案》要求企业必须从"实习生第一个月的第一个工作日起"支付薪水,且每月不低于436.05欧元。关于劳动监管,《新

---

① 陈敏、许媛:《五元合一:德国工科本科生企业实习系统研究》,《高等工程教育研究》2012年第5期。
② 陈敏、蒋志鸿:《五元合一:法国工科大学生企业实习系统研究》,《高等工程教育研究》2014年第5期。

法案》提出,要加强对企业聘用实习生的监管,扩大劳动监察部门的权力。劳动监察人员在对企业进行检查时,发现有滥用实习制度或者隐瞒聘用实习生行为的,应当加大处罚力度。另外,缩短劳动仲裁裁决期。劳动仲裁法庭对实习纠纷审理并裁决的期限,将缩短为一个月。①

在法国,实习生可以享受工伤事故及职业病等方面的大学生社会保险。② 法国的实习生工伤保障是以学校为核心。学校相比学生,有一定的优势,能够在保护实习生利益方面起到一定作用。实习生在实习期间被要求必须购买保险,在此期间他们也会继续受益于相关的社会健康保险制度。实习期间发生事故的实习生可以继续享受一年以下的工伤待遇,前提是保障制度相关赔偿超过应当赔偿金额;而如果与保障制度有关的赔偿低于应当赔偿金额的,则规定必须核查确认。检查的主体是保险机构,实习单位在一定范围内承担相应的补充责任。③

法国的大学生实习管理体系非常规范。法国政府强制要求企业、学校与实习生三者之间签订明确三方权利、义务的协议,并对协议的内容进行详细明确的规定,例如实习期限、工作内容、是否包含加班、是否需夜间工作、实习考核评估方式等④,虽然法国高校不具体安排学生的实习机构、实习内容和实习时间等事宜,但为了保证实习效果,同时也保护学生实习期间的人身安全,学校要求学生在与实习单位达成实习共识之后,签订三方合同(即学生、实习单位、学校),学校据此考查学生的实习内容是否为学科专业需要或未来职业成长需要;高校设立专门的实习监督部门作为企业与实习生的纽带,通过实习监督员对学生的实习情况进行监督,对实习单位是否遵循实习协议进行核实。⑤ 法国也强调劳工部门外部监管作用,《新法案》提出要扩大劳动监察部门权力,加强对企业在雇佣实习生方面的监督与管理。⑥

---

① 黄培、马燕生:《法国修订法律维护学生实习权益》,《世界教育信息》2014 年第 6 期。
② 欧运祥:《劳动法热点问题研究》,北京:法律出版社 2014 年版,第 242 页。
③ 郄夏利:《我国在校实习生劳动权益保护问题研究》,河北经贸大学硕士学位论文,2018 年。
④ 姜国平:《我国高校学生实习法律制度的立法完善》,《现代教育管理》2017 年第 1 期。
⑤ 郄夏利:《我国在校实习生劳动权益保护问题研究》,河北经贸大学硕士学位论文,2018 年。
⑥ 黄培、马燕生:《法国修订法律维护学生实习权益》,《世界教育信息》2014 年第 6 期。

（四）英国

在英国,大学教育具有"三明治课程"的特性,即在校学习与校外实习交叉进行,实习是完成学业的基础课程之一。[①] 学校先负责对实习单位进行考察备案,学生在学校备案名单中选择申请实习单位;大学向实习单位推荐,然后由学生直接联系实习单位,实习单位再选择录用实习学生。

英国政府通过立法为实习生权益保驾护航。英国法律对实习生的法律身份规定直接、明确,实习生只要为实习单位提供劳动,形成劳资关系就受劳动法的保护。并且明确规定实习生最低报酬为5英镑,同时享受税收优惠政策。[②]

英国政府的《资助方案》规定,英国的就业保护立法一般适用于学徒。英国为所有大学生提供国民卫生保健体系,并可辅以各种形式的保险公司医疗保险服务。英国国民卫生保健体系是针对所有大学生而构建的保健体系,包括在国外留学的学生。学生根据学习所处阶段选择保险类型,与国民医疗保险服务相结合,保障实习生遭遇意外事故时有医疗保险保障。这种具有强制性的保险体系具有保费低、救济途径方便的特点。学生缴纳的保险费数额很小,但有效地保证了学生在实习期间意外受伤时能得到及时有效的治疗。[③] 在承担安全保障责任方面,规定主要由雇主企业来承担劳动风险责任。[④]

英国对大学生实习给予积极的社会支持。英国政府通过财政拨款来保障实习生带薪实习,英国政府于2009年推出了国家实习计划(National Internship Scheme),由国家出资确保大学生带薪实习。[⑤] 在英国,公共机构、慈善机构和经济部门都要求必须接受大学毕业生实习。英国企业界非常重

[①] 刘敏:《国外大学生实习制度及对我们的启示》,《河南商业高等专科学校学报》2012年第6期。

[②] 王进:《欧美大学生实习权益保障借鉴与启示》,《教育与职业》2015年第8期。

[③] 王进:《欧美大学生实习权益保障借鉴与启示》,《教育与职业》2015年第8期。

[④] ［英］史蒂芬·哈迪:《英国劳动法与劳资关系》,陈融译,北京:商务印书馆2012年版,第100页。

[⑤] 英国:大学毕业生就业难 政府推出国家实习计划,http://www.china.com.cn/international/txt/2009-01/11。

视实习生这一群体,实习生已纳入英国社会人员管理体系,被企业视为人才储备的重要组成部分。例如,英国葛兰素史克公司通过帮助实习学生偿还学费债务的方式来吸引人才。

(五) 澳大利亚

澳大利亚对实习生的保护采用的是类似学徒制的实习模式,澳大利亚制定并颁布了《职业培训法》,该法明确将雇主和学徒作为相互平等主体来对待。[1] 澳大利亚的学徒,泛指正式上岗前的实习阶段的雇主与实习生的关系。《职业培训法》明确规定培训的权利和义务是由雇主和学徒双方在平等资源的基础上协商确定的。与此同时,配备以相对较为完备的法律制约、规范实习行为,如2009年,澳大利亚颁布并实施了《公平工作法》以限制用人单位。根据《公平工作法》,无薪实习是合法的,但同时规定,无薪实习必须有助于实习生并与实习生的相关课程有关。[2]

澳大利亚十分重视实习大学生实习合同签订的合理、合法性。为了充分保护实习学生的合法权益,澳大利亚于1998年全面实施国家"新学徒制",对实习合同的签订、各级政府及用人单位的责任以及实习学生的各方面权益都作了相对明确的规定。[3] 有了这些明确的规定,实习生与实习单位签订明确的实习合同,双方按合同履行各自的义务,既减少了纠纷,也明确处理纠纷时充分尊重合同的约定内容。

澳大利亚政府通过财政补贴,将大学生实习变成卖方市场,让中介机构竞相为学生提供优质的实习服务。在澳大利亚,有300多家社会服务机构负责学生培训和实习,帮助学生免费找到合适的实习企业,协商安排实习内容和时间,协助学生与企业签订实习合同,督促企业落实学生实习期间应享受的工资福利,帮助学生到培训局办理实习合同登记等事宜。[4]

---

[1] 袁泉:《大学生实习权益保护研究》,云南财经大学硕士学位论文,2016年。
[2] 刘敏:《国外大学生实习制度及对我们的启示》,《河南商业高等专科学校学报》2012年第6期。
[3] 王益英:《外国劳动法和社会保障》,北京:中国人民大学出版社2001年版,第186—188页。
[4] 王进:《欧美大学生实习权益保障借鉴与启示》,《教育与职业》2015年第8期。

二、发达国家实习生权益保障的成功经验

总体来讲,美国、德国等西方发达国家对实习生权益保护的法律制度相对完善。不论是对大学生实习的组织、大学生实习的性质、实习大学生的法律身份、大学生实习期间各方的责任、大学生实习的报酬,还是休息休假、侵权赔偿、实习协议的签订等,相对来说都较为全面,让实习的整个过程都有规可循、有法可依。[①]

(一)实习生权益保障法律法规比较完善

为保障实习生的合法权益,美国、德国、法国等发达国家都形成了比较完善的法律体系,但在具体做法上有差异。如德国,于1969年开始先后颁布了《联邦职业教育法》《职业教育促进法》《企业基本法》《事故保险法》《青年劳动保护法》等一大批法律法规,由这些不同的法律法规共同构成了一套完善的法律体系。德国法律明确规定了政府、企业和高校在大学生实习中的责任与义务,如政府负责顶层设计,对接受实习生的企业给予税收优惠;企业负责实习生的岗位技能培训和支付一定数额的实习工资,并对实习生进行客观评价;学校的主要职责是提供实习渠道。[②] 与德国不同,法国则采取统一法典式立法形式维护实习生权益。为更好地维护学生实习权益,在《法国劳动法典》的基础上,2014年国民议会又表决通过了由左派社会党议员提出的《新实习生法案》,对实习生劳动时间、实习生招募规模、实习生待遇以及加强劳动监管等方面进行了修订完善。美国主要通过《公平劳动标准法案》和劳动者标准,以及《专利法》《商标法》等法律法规对实习生合法权益进行保障。

(二)实习大学生的法律身份明确

关于大学生实习期间的法律身份以及实习生与实习单位的法律关系,

[①] 徐智华:《劳动法学》,北京:北京大学出版社2008年版,第155页。
[②] 何斌:《发达国家大学生顶岗实习体系构建分析及思考》,《长沙民政职业技术学院学报》2013年第4期。

西方不同国家的规定有所不同,有的认为实习生是劳动者,有的根据实习的具体情况而有不同的认定结果。然而,在一般国家,尤其是大陆法系国家,实习生被视为普通劳动者,受到一般劳动法的规范。例如,德国《最低工资法》规定,基于实习而工作的人原则上是《最低工资法》意义上的劳动者,他们应获得最低工资。但是,如果实习的目的是继续教育或寻找发展方向,他们就被排除在劳动者的范围之外。① 德国的相关法律还明确了实习中各方主体的权利和义务,以及应当承担的责任;同时,德国把实习生直接纳入工伤保险范围。法国也将实习生视为一种特殊的劳动者。《法国劳动法典》赋予了学徒培训生与劳动者相同的权益;《新实习生法案》将实习生视为一种特殊的劳动者给予法律保护并进行了具体的规定。而在英美法系国家,如美国、英国,虽然有免费实习,但有严格的限制。他们把实习生和雇员一视同仁。美国《公平劳动标准法》没有对实习进行定义,也没有将实习排除在最低工资或加班工资之外。然而,根据美国《公平劳动标准法案》和劳动者六大标准,带薪实习生基本上被认定为准劳动者。如《公平劳动标准法案》中规定适用本法的主体是雇员,雇员不限定其身份,任何人都可以成为雇员,只要有事实雇佣关系存在就认可其雇员身份,存在劳动关系受相关劳动法的保护。② 英国法律的规定更为简单、明晰,只要实习期的大学生提供劳动并获取对等报酬,与用人单位形成劳资关系,即可受到劳动法律的保护。③

(三)实习协议制度责任归属明确

意外伤害、工伤事故在实习中不可避免,责任承担主体事前明确,有利于事故出现后的问题解决,减少不合理的责任推诿。美国以政令的形式强制要求实习单位与实习生签订实习协议,且对实习协议的内容进行了详细规定,例如工作内容与学生所学专业的相关度、实习的最长期限、实习工资

---

① [德]雷蒙德·瓦尔特曼:《德国劳动法》,沈建峰译,北京:法律出版社2014年版,第312—313页。
② 林晓云:《美国劳动雇佣法》,北京:法律出版社2007年版,第27页。
③ 郄夏利:《我国在校实习生劳动权益保护问题研究》,河北经贸大学硕士学位论文,2018年。

标准及发放以及实习形式等。[①] 根据德国《联邦职业教育法》，大学生实习必须签订教育合同，学生和实习单位一旦建立实习关系，双方就要就实习岗位和工作内容签订翔实的教育合同，并报高校确认备案。法国是强制执行大学生实习协议的典型代表，法国第 2009－885 号政府令规定实习学生与实习企业必须签订协议，[②]并对协议的内容进行详细明确规定，例如实习期限、工作内容、是否包含加班、是否需夜间工作、实习考核评估方式[③]；同时，对实习报酬的标准，以及在侵犯实习生权利或人身健康时的具体责任和救济措施也要予以特别指出。

(四) 将实习生意外伤害风险纳入社会保障范畴

西方发达国家社会保障体系非常完善，通过社会保险为其实习生权益提供保障，除了工伤保险制度发达的德国，其他大部分发达国家都强制要求学生参加保险，不论是美国的学生健康保险、英国的国民卫生保健体系、德国的事故保险，还是法国的大学生社会保险，都在其各自保险中涵盖了实习生意外事故险。但在具体执行上主要有两种模式：一种是按照工伤保险的方式来处理，如德国、法国等。德国《事故保险法》即规定，所有雇佣劳动者、公职人员或学徒都享有工伤事故保险待遇。[④] 实习单位自与实习学生签订实习协议时起，必须依法为学生缴纳工伤保险费用。法国也制定了强制性保险制度，规定实习学生可享受工伤事故及职业病等大学生社会保险。另一种模式是通过"学生意外伤害保险"方式来解决，如美国、英国等。美国对于在学校的教学活动之外发生的学生伤害赔偿问题由学生意外伤害保险来解决。英国政府的《资助方案》规定英国雇佣保护立法一般都适用于学徒，学生可以根据各种形式的保险公司医疗保险服务作为补充。在美国，学校教学活动以外的学生伤害赔偿问题是通过学生意外伤害保险来解决的。英国政府的《资助方案》规定，英国的就业保护立法一般适用于学徒，学生可以

[①] 李卫萍：《学生实习期间权益保障研究——以因工人身伤害法律保护为视角》，上海师范大学硕士学位论文，2017 年。
[②] 欧运祥：《劳动法热点问题研究》，北京：法律出版社 2014 年版，第 242—243 页。
[③] 姜国平：《我国高校学生实习法律制度的立法完善》，《现代教育管理》2017 年第 1 期。
[④] 王益英：《外国劳动法和社会保障》，北京：中国人民大学出版社 2001 年版，第 180 页。

通过各种形式的保险公司医疗保险服务进行补充。① 保费低保额相对较高的学生保险既减轻了企业与学校的责任负担,也对实习生的权益保障多了一层保险。

(五) 合理确定实习生的实习劳动报酬

关于实习生的劳动报酬,不同国家的法律规定不一样。主要也有两种类型:一种类型是法律上对实习生是否应该获得劳动报酬不作统一规定,如德国和澳大利亚等。德国大学生实习也不以获取报酬为前提条件,即便有报酬,一般也不会很高。但双元制大学的学生,在实习期间是可以拿到相应的月薪,标准一般在 500—1200 欧元。② 在澳大利亚,根据《公平工作法》,无薪实习合法,但对无薪实习规定得非常严格,要求无薪实习必须有助于实习生并与实习生的相关课程有关。③ 另一种类型是法律上明确规定实习单位应该支付实习学生劳动报酬。美国《公平劳动标准法案》对用人单位支付给包括实习生在内的人员的薪酬作出明确规定,实习生的薪资水平不低于最低工资标准的 75%。④ 在美国,实习生能否获得最低工资,取决于他是否是法案规定的"雇员"。⑤ 法国《新实习生法案》就要求企业必须从"实习生第一个月的第一个工作日起"支付薪水,且每月不低于 436.05 欧元。⑥

(六) 重视对大学生实习的监督与管理

为保障实习学生权益,西方发达国家在不断完善法律法规的同时,非常重视对大学生实习的监督与管理。如德国,政府成立大学生实习专门委员会,由专门委员会负责对大学生实习的统一指导、监督;联邦和各州的各级劳动局下设大学生职业指导处、信息中心以及其他机构等,为大学生实习提

---

① 王进:《欧美大学生实习权益保障借鉴与启示》,《教育与职业》2015 年第 8 期。
② 金秋平:《大学生实习期间劳动权益保障研究》,《法制与社会》2015 年第 8 期。
③ 刘敏:《国外大学生实习制度及对我们的启示》,《河南商业高等专科学校学报》2012 年第 6 期。
④ 林晓云:《美国劳动雇佣法》,北京:法律出版社 2007 年版,第 258 页。
⑤ Hillary J. Collyer. Interns and Trainees: Must They Be Paid? http//www.hrhero.com/hl/articles/2009/04/17/interns-and-trainees-mustthey-be-paid/,2009 - 04 - 17/2015 - 01 - 05.
⑥ 黄培、马燕生:《法国修订法律维护学生实习权益》,《世界教育信息》2014 年第 6 期。

供便捷的咨询和服务；高校设置实习办公室、大学生实习服务中心等专门机构，对学生实习进行指导与管理。美国政府积极介入实习，并与高校、企业对大学生实习的有关事项建立了紧密联系。美国高校一般都设有职业服务中心(career service center)，主要职能是负责学生实习的相关事宜。美国高校学生实习工作有严格的审核监督程序，当在校生提出外出实习申请时，学校专门的监督管理机构会对其实际情况进行核查[①]；劳动主管部门也重视对实习的管理，如为防止过度使用实习生对企业内在职劳动者造成不当替代，雇主在雇佣实习生时，必须向劳动主管机关申请特别许可。[②] 法国高校设立专门的实习监督部门作为企业与实习生的纽带，通过实习监督员对学生的实习情况进行监督，对实习单位是否遵循实习协议进行核实[③]；法国更强调劳工部门外部监管作用，《新实习生法案》提出要扩大劳动监察部门权力，加强对企业在雇佣实习生方面的监管，对存在滥用实习制度或对实习生雇用情况隐瞒不报的情况要加大处罚力度。[④]

（七）重视对大学生实习的政策和财政支持

为增强实习单位但主要是企业接收实习生的积极性，西方发达国家非常重视对大学生实习的政策引导和财政支持，但在具体做法上有差异。德国政府制定了一套包括企业和学生在内的优惠政策。对愿意并接受大学生实习的单位或企业提供财政支持，给予一定的经济补偿；而对不愿意接受大学生实习的企业则给予相应的经济处罚。根据德国《联邦培训促进法》，符合条件的学生可到居住地的劳动局申请实习补贴；另外，欧盟框架内的达芬奇项目和苏格拉底项目也为义务实习生提供部分实习补贴或奖学金。[⑤] 美国对于提供一定数量实习岗位的企业给予税收减免或通过政府购买的方式进行支持。同时，美国政府实施青年暑期实习计划(2009)(Planning for

---

[①] 郄夏利:《我国在校实习生劳动权益保护问题研究》，河北经贸大学硕士学位论文，2018年。
[②] 林晓云:《美国劳动雇佣法》，北京：法律出版社2007年版，第42页。
[③] 郄夏利:《我国在校实习生劳动权益保护问题研究》，河北经贸大学硕士学位论文，2018年。
[④] 黄培、马燕生:《法国修订法律维护学生实习权益》，《世界教育信息》2014年第6期。
[⑤] 陈仁霞:《关于德国大学生实习情况的调研》，《世界教育信息》2009年第3期。

2009 Summer Youth Activities),投入大量资金,在暑期为学生提供实践机会。① 英国政府于 2009 年推出了国家实习计划(National Internship Scheme),由国家出资确保大学生带薪实习。法国、英国对实习生的收入进行免税,并且规定实习生的最低工资,这样既保障了实习生的最低收入水平,也降低了企业单位的资金压力。澳大利亚的做法不同,政府通过财政补贴,将大学生实习打造成卖方市场,让中间机构竞争为学生提供优质实习服务。

(八)具有比较完善的大学生实习社会支持服务体系

西方发达国家实习中介服务组织非常发达,但不同国家或同一国家不同的中介组织服务方式是不同的。美国的实习中介服务组织既有非营利性,也有营利性的。最著名的非营利组织是成立于 1956 年的全美高校和雇主协会,每年为 100 多万大学生和毕业生提供实习就业服务。② 也有不少营利性的实习中介服务组织,学生可以通过支付一笔不小的费用从中介公司获得优质实习岗位,如华盛顿实习项目专门负责为大学生安排实习,并向每个实习生收取 3400 美元的中介费用。③ 在德国,实习信息网站是学生实习的主要中介组织,这些中介组织为企业、学校、学生创造了一个交流服务的平台,大部分实习信息则来源于多如牛毛的实习网站,据调查,德国 90% 左右的学生是通过实习网站找到实习单位的。④ 在澳大利亚,有 300 多家社会服务机构负责学生培训和实习,帮助学生免费找到合适的实习企业,协商安排实习内容和时间,协助学生与企业签订实习合同,督促企业落实学生实习期间应享受的工资福利,帮助学生到培训局办理实习合同登记等事宜。⑤ 但在法国,没有单独的专为实习服务的中介组织,而为之服务的中介组织却不

---

① 何斌:《发达国家大学生顶岗实习体系构建分析及思考》,《长沙民政职业技术学院学报》2013 年第 4 期。
② 金秋平:《大学生实习期间劳动权益保障研究》,《法制与社会》2015 年第 8 期。
③ 王景枝:《大学生实习制度的国际比较及启示》,《黑龙江高教研究》2011 年第 2 期。
④ 陈敏、许媛:《五元合一:德国工科本科生企业实习系统研究》,《高等工程教育研究》2012 年第 5 期。
⑤ 王进:《欧美大学生实习权益保障借鉴与启示》,《教育与职业》2015 年第 8 期。

在少数：一种是为实习岗位提供者和实习岗位需求者搭建桥梁的中介组织；还有一种是以保险机构为代表的帮助学生解决在实习过程中可能出现的意外、设备损坏问题的中介组织。① 同时，为了确保最大限度地为大学生提供实习机会，很多发达国家不但要求企业为大学生提供实习机会，而且要求政府等部门为大学生提供实习机会。在美国，一些看似神秘的政府机构，如中央情报局、国防部、白宫也建立了实习生制度，接纳大学生进行实习；在法国，每年到欧洲议会实习的大学生达 200 多人②；2009 年，英国内阁大臣提出"国家实习计划"，要求公共机构、慈善组织和经济部门接纳大学毕业生实习。

三、发达国家实习生权益保障的经验借鉴

近年来，国内在解决大学生实习难、保障实习生权益方面做了很多探索与实践，但与美国等发达国家相比，我国在大学生实习权益保障方面还存在诸多不足，亟须进行修改、完善与加强。

（一）建立健全大学生实习法律法规

完善的法律法规是保障实习生权益的基础和前提。西方发达国家在大学生实习权益保障方面都制定了比较完善的法律法规，虽然在具体做法上有些差异。如德国是由《联邦职业教育法》《职业教育促进法》《企业基本法》《事故保险法》《青年劳动保护法》等多部法律法规构成一个完整的法律体系。法国则采取统一法典式立法形式，通过《法国劳动法典》以及新修订的《新实习生法案》来维护实习生权益。目前，我国既没有形成一套由不同法律法规构成的协调互补的实习生权益法律保障体系，也没有一部完整的关于大学生实习方面的专门性法律法规。现行的法律法规中与大学生实习相关的法律法规也很多，但没有构成协调互补的体系，有些在内容上相互交叉

---

① 陈敏、蒋志鸿：《五元合一：法国工科大学生企业实习系统研究》，《高等工程教育研究》2014 年第 5 期。

② 郭琦：《中美教育实习制度的比较和反思》，《深圳大学学报》2009 年第 7 期。

甚至矛盾,有些原则性强、缺乏操作性,有些内容不明确。维护实习生的合法权益,当务之急是建立能够保障大学生实习合法权益的法律制度体系,做到保障实习生权益有法可依。

(二) 明确规定实习学生与实习单位的法律关系

实习学生的法律身份以及实习学生与实习单位的法律关系是当前关于大学生实习权益相关问题争论的焦点。关于实习学生的法律身份以及实习学生与实习单位的法律关系,西方发达国家都有明确的规定。德国和法国将实习学生的身份定义为职业培训者或学徒,为劳动者的一种特殊类型,受相应法律的保护;英国法律规定,只要实习期的大学生提供劳动并获取对等报酬即与用人单位形成劳资关系,受劳动法律的保护;美国以前也存在实习生是否是劳动者的争议,但按照美国劳工部提出的判断劳动者的六项标准,基本可以认定实习生是准劳动者。① 借鉴国外成功经验、结合中国国情,本研究认为在立法上应该明确赋予实习大学生"准劳动者身份"以及确定与实习单位之间的"准劳动关系",并根据"准劳动者身份"和"准劳动关系"特点明确实习生的具体权益内容;同时,规定政府、高校、实习单位(主体是企业)及中介组织在保障大学生实习权益方面的责任与义务。

(三) 全面执行大学生实习协议制度

实习协议是确定学校、实习单位和实习学生之间权利与义务关系的具有约束力的法律文件。美国、德国、法国等西方发达国家在大学生实习时都要签订实习协议,但签订的方式有两种类型:一种是签订实习单位、学校与实习生之间的三方协议,一种是签订实习生与实习单位之间的双方协议。如美国以政令的形式强制要求实习单位与实习生签订实习协议,且对实习协议的内容进行了详细规定;德国《联邦职业教育法》规定实习必须签订实习协议,学生和实习单位一旦建立实习关系,双方就要签订翔实的实习协议,并提交高校确认备案;法国政府强制要求实习单位、学校、实习生三者之

---

① 马万里:《试论实习生劳动权益的法律保障问题》,《滁州学院学报》2013 年第 6 期。

间在实习前签订明确三方权利、义务的协议。为保障实习生合法权益,做到有法可依,西方发达国家在大学生实习时都要签订实习协议,并在签订的实习协议中明确规定实习期间各方的权利、义务以及可能发生的争议,特别是在实践中经常发生而法律又没有明确规定的争议事项,以及争议的解决方式等内容。通过实习协议明确责任归属,一方面能够保障发生实习纠纷时能及时处理,降低事故发生后的处理难度;另一方面明确详细的协议内容,也便于相关监督机构进行监督。在我国实习生法律身份界定存在争议,还没有明确的法律保障的状况下,责任明确的实习协议为实习生进行民事诉讼提供了重要保障。[①]

(四) 全面推行大学生实习责任保险制度

大学生在实习期间遭遇意外伤害不可避免,尤其是群体性实习生意外伤害事故,处理不善就会影响到学校的正常教学、企业的正常生产甚至影响到社会的和谐稳定,因此,如何保障大学生在实习期间遭受意外伤害时的权益变成一个亟须解决的社会问题。西方国家一般都将实习生人身损害赔偿纳入社会保障法的范畴,但是具体途径有差异。一种途径是通过工伤保险法律来救济,如德国、法国等国家都通过立法将学生意外伤害事故纳入工伤保险的范围加以保护。德国《事故保险法》即规定,所有雇佣劳动者、公职人员或学徒都享有工伤事故保险待遇,直接把实习生纳入工伤保险范围;法国《劳动法典》也作了类似规定。另一种是通过实习生意外伤害保险方式解决,如美国通过学校责任险和学生意外伤害险相结合的方式分散学生意外伤害风险;英国对所有大学生提供国民卫生保健体系,学生可以选择各种形式的保险公司医疗保险服务作为补充。而在国内,2010年修订的《工伤保险条例》没有将实习学生作为参保对象,实习中的人身意外伤害不能通过工伤保险得到救济。实践中,多数都是通过民法救济途径来解决,但由于学生在实习中受到人身损害之后的责任归属不明确,民法救济存在困难。鉴于民法救济的困难,又要保护企业接收学生实习的积极性,结合中国国情,本研

---

① 郄夏利:《我国在校实习生劳动权益保护问题研究》,河北经贸大学硕士学位论文,2018年。

究认为应该借鉴西方发达国家的成功经验,将实习生人身损害赔偿纳入社会保障法的范畴,专设大学生实习责任保险制度,建立实习风险社会化保险机制,分散实习风险。

(五)根据实习类型合理确定劳动报酬

实习劳动报酬是实习生劳动权益的一项重要内容,但关于实习劳动报酬,每个国家的规定也不一样。美国《公平劳动标准法案》对实习单位支付给包括实习生在内的人员的薪酬作出明确规定。德国大学生实习也不以获取报酬为前提条件,即便有报酬,一般也不会很高,但双元制大学的学生在实习期间是可以拿到相应的月薪。在澳大利亚,根据《公平工作法》,无薪实习合法,但同时规定无薪实习必须对实习学生有帮助,并与实习生相关课程有联系等。法国则要求企业支付实习生薪酬,并且规定了标准。关于实习单位是否应该支付实习学生的劳动报酬和支付多少,国内争议也很大。有人认为大学生实习的主要目的是学习,不应该支付实习报酬;也有人认为实习也是一种工作,为企业创造了价值,应该支付实习报酬。不同地方的做法也不一样,如江苏省无锡市劳动行政部门规定,企业应给予实习学生适当的生活补贴,标准为不低于当地小时工最低工资标准的50%,由企业以货币形式直接支付给实习学生。[①] 因此,本研究认为,关于实习报酬问题不应该作统一性的规定,应该根据实习性质和类型,确定是否应该支付实习报酬,如认识性实习企业就不应该支付报酬,生产性实习企业应该支付适当报酬;同时,根据为企业创造的价值多少确定报酬标准,如一般性的生产实习和顶岗实习在报酬的支付标准上应该有所不同。关于是否支付实习报酬和应该支付多少,应在实习协议中予以明确。

(六)加大大学生实习政策支持力度

国际上,实习较为成功的国家的共性就是政府重视,政府通过政策和财政支持大学生实习。美国通过给予提供一定数量实习岗位的企业减免税收

---

① 无锡市劳动和社会保障局:《关于贯彻省劳动和社会保障厅、省教育厅〈关于规范企业接纳在校学生实习和勤工助学活动的通知〉的意见》,锡劳社关系〔2004〕1号。

的方式或通过政府购买大学生实习岗位的方式支持大学生实习工作。德国政府通过鼓励和处罚相结合的方式支持大学生实习工作,对愿意并接受大学生实习的企业提供财政支持,对那些不愿接受大学生实习的企业给予相应的经济处罚。法国、英国对实习生的收入进行免税,从而达到既保障实习生的最低收入水平,也降低企业单位资金压力的目的。澳大利亚的做法不同,政府通过财政补贴,将大学生实习打造成卖方市场,让中间机构竞争为学生提供优质实习服务。我国对接收大学生实习的企业也有一些优惠政策,但是还不完善,落实也不好,实施的效果不明显。为调动企业积极性,借鉴国外经验,我们要进一步完善相关政策,并加大对大学生实习的财政支持力度。制定相应的税收优惠政策,对接收实习生的企业及支付一定实习报酬的企业,分别给予相应的税收优惠,以分担企业接受学生实习的成本;同时,还要建立对优秀实习单位实行政策倾斜的激励机制。另外,实习经费不足是造成大学生实习难和实习效果不佳的重要因素,为保证实习的正常开展,政府要以专项经费的方式加大财政投入,主要途径有两种:一是制定实习补贴制度,可参照德国做法根据接受学生的多少补贴企业,也可参照澳大利亚的做法补贴中间机构,鼓励其为学生提供优质实习服务;二是支付政府应该承担的实习责任保险。

(七) 加强大学生实习监督与管理

保障实习生权益,对大学生实习的监督与管理不可或缺。西方发达国家都有成熟的大学生实习监督与管理制度。美国劳动主管部门和高校分别对大学生进行监督与管理,劳动主管部门主要加强对实习单位的监管,学校设立专门监督管理机构对学生实习进行严格的审核监督。在德国,政府成立大学生实习专门委员会,由专门委员会负责对大学生实习的统一指导、监督;联邦和各州的各级劳动局下设大学生职业指导处、信息中心以及其他机构等,为大学生实习提供便捷的咨询和服务;高校设置实习办公室、大学生实习服务中心等专门机构,对学生实习进行指导与管理。法国更强调劳工部门外部监管作用,重视对企业在雇佣实习生方面的监管;法国高校也设立专门的实习监督部门对学生的实习情况进行监督,同时对实习单位是否遵循实习协议进行核实。由于管理体制不同,与国外由专门机构负责监督指导大学生实习不同,我国大学生实习实行的是由教育行政部门和人力资源与社会保障部门进行双重管理的制度。由于没有理顺这种双重管理体制的关系,不但没有让实习学生的权益受到双重保护,反而因为教育行政部门和人力资源与社会保障部门执法权限没有明确界限而经常出现互相推诿的局面。[1] 因此,要根据职能分工各司其职,做好协调、监督和管理工作。同时,要加强高校的组织与管理。国外的高校大多非常重视对实习的管理与服务,有专门的管理机构和人员、完善的管理制度。国内高校学生实习管理工作一般都由教务部门的实践科(中心)管理,高校内部大学生实习管理制度有待进一步完善。此外,还应建立企业大学生实习制度。国外的很多企业大多建立了规范的大学生实习制度,具有明确的需求计划、实习生岗位和实习生管理制度。国内企业应该像国外企业那样,增强社会责任感积极接受学生实习,同时应该建立和完善大学生实习制度以规范大学生实习。

(八) 健全大学生实习社会支持服务体系

美国、德国、澳大利亚等国家大学生实习中介服务组织十分发达,这些组织独立于政府、企业和学校,既有营利性,也有非营利性的,都是民间性组织,但在促进大学生实习方面起到了重要作用。在美国,中介组织为学校、学生和企业提供信息咨询、培训、协调、评价等服务;在德国,中介组织主要是各类实习信息网站,据调查,90%左右的学生是通过实习网站找到实习单位的[2];在澳大利亚,有300多个实习社会服务机构为大学生实习提供服务。近年来,我国大学生实习中介服务机构有了一定程度的发展,但发挥的作用还很有限。中介服务机构的数量与社会的需求还有相当大的差距,帮助容量有限;中介服务机构的类型比较单一,主要是经营性的人力资源公司和劳务派遣公司,非营利性的中介服务机构缺乏;在服务的专业性与规范性等方面还存在诸多问题,有些中介机构独自,或与学校、与企业联合欺骗实习学

---

[1] 冯湃:《论我国实习生权益保障机制的完善》,《法制与社会》2015年第16期。
[2] 陈敏、许媛:《五元合一:德国工科本科生企业实习系统研究》,《高等工程教育研究》2012年第5期。

生以获取非法利益。为更好发挥实习中介服务组织在促进大学生实习中的作用,政府一方面要积极培育、鼓励发展大学生实习中介服务组织,对于非营利性中介服务组织要根据解决实习问题的贡献给予相应的政府财政支持;另一方面,要建立实习中介服务组织管理制度,规范中介服务组织的行为,避免侵害实习生权益。在积极培育实习中介组织的同时,要鼓励全社会共同参与、支持大学生实习。实习单位特别是对口的实习单位难找,是现阶段我国大学生实习时遇到的普遍问题,也是一时难以解决的问题。企业是学生实习的主要场所,但是并不是唯一场所,其他社会组织包括各级各类政府机构、事业单位等也是学生实习的重要场所,尤其是对于人文社科类专业学生。只有全社会共同参与和支持大学生实习,才能有效解决大学生实习难问题,也才谈得上真正保障实习生权益。

第七章
大学生实习的主要利益相关者分析

实习作为高等教育人才培养的重要途径,对高等教育人才培养质量有着重要影响。大学生实习关系着学生、高校、企业、政府等多方面的利益。大学生实习是个系统工程,破解大学生"实习安排难""权益保障难"等问题,单依靠实习学生自己,或高校、企业、政府中任何一方都无法有效解决,需要政府、高校、企业、学生以及全社会的共同努力和参与。政府、高校、企业、学生以及中介组织等其他社会组织的社会功能、利益追求和资源条件等方面差异很大,在大学生实习中承担义务和责任各有侧重。

一、利益相关者理论的基本内涵及其应用

1. 利益相关者理论的基本内涵

利益相关者理论产生于20世纪60年代,是在对美、英等国奉行"股东至上"公司治理实践的质疑中逐步发展起来的。"利益相关者"(Stakeholder)概念自1963年斯坦福研究所(Stanford Institute)首次提出,便受到了学术界的广泛关注。利益相关者理论(Stakeholder Theory)是与股东至上理论(Stock-holder Primary Theory)相对的关于企业治理的理论,首先在企业战略和公司治理等范畴中得到广泛研究。1984年,美国著名经济学家弗里曼在《战略管理:利益相关者管理的分析方法》一书中明确提出利益相关者管理理论。弗里曼的"利益相关者理论"认为,利益相关者是能够影响整个组织目标的实现或能够被组织实现目标的过程所影响的人。任何一个公司的

发展都离不开各利益相关者的投入或参与,企业追求的是利益相关者的整体利益,而不仅仅是个别股东的利益。① 弗里曼的观点得到许多经济学家的赞同,成为 20 世纪 80 年代后期关于利益相关者研究的一个标准范式。中国人民大学杨瑞龙教授认为,凡是能够影响企业活动或被企业活动所影响的人或团体都是企业的利益相关者。② 利益相关者理论作为一种典型的管理理论不仅被广泛用于经济领域,在其他领域也不断得到推广应用,还得到教育界的广泛应用。美国学者罗索夫斯基较早在高等教育管理领域进行相关研究,他认为大学是典型的利益相关者组织,与大学更广泛的有利害关系的个人或群体有教授、学生、校友、捐赠者、政府、公众、社区等。③ 利益相关者理论研究正逐渐成为高等教育研究的热点问题及分析高等教育的独特视角和方法,利益相关者理论为我们解决高等教育很多问题提供新的思考路径和理论依据。

2. 利益相关者理论在大学生实习中应用的可行性

根据前文论述,大学生实习权不是一种新的权利,而是大学生在实习期间依法享有的受教育权、劳动权和职业伤害保障权等权利。大学生实习权不同于民法上的私权,实习权行使的目的是维护社会公共的教育利益,其并不像私权那样仅仅维护私人的利益,实习权具有公益性。④ 公益性是指超越于个体利益之上的独立利益,是一个特定社会群体存在和发展所必需的、该社会群体中不确定的个人都可以享有的代表整个共同体的超越性利益和整体性利益。⑤ 具有公益性的大学生实习权的保障需要国家的积极作为和干预,学生有公平地获得实习机会的权利,有获得国家、社会提供实习机会和条件保障的权利,有获得国家、社会提供救济和帮助的权利。⑥ 同时,实习作

---

① [美]爱德华·弗里曼:《战略管理:利益相关者方法》,王彦华、梁豪译,上海:上海译文出版社 2006 年版,第 5 页。
② 杨瑞龙、周业安:《企业的利益相关者理论及其应用》,北京:经济科学出版社 2000 年版,第 129 页。
③ 刘宗让:《大学战略:利益相关者的影响与管理》,《高教探索》2010 年第 3 期。
④ 黄亚宇:《职业院校学生顶岗实习权的司法救济研究——基于引入教育公益诉讼保障学生顶岗实习权的思考》,《教育探索》2016 年第 10 期。
⑤ 汤尧:《论教育公益诉讼的提起条件》,《教育科学》2006 年第 12 期。
⑥ 张勇:《基于促进就业理念的大学生实习立法问题研究》,《华东理工大学学报》(社会科学版)2010 年第 2 期。

为高等教育人才培养的重要途径,对高等教育人才培养质量有着重要影响,大学生实习关系着学生、高校、企业、政府等多方面的利益。

对于政府而言,实习是其培养合格建设者和接班人的需要;对于企业而言,实习是其获得高质量人力资源或人才资源的需要;对于学校而言,实习是其提高人才培养质量、办人民满意教育的需要;对于学生而言,实习是其锻炼能力、提高素质、积累经验,获得全面发展的需要。可见,大学生实习,不是单纯归属于某一主体的事情,而是关系利益各方共同发展的事情。①

3. 利益相关者理论在大学生实习中应用的必要性

实习是高等教育人才培养必要的实践性教学环节,但从当前的实习现状来看,还存在实习单位尤其是专业对口的实习岗位难安排、实习效果难保证、劳动权益难保障、人身伤害难救济等一系列突出问题。大学生实习的特点决定了大学生实习活动的参与涉及实习学生、高校、企业、政府、中介机构等社会主体,大学生实习法律关系也因此非常复杂,既是一种多边法律关系,也是一种复合性法律关系。因此,有效解决大学生实习问题是一项社会系统工程,单靠实习学生自己,或高校、企业、政府任何一方都无法有效解决。在大学生实习供求矛盾非常突出,实习岗位不能满足日益增长的大学生实习需求,以及在不同社会主体利益追求不同、参与大学生实习内在动力不足的情况下,如何有效解决大学生实习问题已成为迫切需要解决的社会问题。

将"利益相关者"的概念引入大学生实习,意在强调大学生实习不仅仅是学生自己和高校的事情,解决大学生实习问题,离不开政府、高校、企业、学生以及全社会的共同努力和参与,不仅需要不同利益主体的各自作为到位,而且需要加强不同利益主体间的相互配合、联动,发挥整体作用,形成增强维护实习学生权益的合力。学生、高校、企业、政府、中介机构等社会主体处于不同的社会分工体系,社会职能不同,在大学生实习中应履行的义务和职责不同,发挥作用不同,而且缺乏明确的相互之间沟通的渠道和机制。在

---

① 李淑华、王飞、宋超:《简论基于利益相关者的高职院校顶岗实习学生权益维护》,《扬州大学学报》(高教研究版)2015年第3期。

这种各社会主体处于不同分工体系、合作关系先天不足的情况下,如果没有相应的沟通渠道和机制,就会产生信息不畅、沟通不力、程序复杂等阻隔现象,无形中耗散了整体力量,不利于实习生权益的保护。因此,建立健全利益相关者共同参与的互动机制,有利于协调各方行动,使各主体之间的关系由松散变得相对紧密,形成保障实习生权益的协同效应[①],对解决大学生实习难问题,保障实习生合法权益以及利益相关者权益,具有十分重要的意义。

二、大学生实习利益相关者的界定

关于大学生实习的利益相关者,由于研究视角不同,不同研究者的观点有些差异,如郝书池、姜燕宁(2011)认为大学生实习利益相关者主要是企业、学校、指导老师和学生本人。[②] 易兰华(2014)认为大学生实习利益相关者主要包括学校、企业、学生、指导老师、政府、学生家长等六方,其中学校、企业和学生是最为关键的利益相关者,政府和学生家长是最为重要的利益相关者。[③] 肖霞、贺定修(2016)认为大学生实习的利益相关者主要包括学校、校长、教师、企业、企业指导教师、学生、学生家长等七方,并认为核心利益相关者为学校、企业和学生三方。[④] 郭德侠、王苇、郭德红(2016)认为大学生实习利益相关者除实习学生外,主要包括高校(包括负责安排学生实习的行政管理人员和教师)、企业、政府和中介组织,并将利益相关者分为四个层次:第一层次是高校,第二层次是企业,第三层次是政府,第四层次是中介组织。[⑤] 黄亚宇(2016)认为高校、企业、学生、政府相关部门、指导老师及学生

---

① 李淑华、王飞、宋超:《简论基于利益相关者的高职院校顶岗实习学生权益维护》,《扬州大学学报》(高教研究版)2015年第3期。

② 郝书池、姜燕宁:《基于利益相关者的职业院校顶岗实习模式对比研究》,《教育学术月刊》2011年第11期。

③ 易兰华:《高职院校顶岗实习的利益相关者分析》,《成人教育》2014年第11期。

④ 肖霞、贺定修:《利益相关者理论视野下的高职教育顶岗实习》,《教育与职业》2016年第20期。

⑤ 郭德侠、王苇、郭德红:《论"利益相关者"在大学生实习中的责任》,《北京科技大学学报》(社会科学版)2016年第12期。

家长等都是大学生实习的利益相关者,核心利益主体是高校、企业和学生。①彭梦雅(2019)认为在大学生实习活动中,主要利益相关者是政府、高校、企业和实习学生。②汪武芽(2019)认为学生、企业、学校、家长和政府都是大学生实习的利益相关者,其中学生和企业是核心利益相关者。③从上述观点可以看出,研究者一致认为学校、企业、学生是大学生实习的利益相关者,而且是最为核心利益者或最为重要的利益相关者,关于政府、中介组织、指导教师、学生家长是否是利益相关者,观点不一,但大部分认为政府是重要的利益相关者之一。

实习是在校大学生按照专业培养目标和教学计划要求,到实习单位进行的与专业相关的实践性教学活动。由于学习场所、学习方式的变化,大学生实习涉及的利益相关者与学生在校学习有很大差异,当然有些是相同的,如学生本人和高校包括管理人员、教师,也有些是不同的,如企业包括管理人员和实习指导老师,还有中介机构等。理论上,凡是为大学生实习活动提供各种资源和帮助,或从大学生实习活动中获得利益的主体,都是大学生实习活动的利益相关者。④因此,与大学生实习相关的利益相关者很多,包括高校、学校管理人员、学校指导教师、企业、企业管理人员、企业指导教师、学生、学生家长,以及政府和实习中介机构,等等。

根据利益相关者理论,利益相关者分为核心利益相关者、重要利益相关者、间接利益相关者和边缘利益相关者等不同层次。本研究以保障实习生权益为目的,从大学生实习法律关系的角度,认为大学生实习的主要利益相关者包括实习学生、实习单位(注:实习单位的主体是企业,本书非特指均为企业)、高校、政府和中介组织等,其中实习学生、企业和高校是核心利益相关者,政府、中介组织是重要利益相关者。本研究中的高校和企业,包含了

---

① 黄亚宇:《职业院校学生顶岗实习权的司法救济研究——基于引入教育公益诉讼保障学生顶岗实习权的思考》,《教育探索》2016 年第 10 期。
② 彭梦雅:《职业教育实习活动中利益相关者的博弈分析》,《教育科学论坛》2019 年第 11 期。
③ 汪武芽:《实习权益保护:多元利益主体的因素考量与政策选择》,《职业教育研究》2019 年第 4 期。
④ 郭德侠、王苇、郭德红:《论"利益相关者"在大学生实习中的责任》,《北京科技大学学报》(社会科学版)2016 年第 12 期。

相应的管理人员和指导教师,由于管理人员和指导教师不是大学生实习法律关系的主体,因此,本研究没有将管理人员和指导教师单列出来作为主要利益相关者。另外,大学生实习与学生家长确实有着密切利益关系,但学生家长也不是大学生实习法律关系的主体;同时,实习学生的利益与家长的利益是趋同的,因此,本研究也未将家长单列出来作为大学生实习的主要利益相关者。

实习学生既是实习活动的主体,也是对象,是实习法律关系的最重要主体,没有实习学生实习法律关系就不存在。实习学生是实习权的直接权利主体,也是实习的核心利益相关者。通过实习,实习学生一方面完成学校规定的学习任务并获得相应的学分,另一方面可以锻炼能力、提高素质、积累经验等。当然,实习学生也是实习期间权益受侵的主要对象。实习学生的实习态度、努力程度以及维权意识和维权能力对实习过程、实习效果、实习权益保障有着很大的影响。

企业是实习活动的实施者,也是实习法律关系的最重要主体,没有企业接受学生实习,实习法律关系也不存在。但在实习法律关系中,企业是实习权的直接义务主体,是实习生的接收者和实习活动的实施者,当然企业在大学生实习活动中也拥有相应的权利并获得利益,如通过接受学生实习降低人力成本、选拔和储备优秀人才、提升单位形象等。因此,企业也是大学生实习的核心利益相关者。企业参与实习的积极性和投入程度直接影响实习机会、实习效果、实习生的权益保障。

高校是实习活动的组织者,也是实习法律关系的最重要主体,无论是学校推荐的实习还是学生自主联系的实习,高校都是实习权行政法意义上的义务主体。实习是高校人才培养的重要途径、教学计划的必要教学环节,因此,作为人才培养主体的高校也是实习的核心利益相关者,通过实习实现学校设定的专业人才培养目标。高校对实习的重视程度、经费投入以及对实习的有效组织、监管等,对实习教学活动的正常进行、实习效果以及实习生权益保障有着重要影响。

政府作为实习权的义务主体,负责对大学生实习进行宏观指导、统筹协调与监督管理。高等教育是具有"强外部性"或"溢出效应"的准公共产品,而实习是提高高等教育人才培养质量的重要环节,因此,作为高校的主要投资者和管理者的政府,当然是大学生实习的重要利益相关者,通过为社会培养高质量人才而获益。政府提供法律制度、制定配套政策和投入经费的完善程度和支持力度,对解决大学生实习难、保障实习生权益起着至关重要的作用。

中介组织相对比较复杂,既包括专门性的实习中介组织,也包括提供大学生实习服务的其他中介组织。当前,不是所有的实习活动都有中介组织的参与,但是只要参与了就与大学生实习发生关系,而成为利益相关者。中介组织通过为高校、企业和实习学生之间搭建实习平台,提供相应的服务而获得利益,既包括经济收益,也包括赢得良好社会声誉等非经济利益。中介组织的数量、服务能力和水平,对解决实习难问题、保障实习生权益也起着非常重要的作用。反之,不规范的中介组织也会侵犯实习生权益。

三、大学生实习利益相关者的利益和责任

破解大学生"实习安排难""权益保障难"等问题,要更全面、更客观地考虑不同利益相关者的义务和责任。大学生实习期间的权益保障除了单纯的法律责任配置外,还包含社会责任的分摊[1],社会责任要求不同利益相关者在分担社会责任方面还要发挥作用。从利益和责任对等的视角来看,既然实习利益相关者都能够从大学生实习获得一定的利益,那就必然也要为此承担相应的责任。[2] 当然,基于社会分工不同,各利益主体承担义务和责任各有侧重。

作为实习权利主体的实习学生是实习的核心利益相关者。通过实习,实习学生一方面完成实习学分进而完成学业,另一方面可以锻炼能力、提高素质、积累经验等;同时,有些实习还可以获得一定的实习津贴及福利待遇,甚至获得正式的就业机会。但也要承担相应的义务和责任,要服从学校及

---

[1] 陶书中、王佳利:《大学生实习期间权益保障问题研究》,《中国青年研究》2006年第11期。
[2] 郭德侠、王苇、郭德红:《论"利益相关者"在大学生实习中的责任》,《北京科技大学学报》(社会科学版)2016年第12期。

企业的实习工作安排,接受学校和企业的教育管理、培训指导、实习考核,遵守企业的规章制度和劳动纪律,保守企业的商业机密和其他秘密,以及承担因自己的过错给企业造成的损失等。①

企业在大学生实习中既可以获得有形(显性)的利益,如通过接受学生实习获得廉价劳动力、降低人力成本,选拔和储备优秀人才,享受政府税收补贴等优惠政策,以及增进校企合作、提高企业核心竞争力等;也可以获得无形(隐性)的利益,如通过实习学生传播企业文化,通过接受学生实习提升企业形象,还可以培养潜在客户、扩大企业影响力等。企业作为大学生实习权的直接义务主体,应该根据国家相关法律规定履行相应的义务并承担相应的社会责任,其中最为重要的是为大学生提供合适的实习岗位和必要的实习条件,进行有效的实习指导、教育管理和公平的考核评价,以及提供适当的劳动报酬、加强劳动安全与卫生保护等以保障实习学生合法权益。企业存在的意义不仅仅是为股东谋求最大利益,还应为企业利益相关者的利益负责,承担相应的社会责任。

作为高等教育人才培养主体的高校,组织开展好实习既是实现学校人才培养目标、完成既定专业教学计划的需要,也是落实上级教育管理部门对实习工作的要求,还可以拓展学校办学资源,促进学校教学改革,提高教育教学质量。而高校作为大学生实习权的行政法意义上的义务主体,在大学生实习活动中理应承担重要的义务和责任,负有对学生实习的组织协调、教育指导、管理监督与权益保护的义务,重点是健全实习管理制度,推荐并合理安排实习岗位,加强指导教育与管理监督,协助评价和鉴定实习结果,以及保障实习学生合法权益。

实习是保证和提高人才培养质量的重要途径,作为高等教育主要投资者的政府必然要高度重视大学生的实习,政府可以通过为社会培养大量高素质人才以促进经济社会发展而获得间接收益。政府应当在推动立法、政

---

① 陈利敏、邓慧:《浅谈大学生实习中各方法律关系》,《贵州工业大学学报》(社会科学版)2008年第6期。

策制定、宏观管理等方面行使职能、履行职责,[1]更多地组织社会与市场力量参与大学生实习,发挥引导、协调、服务以及扶持的角色。[2] 政府通过推动制定相关法律法规、出台积极财政政策来为实习营造一个良好的、有序的社会环境,使实习系统中各利益相关者之间的关系更加规范化、制度化;同时,政府的教育行政部门、劳动行政部门以及其他部门要加强对大学生实习工作进行有效的组织协调与监督管理。

中介组织一般分为两类:一类是非营利性的,一类是营利性的。本研究重点讨论营利性的中介组织(文中非特别说明,均指营利性的中介组织)。中介组织通过参与大学生实习不仅可获得经济收益,还可赢得较好的社会声誉。但中介组织也需要承担相应的责任和义务,即通过为政府、高校、企业和实习学生之间搭建平台,提供专业化、职业化和规范化的优质服务,发挥桥梁、纽带作用,促进政府、高校、企业以及学生之间的信息沟通与互动。

四、大学生实习利益相关者之间的博弈

大学生实习的利益相关者众多,而且社会属性差异很大,有具有权力机关、行政机关属性的政府,有公益性的高校,又有由大量大学生个体形成的大学实习生群体,还有营利性的社会组织企业和中介组织等。由于利益追求不同,各利益相关者谈不上形成利益共同体。同时,大学生实习法律法规不完善、维权渠道还不健全,导致各利益相关者之间或多或少地产生利益冲突,并在大学生实习活动中进行博弈,因此这些利益冲突和博弈是大学生实习中必须面对而且亟待解决的现实问题。

企业与实习学生的利益冲突和博弈。企业与实习学生的利益冲突在于企业的实际供给与学生的理想期望之间的差距,以及前者因经济利益等因

---

[1] 李淑华、王飞、宋超:《简论基于利益相关者的高职院校顶岗实习学生权益维护》,《扬州大学学报》(高教研究版)2015年第3期。

[2] 郭德侠、王苇、郭德红:《论"利益相关者"在大学生实习中的责任》,《北京科技大学学报》(社会科学版)2016年第12期。

素的驱动对后者的侵害。[①] 实习学生对实习环境和实习条件、实习岗位和指导培训,以及实习报酬和待遇等方面充满着期望,有些实习学生实习态度不端正,诸如自由散漫、不愿受约束、缺乏敬业精神;企业则因控制成本、降低意外伤害事故风险和避免商业秘密泄露等因素而提供有限的实习环境和条件,不愿安排重要工作岗位,支付非常少的薪酬或不支付报酬甚至要收取学生实习费,有些还故意侵犯实习生权益。这种企业希望少付出与实习学生期望多供给之间的矛盾导致了企业与实习学生之间的博弈关系。

高校与企业的利益冲突和博弈。学校是公益性质的事业单位,高等教育具有很强的公益性,这与企业追求经济利益最大化的目标存在着本质的区别。学校希望企业能多提供实习岗位接收实习学生,注重实习指导和监督管理,并保障实习生劳动权益等。而大部分企业因接收实习生会增加营运成本、承担实习生在实习期间发生意外伤害事故风险等因素不愿意多接收学生实习。高校人才培养的公益性目标与企业经济效益最大化目标是一对根本利益矛盾,这种矛盾构成了高校与企业之间的博弈关系。

高校与实习学生的利益冲突和博弈。高校和实习学生之间相对于对企业而言,理论上应处于相同的立场,拥有相同的利益诉求,但事实上也存在利益冲突。高校和实习学生之间的利益冲突也主要表现在高校的现实供给与实习学生的理想期望之间的差距,以及因经济利益等因素的驱动对学生的侵害。实习学生希望学校能提供且最好提供优质的实习企业和专业对口的实习岗位,实习条件和实习待遇好,等等;而学校提供的实习企业和岗位无法满足大量学生的实习需求,推荐的实习单位有些教育指导、过程管理不到位,还有学校甚至以实习名义强制学生到指定企业从事廉价甚至无偿劳动。高校与实习学生在实习组织管理上产生的冲突在实习期间也无法避免,这种矛盾导致了高校与实习学生之间的博弈关系。

政府与高校、实习学生、企业的利益冲突和博弈。从实习的目的角度看,政府、高校与实习学生的主要利益是一致的,但政府与高校、实习学生之

---

① 肖霞、贺定修:《利益相关者理论视野下的高职教育顶岗实习》,《教育与职业》2016年第20期。

间也存在一定的利益冲突,高校和实习学生希望政府建立健全法律法规以及相关政策,鼓励全社会关心支持大学生实习、提供更多实习机会,并保障实习生权益;而政府希望高校组织、管理好大学生实习,学生认真完成实习教学环节,保证大学生实习工作的有序开展和实习效果。政府的行政职权与企业的营利属性之间具有更多的利益冲突[①]:企业希望政府在税收减免等方面给予更多激励政策,以及对企业参与大学生实习的合法权益予以保障;而政府则强调企业应该承担社会责任,提供更多实习机会并保障实习生权益。政府的制度性实际供给与高校、实习学生、企业的期待不一致,导致政府与高校、实习学生、企业之间也存在博弈关系。

中介组织与政府、高校、实习学生、企业的利益冲突和博弈。中介组织是依照一定的法律建立起来的以提供服务为主要功能的社会组织机构。作为以提供实习服务而获得利益的中介组织与政府、高校、实习学生和企业之间也存在利益冲突,政府、高校、实习学生和企业希望中介组织提供更多优惠、优质的服务,而中介组织则希望获得更多的利益,实现自身利益最大化,中介组织侵犯实习生权益也时有发生。中介组织的利益最大化追求与政府、高校、实习学生和企业对其提供优质服务的需求差异,导致中介组织与政府、高校、实习学生和企业之间形成博弈关系。

五、利益相关者共同治理模式的构建

从上面分析来看,大学生实习过程也是相关社会主体基于自身利益考虑不断博弈的过程,但这并不意味着各相关社会主体之间的利益冲突不可调和。大学生实习攸关学生、高校、企业、政府、中介组织等多方面的利益,因而解决大学生"实习安排难""权益保障难"问题,不仅是学生或高校单方面的事情,而是包括学生、高校在内的企业、政府、中介组织等社会主体的共同责任。破解大学生"实习安排难""权益保障难"等问题,要更全面、更客观地考虑不同利益相关者的义务和责任,实现利益共享、责任共担。不同利益

---

① 彭梦雅:《职业教育实习活动中利益相关者的博弈分析》,《教育科学论坛》2019年第11期。

相关者除了单纯的法律义务配置外,还包含社会责任的分摊,各大学生实习相关主体在遵守法律、法规和国家有关规定的同时,需要增强社会责任感,积极承担相应的社会责任,既要发挥主要利益相关者的重要作用,也要发挥其他社会主体的积极作用。

从社会的角度看,大学生实习是一项系统的社会工程,涉及学生、高校、企业、政府与中介组织等多方利益主体的参与,利益相关者的共同治理是解决大学生实习难、保障实习生合法权益问题的有效模式。从利益和责任对等的视角来看,既然实习利益相关者都能够从大学生实习获得一定的利益,那也理应为此承担相应的责任。[①] 当然,基于社会分工不同,各利益主体承担义务和责任各有侧重,承担的是共同但有差别的责任。要充分发挥大学生实习相关主体各自功能和各自应尽的义务与责任,构建多层次大学生实习互动机制与立体化的服务体系,加强不同主体之间的联动,化解利益冲突,形成合力,发挥整体作用,建立政府宏观管理、高校有效组织、学生主动参与、企业积极合作、中介组织配合以及其他社会主体积极支持的实习生权益保障利益相关者共同治理模式,形成法律关系明确、法律制度健全、参与主体尽责、互动机制顺畅、服务体系发达的实习生权益保障体系。

---

① 郭德侠、王苇、郭德红:《论"利益相关者"在大学生实习中的责任》,《北京科技大学学报》(社会科学版)2016 年第 12 期。

第八章
大学生实习权益保障体系的构建

实习不是大学生个体的随机行为,也不是高校和企业之间一种简单的对口实习任务,而是与市场经济相适应,涉及政府、高校、企业、学生以及其他社会组织的一种规范、系统的常规化制度行为。[1] 从社会的角度看,大学生实习是一项系统的社会工程,牵涉不同的利益相关者,保障实习生权益离不开政府、高校、企业、学生以及全社会的共同努力和参与。

一、实习生权益保障体系构建的主要思路

由于学习场所、学习方式的变化,大学生实习涉及的利益相关者与学生在校的学习有很大差异,大学生实习的特点决定了大学生实习活动涉及实习学生、高校、企业、政府、中介机构等社会主体。根据前文分析,与大学生实习相关的利益相关者很多,包括高校、学校管理人员、学校指导教师,企业、企业管理人员、企业指导教师,学生、学生家长,以及政府和实习中介机构,等等。本研究以保障实习生权益为目的,从大学生实习法律关系的角度,认为大学生实习的主要利益相关者包括实习学生、企业、高校、政府和中介组织等,其中实习学生、企业和高校是核心利益相关者,政府、中介组织是重要利益相关者。大学生实习攸关学生、高校、企业、政府、中介组织等多方面的利益,因而其利益的维护,不是学生或高校单方面的事情,而是学生、高

---

[1] 肖云、吴国举:《大学生实习制度存在的问题及对策思考》,《人力资源开发》2007年第12期。

校、企业、政府、中介组织等社会主体的共同责任。

大学生实习的利益相关者众多，而且社会属性差异很大，有具有权力机关、行政机关属性的政府，有公益性的高校，又有由大量大学生个体形成的大学实习生群体，还有营利性的社会组织企业和中介机构等。由于各利益相关者的利益追求不同，更谈不上形成利益共同体。同时，大学生实习法律法规不完善、维权渠道还不健全，导致各利益相关者之间或多或少地产生利益冲突，并在大学生实习活动中进行博弈，因此这些利益冲突和博弈是大学生实习中必须面对而且亟待解决的现实问题。大学生实习过程虽然也是相关社会主体基于自身利益考虑不断博弈的过程，但这并不意味着各相关社会主体之间的利益冲突不可调和。

从社会的角度看，大学生实习是一项系统的社会工程，解决大学生实习难问题、维护实习生合法权益是整个社会的共同责任，既要发挥主要利益相关者的重要作用，也要发挥其他社会主体的积极作用。面对大学生实习的强烈需求，要按照既要育人为本也要兼顾效率、既要利益共享也要责任共担、既要倾斜保护也要兼顾平衡、既要共同支持也要强化重点的原则，明确大学生实习法律关系，健全大学生实习法律制度，维护实习生合法权益，尊重其他相关主体的利益与关切，充分发挥不同社会主体的功能与作用，建立多层次的互动机制与立体化的服务体系。同时，要构建政府宏观管理、高校有效组织、学生主动参与、企业积极合作、中介组织配合以及其他社会主体积极支持的实习生权益保障利益相关者共同治理模式；还要形成法律关系明确、法律制度健全、参与主体尽责、互动机制顺畅、服务体系发达的实习生权益保障体系。

二、实习生权益保障体系构建的主要原则

大学生实习面广量大，涉及社会主体众多，而且不同主体的社会属性、社会功能、利益追求等方面差异很大，解决大学生实习难问题、保障实习生权益是一项复杂的系统工程，实习生权益保障体系的构建需要遵循以下原则。

育人为本与兼顾效率原则。实习是高等教育必要的实践性教学活动之

一,实习的目的是满足实现专业人才培养目标的需要,是专业培养计划的要求。大学生实习是高等教育专业人才培养的必要教学环节,虽然实习生在实习过程中为实习单位提供了一定的劳动,但接受教育是实习本身的目的,也是大学生实习制度设计的目的。实习作为高等教育中一项必要的教学活动,具有公益性,可以直接惠及学生,也可以间接惠及社会。实习的公共性要求实习立法能够保障实习的公益性,因此,在构建实习生权益保障体系时必须首先坚持育人为本原则,保障大学生实习的受教育权的这个核心权利。但也要能够维护学校、企业、中介组织等社会主体的切身利益,尤其是对实习企业因处于强势地位予以合理限制的同时,也要对其正当的利益要求加以保护。[1] 如果仅仅考虑实习的教学性质,过多体现公益性,忽略实习活动中涉及的其他主体利益,则不能提高企业、学校、学生、中介组织等共同参与实习活动的积极性,不利于对实习资源做出最优化的配置,达到实习资源使用效率的最大化,不能形成高效的实习管理体制,最终也就不能有效保障实习生的权益。

利益共享与责任共担原则。解决大学生"实习安排难""权益保障难"等问题,要更加全面客观地考虑不同利益相关者的义务和责任。不同利益相关者除了承担法律规定的义务外,还应承担相应的社会责任。[2] 从利益与责任平等的角度看,既然实习利益相关者能从大学生实习中获得一定的利益,那么也必须承担相应的责任。[3] 当然,基于社会分工不同,各利益主体承担的义务和责任各有侧重。作为实习权利主体的大学生是实习的核心利益相关者,通过实习获得学分、提高能力等,因此也要承担相应的义务和责任,如服从实习工作安排、遵守协议约定等。企业在大学生实习中可以获得廉价劳动力、选拔和储备优秀人才、提升企业形象等显性或隐性利益,但作为直接义务主体,需要履行相应的义务并承担相应的社会责任,如提供实习岗位、教育培训和提供劳动安全与卫生保护等。作为高等教育人才培养主体

---

[1] 姜国平:《我国高校学生实习法律制度的立法完善》,《现代教育管理》2017年第1期。
[2] 陶书中、王佳利:《大学生实习期间权益保障问题研究》,《中国青年研究》2006年第11期。
[3] 郭德侠、王苇、郭德红:《论"利益相关者"在大学生实习中的责任》,《北京科技大学学报》(社会科学版)2016年第12期。

的高校,组织开展好实习是实现学校人才培养目标、完成既定专业教学计划的需要,但高校作为大学生实习权的行政法意义上的义务主体,在大学生实习活动中理应承担重要的义务和责任,重点是对大学生实习的有效组织安排。作为高等教育主要投资者的政府也应该高度重视大学生的实习,学生的健康成才是其培养合格建设者和接班人的需要,政府应当在推动立法、政策制定、宏观管理等方面行使职能、履行职责[1],更多地组织社会与市场力量参与大学生实习。中介组织通过参与大学生实习既可获得经济收益,又可赢得较好的社会声誉,但也需要承担相应的责任和义务,通过为政府、高校、企业和实习学生之间搭建平台,提供专业化、职业化和规范化的优质服务。

倾斜保护与兼顾平衡原则。在实习过程中,学生相对于学校、实习单位,甚至与其他劳动者相比都处于弱势地位,自我保护和承担责任的能力有限。本研究的调查显示,实习生权益受侵害时,近半数的受访者因维权路径不清、程序复杂、举证困难、费用高等因素而选择忍受,放弃了维权。法律必须保护弱势群体,需要以非对等的特别措施保障社会弱势群体的权利,通过差别原则把结果的不平等保持在合理的限度内。[2] 因此,在构建实习生权益保障体系时,应对实习生予以适当的"倾斜保护",从而实现法律"实质平等"的理念。考虑到大学生的身体特点和实习中职业伤害风险的无法避免,应该对大学生休息休假、劳动安全与保障等权益进行倾斜保护。但也不能过度保护,因为企业在接收学生实习的时候需要为其付出培训等方面的费用成本。因此,对于实习生劳动报酬等其他权益,应根据实习的类型并尊重市场规律进行适当调整。如果对实习大学生予以过分倾斜的保护,如过度强调实习生的劳动报酬权,势必会损伤企业接收实习生的积极性,甚至会阻碍高校、企业、实习生三方的良性互动,势必会减少学生获得实习的机会,也会影响实习的教育质量。不同的社会主体有各自的利益和要求,要科学合理地分配实习主体的权利和义务,以求实现双赢。

共同支持与强化重点原则。大学生实习是一项系统的社会工程,面对

---

[1] 李淑华、王飞、宋超:《简论基于利益相关者的高职院校顶岗实习学生权益维护》,《扬州大学学报》(高教研究版)2015年第3期。

[2] [美]约翰·罗尔斯:《正义论》,何怀宏译,北京:中国社会科学出版社1998年版,第171页。

日益增长的大学生实习需求,解决大学生实习难、维护实习生合法权益是整个社会的共同责任,要发挥主要利益相关者的重要作用,也要发挥其他社会主体的积极作用。由于不同社会主体的社会属性、社会功能不同,在大学生实习中承担的法律义务不同和发挥的作用不同,同时不同社会主体在实习中的利益获得程度也不同,因此在全社会共同支持大学生实习前提下,如全社会都要关心支持大学生实习、提供实习机会、保障实习生权益等,重点要强化大学生实习核心利益相关者、重要利益相关者在大学生实习中的义务和责任。政府要充分发挥宏观管理、政策引导、资源投入、监督检查等方面的作用,积极引导各利益相关者积极参与到实习系统中来,并根据不同主体之间的博弈情况进行政策调整。高校要积极发挥在大学生实习的科学安排、组织协调、教育指导、经费投入、监督管理以及实习基地建设等方面的作用。企业在大学生实习岗位提供、教育培训、考核评价与安全保护等方面要积极发挥作用。中介组织要在大学生实习中发挥信息提供、沟通协调、资源整合等方面的桥梁纽带作用。学生要主动参与实习,端正实习态度,充分发挥自身的能动性,因为实习学生的实习态度、投入程度以及履行学校和企业规章制度等情况对实习效果以及对其他主体的权益保障与实习支持也产生重要影响。最后,也要充分发挥行业组织、法律界、新闻媒体等在大学生实习中的积极作用。

三、实习生权益保障体系构建的主要措施

由于各利益相关者的利益追求不同、大学生实习法律法规不完善等原因,各利益相关者之间会或多或少地产生利益冲突,并在大学生实习活动中进行博弈。大学生实习过程也因此是相关社会主体基于自身利益考虑不断博弈的过程。但这并不意味着各相关社会主体之间的利益冲突不可调和。面对大学生实习的强大需求,解决大学生实习难和实习生权益保障问题,需要明确大学生实习法律关系,健全大学生实习法律制度,充分发挥不同社会主体的功能与作用,建立多层次的互动机制与立体化的服务体系,以建立政府宏观管理、高校有效组织、学生主动参与、企业积极合作、中介组织配合以

及其他社会主体支持的实习生权益保障利益相关者共同治理模式,形成法律关系明确、法律制度健全、参与主体尽责、互动机制顺畅、服务体系发达的实习生权益保障体系。否则,很难形成解决大学生实习难问题、保障实习生权益的协同效应。

(一) 研究明确大学生实习法律关系

实习期间大学生法律身份不明确、法律关系模糊,直接导致了实习大学生享有权益的模糊。只有明确界定大学生实习期间的身份和法律关系,才能建立健全相应的法律法规和相关制度,有效维护实习大学生的合法权益。

1. 大学实习生法律身份

明确大学生实习期间的法律关系,首先必须明确实习期间大学生的法律身份。关于实习期间大学生的法律身份,西方各发达国家之间也有所不同,有的赞同实习生是劳动者,也有的视实习的具体情形而采取不同的认定结果。德国《最低工资法》规定基于实习而工作的人原则上是《最低工资法》意义上的劳动者,并把实习生直接纳入工伤保险范围。法国《新实习生法案》将实习学生视为一种特殊的劳动者给予法律保护并进行了具体的规定。在美国,根据《公平劳动标准法案》和劳动者六项标准基本认定带薪实习生为准劳动者,而美国的免费实习即"无薪实习"也合法,但免费实习即"无薪实习"中企业必须提供类似职业学校一样的实习培训能够使实习生受益,且实习生的工作不能为雇主带来即时的效益。[1]

借鉴国外一般国家的经验,为更好地确定实习期间大学生的法律身份,本研究依据实习生是否参与企业相关实际工作、是否为企业创造了价值,将实习分为认识性实习和生产性实习,大学生在企业的法律身份因实习类型不同而有差异。在认识性实习中,实习生没有参与企业相关实际工作,没有实质性劳动行为的发生,不符合劳动法层面劳动者的实质要求。在认识性实习中,企业主要是提供实习机会,以及教育指导和相应的管理工作。因此,本研究认为认识性实习期间实习学生的身份应定性为"学生"。在生产

---

[1] 王景枝:《大学生实习制度的国际比较及启示》,《黑龙江高教研究》2011 年第 2 期。

性实习中,实习学生为企业提供一定的劳动并且服从其管理,实习学生所从事的工作是企业经营活动的组成部分,这种实习具有"劳动"的特性,而且具有劳动者的主体资格,与企业形成了一种事实劳动关系,但由于他们并未与企业签订劳动合同,所以他们不属于劳动法意义上的劳动者,本研究认为应赋予生产性实习期间的实习学生以"准劳动者"身份。①

2. 大学生实习法律关系

大学生实习法律关系,是指经法律规范调整实习学生、企业与学校等主体之间在实习过程中形成的权利和义务关系。大学生实习法律关系是一种多边法律关系,大学生实习主要涉及实习学生、企业与学校的共同参与,实习期间三者之间分别构成实习学生与学校之间、学校与企业之间,以及实习学生与企业之间等三种法律关系。所以,要有效保障实习生权益,就必须明确大学生实习期间法律关系的性质。关于实习学生与学校之间的法律关系,本研究认为二者之间的法律关系是带有行政管理性质的服务关系,包括民事法律关系中的服务合同关系、行政法律关系中的行政管理关系和法人组织内部的管理关系。关于学校与企业之间的法律关系,普遍认为学校与企业之间主要是一种平等的委托合同关系,集中实习类型中的学校和企业的委托合同关系比较明显,分散实习类型中的学校与企业之间是一种隐性的委托关系。

企业与实习生之间的关系相对比较复杂,关于企业与实习生之间的关系目前还存在争议。本研究认为不同的实习类型其企业与实习生之间的法律关系性质不同,认识性实习类型中学生的身份为"在校学生",企业与实习学生之间的关系比较简单,主要是教育管理关系。生产性实习类型中学生的身份为"准劳动者",即兼有学生和劳动者的双重身份,实习学生与企业之间的关系因而比较复杂,既有教育管理关系,又有一定的劳动关系,因此,建议实习学生与企业之间建立一种"非标准劳动关系"亦即"准劳动关系",是

---

① 徐银香、张兄武:《"责任共担"视野下大学生实习权益法律保障体系的构建》,《高等工程教育研究》2016 年第 1 期。

劳动关系的一种,但又区别于一般的劳动关系。① 将生产性实习中实习学生与企业之间"实习劳动关系"作为一种特殊劳动关系的认定,便于法律适用的明确,从整体上有利于保障实习生的合法权益。②

(二)建立健全大学生实习法律制度

完善的大学生实习法律法规和制度体系是保障实习生权益,以及其他利益相关者权益的基础和前提。立法部门和政府部门应根据中国国情,做好大学生实习法律制度的顶层设计,构建完整的法律法规和制度体系,做到保障各方权益有法可依。

1. 完善大学生实习法律法规

一些发达国家在大学生实习权益保障方面制定了比较完善的法律法规,如德国是由《联邦职业教育法》等相关法律法规共同构建一套完善的大学生实习法律制度体系,法国则主要通过《法国劳动法典》和《新实习生法案》来维护实习生权益。目前,我国既没有形成一套由不同法律法规构成的协调互补的实习生权益法律保障体系,也没有一部全国性关于大学生实习的单行法律或法规。

有法必依的前提条件是有法可依,要保障实习生权益、减少或避免实习生权益侵害事件的发生,必须建立健全大学生实习法律法规,使大学生实习权由应有权利转化为法定权利。

一是制定全国性实习法律规范。现行的法律法规中与大学生实习有关的也不少,但没有构成协调互补的体系,有些在内容上相互交叉甚至矛盾;有些原则性强、缺乏操作性;有些内容没有涉及、缺乏明确规定。鉴于当前国内关于大学生实习的法律建设现状和实习生权益的保障需要,本研究认为国家层面应制定一部关于大学生实习的全国性单行法律或法规更合适可行,如可制定《中华人民共和国大学生实习条例》。通过立法确定大学生实习权,根据前文分析,即对实习生的受教育权、劳动权和职业伤害保障权进

---

① 徐银香、张兄武:《"责任共担"视野下大学生实习权益法律保障体系的构建》,《高等工程教育研究》2016年第1期。
② 卢肖伊:《浅议高校学生实习期间权益立法保护》,《丽水学院学报》2013年第6期。

行确认,明确大学生实习权的权利属性、实习生的法律身份以及实习法律关系性质,规定不同法律关系主体的权利与义务,以及明确大学生实习权的救济途径。该条例要打破现行关于大学生实习法律法规多头规定,既不协调又不具体的局面,还要与《教育法》《劳动法》等上位法进行有效衔接。

二是因地制宜出台相关法规。各地方人大或地方政府和行业部门应当依据本地区实际情况和各自职能范围,制定相应的地方性法规和行政规章,或者制定相应的实施办法,对上位法中所规定的内容进一步细化。《广东省高等学校学生实习与毕业生就业见习条例》是我国第一个对高校学生实习进行规范的法规形式的条例,为其他地方制定大学生实习方面的法律法规提供了很好的示范。

2. 健全大学生实习相关保障制度

立法只是完成了实习权从应有权利向法定权利形态的转化,但这种转化尚未变为现实权利,还需要通过配套制度的实施和有效的救济。重点要做到严格执行大学生实习协议制度、推行大学生实习保险制度、建立大学生实习监管制度、完善大学生实习激励制度以及健全大学生实习救济制度。

一是严格执行大学生实习协议制度。实习协议是确定学校、企业和实习学生之间权利与义务关系的具有约束力的法律文件。美国、德国、法国等西方发达国家在大学生实习时都要签订实习协议。美国和法国等都以政令的形式强制要求在大学生实习时要签订实习协议,并且对实习协议内容进行了详细规定;德国《联邦职业教育法》规定实习必须签订教育合同,学生和实习单位一旦建立实习关系,双方就要就实习岗位和工作内容签订内容翔实的教育合同。当前,由于我国法律没有明确赋予实习生劳动者资格,实习生不能与企业签订正式劳动合同,因此,签订实习协议就成为保障实习生合法权益的重要途径,是确定相关法律责任的主要依据。有效保障实习生权益需要全面强制执行大学生实习协议制度。实习协议内容应充分体现实习学生受教育权、劳动权和社会保障权等重要权益,可以参照劳动法的相关规定,将实习目的与要求、实习内容与工作岗位、实习期限与工作时间、实习场所(地点)、实习报酬、休息休假、劳动保护以及协议的变更、解除与终止等作为必要内容。对于那些在实习过程中可能出现的问题以及纠纷,如工伤、职业病等给予明确的规定,对于救济的方法和途径也应该给予详细的说明。各方还可以根据实习的性质和需要,约定知识产权、保密责任、违约责任及争议的解决方式等。

二是推行大学生实习保险制度。西方发达国家社会保障体系非常完善,通过社会保险为其实习生权益提供保障,德国、法国等国家都通过立法将学生意外伤害事故纳入工伤保险的范围来加以保护,美国、英国等通过实习生意外伤害保险方式加以解决。目前,我国《工伤保险条例》没有将实习学生作为参保对象,实习中的人身意外伤害不能通过工伤保险得到救济。大学生在实习期间遭遇意外伤害不可避免,应该完善和推行大学生实习责任保险制度,将大学生实习风险纳入强制保险的范围。推行大学生实习保险制度既有利于实习伤害事故的及时救济,有效保护实习学生合法权益,又可以分散责任风险,有利于解决高校及企业的后顾之忧,保护高校和企业的积极性。关于实习责任保险费用的支付,可依据利益协调和责任共担的原则,由国家(政府)、学校、实习单位和学生按照法律规定比例或者实习协议中约定的比例分摊。

三是建立大学生实习监管制度。保障实习生权益,对大学生实习的监督与管理不可或缺。西方发达国家在不断完善法律法规的同时,非常重视对大学生实习的监督与管理,如德国政府成立大学生实习专门委员会负责对大学生实习的统一指导、监督,法国通过劳工部门加强对企业在雇佣实习生方面的监管。大学生实习涉及教育、财政、人社、税务、司法等多政府部门,由于管理体制不同,与国外由专门机构负责监督指导大学生实习不同,我国大学生实习实行的主要是由教育行政部门和人力资源与社会保障部门进行双重管理的制度。教育行政部门和人力资源与社会保障部门要根据职能分工,明确各自责任,各司其职,做好协调、监督和管理工作。建立和规范实习生申诉制度,在大学生实习过程中,实习生属于弱势群体,教育行政部门和人力资源与社会保障部门应分别设立专门机构受理高校、企业、中介组织等侵害学生实习权益的投诉,及时制止与纠正侵害实习生合法权益的行为,维护实习生合法权益。

四是完善大学生实习激励制度。企业是接受实习生最多的单位,作为一个主要以营利为目的的社会经济组织,仅仅从应承担义务和责任的角度来接受实习生,肯定动力不足。为了支持与鼓励更多的企业单位接收大学生实习并保障其实习权益,国家和地方各级政府应当给予企业足够的政策支持,并制度化。政府可通过财税优惠政策鼓励企业接纳大学生实习,对于支付给学生实习期间的报酬,准予企业在缴纳所得税税前扣除;企业为实习学生提供的安全防护和劳动保护费用,可列入安全生产措施费,以分担企业接受学生实习的成本。

五是健全大学生实习救济制度。维护大学生实习期间的合法权益不仅需要完善立法,更需要完善司法救济机制。依据"司法最终裁决原则",在尚未制定大学生实习专门法律前,司法部门更要考虑建立专门的大学生实习侵权赔偿司法救济机制,保护实习生合法权益。首先,完善实习纠纷处理制度。根据实习纠纷特点,构建实习争议调解、仲裁与诉讼对接机制,将这类纠纷纳入劳动争议仲裁范围,并适当简化纠纷仲裁和诉讼程序,以降低大学生维权的司法救济成本。纠纷发生时,可根据争议的性质,由教育行政部门或人力资源与社会保障部门予以先行调解,调解达不成调解协议或不履行调解协议的,可申请仲裁,仲裁机构在已经调解或已有调解协议的基础上进行仲裁,不必再进行仲裁前调解。对经过仲裁的案件,当事人对仲裁裁决不服起诉到法院的,或启动立案速裁程序,或直接移送审判业务庭,不再进行立案调解。在诉讼过程中,建立实习生维权的法律援助制度,减轻实习生诉讼维权成本。其次,建立健全实习劳动安全监察管理制度。人力资源与社会保障部门依法对实习用工单位进行监督管理,纠正、处罚实习中的违法行为,受理实习中的申诉和纠纷等。再次,建立实习侵权、事故责任追究制度。对于在实习中侵害学生合法权益,如使用暴力、威胁、监禁或非法限制人身自由等手段强迫学生劳动的,以及严重失职造成实习事故发生的企业、学校相关责任人,应根据情节的严重程度追究其行政责任和刑事责任。最后,建立大学生实习法律援助制度。当前国家法律援助制度尚未包括实习大学生,基于实习大学生群体的弱势地位和保障实习生权益的需要,应将实习生维权的法律援助纳入法律援助范围,并健全大学生实习法律援助体系,为实习权益受侵害学生的维权提供必要的法律援助。

（三）充分发挥不同社会主体的作用

解决大学生实习难，保障实习生权益，需要各利益相关方增强利益共同体意识并充分发挥各主体功能，才能更好地解决大学生实习问题，保障实习生权益。

1. 政府推进完善法律制度，加强监管与政策保障

政府要充分发挥宏观管理、政策引导、资源投入、监督检查等方面作用，更多扮演引导、协调、服务、扶持以及监管的角色，积极引导各利益相关者积极参与到实习系统中来，并根据不同主体之间的博弈情况进行政策调整。

一是积极推进和加强法律制度建设。由于实习生权益保障方面法律法规还很不健全，完善关于大学生实习方面的法律法规非常必要而且迫切。法律由全国人大及其常委会依法制定，虽然政府不负责法律的制定，但是政府可以推进大学生实习法律的制定；同时，在立法条件不成熟的情况下，国务院可以依法制定关于大学生实习的全国性行政法规，各地方人大或地方政府和行业主管部门也可根据地方及行业情况制定大学生实习方面的地方性法规或行政规章。通过积极推进和加强法律制度建设，做到保障实习生有法可依。

二是加强协调和监督管理。大学生实习涉及企业、学校、实习生等多种不同利益和关系主体，不同的主体有不同的利益诉求，解决大学生"实习安排难""权益保障难"问题，单靠学校和企业的配合显然是不够的，势必造成实习管理的缺位甚至无序。教育行政主管部门、人力资源和社会保障等部门应进一步明确与细化对大学生实习的组织协调和监管职责，加大对实习执法的监管力度。人力资源和社会保障部门要将大学生实习纳入劳动监察范围，充分发挥劳动保障监察网格化优势，加大对职业中介机构、劳务派遣单位和用人单位的执法监督检查力度，重点检查督促顶岗实习三方协议签订情况、劳动报酬支付情况（包括工资标准、是否收取保证金及押金以及是否拖欠、克扣、拒付实习工资等情况）、劳动保护、休息休假以及实习意外伤害的治疗与赔偿情况等。教育行政主管部门应当联合人力资源和社会保障等部门制定大学生实习规范或标准，规范高校和实习单位在学生实习活动中的行为。同时，要依照相关法律法规和大学生实习规范或标准对高校在组织与管理学生实习方面进行监督检查，重点检查学校在实习中三方协议签订情况、管理责任履行情况。制定和完善处置应急预案，人力资源和社会保障部门要与公安、教育、工商、信访等职能部门分工合作，形成合力，及时有效地处理各类矛盾纠纷，尤其是集体纠纷，力争把矛盾纠纷化解在基层，遏制在萌芽状态。

三是加大财政支持力度。实习经费不足是造成大学生实习难和实习效果不佳的重要因素。我国大学生实习经费主要是由学校承担的，随着实习经费开支的增长和提高，已经造成高校难以负担，出现实习无法正常进行的情况。为保证实习的正常开展，应建立大学生实习成本分担机制，政府应增加财政投入，尤其是地方政府，应将实习补贴和由政府承担的实习伤害保险费纳入财政预算。①

四是直接接受学生实习。虽然企业是接受大学生实习的主要场所，但各级政府部门和各类事业单位也应当积极提供大学生实习机会，直接接受学生实习，尤其是文科类专业学生的实习。文科高等教育占高等教育半壁江山，在专业对口实习安排难、实习效果差等"实习难"问题中，文科专业学生尤为突出。政府部门和事业单位是相关文科专业的重要实习单位，如各级法院、检察院、仲裁机构和公安系统就是法学和相关专业学生的主要实习单位。

2. 高校加强实习工作组织安排，改进实习过程管理

高校作为人才培养的责任主体，是大学生实习工作的第一责任人，应该高度重视大学生的实习工作，积极发挥在大学生实习的科学安排、组织协调、教育指导、经费投入、监督管理以及实习基地建设等方面的作用。

一是科学安排学生实习。传统的寒暑假成批量的实习模式已不能满足新形势下的人才培养需求，与企业的生产经营特点也不相适应。要根据不同专业特点、人才培养类型，以及相关行业企业的生产经营特点，科学合理安排大学生实习工作。如2011年启动实施的"卓越工程师教育计划"提出本

---

① 张炼、王新凤：《我国大学生实习问题的政策选择》，《中国高教研究》2011年第8期。

科及以上层次学生要有一年左右的时间在企业实习,这一年的实习时间如何安排,是集中安排在一年完成还是分成几段,是独立进行还是交替进行;实习方式如何选择,是集中实习还是分散实习;等等。这些都需要高校进行深入、系统的思考并进行科学安排。

二是健全实习管理制度。大学生实习工作事务繁多,工作量非常大,学生在实习过程中还会出现各种意想不到的问题,所以高校要设置专门实习管理和服务机构,全面负责协调、管理和服务实习生的各项工作,二级学院也要有专人负责大学生实习工作。建立实习审批制度,完善申请与审批程序,尤其是对学生自主联系的实习的审批。建立实习生推荐制度,在坚持公平公正原则的基础上,认真做好实习生的推荐工作。健全实习信息沟通机制,学生与指导教师、学校与企业等均应定期互通实习信息,便于及时了解学生实习情况,并协调处理有关问题。建立实习意外事故应急制度,当实习学生伤害事故发生后,立即启动应急预案,立即采取有效措施对实习生进行救治。完善和落实责任保险保障制度,承担相应的实习责任保险费用。

三是加强实习学生教育指导。高校不能将实习生送入企业而撒手不管,应该派具备实践经验的专业教师进入企业作为实习学生的带队教师。实习指导教师在保障大学生专业实习顺利开展方面发挥着不可替代的作用,指导教师工作的好坏直接影响到学生实习效果的优劣。实习指导教师必须在学生实习中真正起到教育指导与管理监督的作用。实习前,实习指导教师要考察企业提供的岗位情况,除做好与企业的接洽工作外,为学生提供必要的岗前培训,重点是实习目的与要求以及安全教育等。实习中,常到实习地点考察和沟通,了解学生在企业的工作状况,处理无故缺勤等常规问题,并协助企业指导教师处理实习指导中遇到的工作问题以及实习学生心理健康等问题。实习结束时,协助企业指导教师共同做好学生实习效果的评价考核。提供必要的心理辅导和相关的政策咨询,积极开展以劳动维权为主要内容的法制教育。

四是增加实习工作经费投入。由于实习学生人数不断增多,加上物价上涨等因素的影响,学校实习经费开支增长过快,实习经费不足。实习经费的不足使得相当部分高校每年有较大数量的实习计划难以落到实处,影响了生产实习的效果。另外,实习经费的短缺也影响了教师投入实践工作的热情和积极性,如实习指导教师的交通、住宿以及工作量等方面的补贴不到位等都是影响教师积极性的重要因素。为保证实习计划的有效落实,高校应根据实习工作需要切实增加实习经费投入。

五是建立校企合作实习基地。校企合作建设实习基地是解决大学生实习难、保障实习生权益的一种简单有效的举措。一个学生在企业面前明显处于弱势地位,而学校就不同了。校企合作既减少了大学生自己寻找企业的成本,也有利于实习生管理和权益保护。学校要通过加强政产学研合作,尽可能建立足够数量的校外实习基地,重点选择规模较大、技术领先、行业认可、管理规范、接纳能力强的企业作为实践教学基地,以满足学生进基地实习的需要。

3. 企业增强社会责任感、建立企业实习生制度

企业作为市场经济的主体,也是接受实习生最多的用人单位,企业要在大学生实习岗位提供、教育培训、考核评价与安全保护等方面积极发挥作用。

一是积极接纳大学生实习。虽然接受大学生实习会带来一定经济和其他方面的收益,但相当部分企业考虑到接受大学生实习也会增加成本且还要承担一定的风险,因此不愿意接受大学生实习。企业要从履行法律规定的义务、承担的社会责任以及企业可持续发展的战略高度认识,对待大学生实习,提供实习岗位,接纳学生实习。依据事业发展和生产需要,设计实习工作岗位,制订实习生需求计划,定期向社会发布实习岗位信息。实习信息一般应包含实习岗位名称、实习时间要求、实习地点、实习内容和实习的技能要求,以及岗位发展方向和岗位对学生能力的提升等方面的内容。

二是制订大学生实习计划。有计划的实习可以更好地帮助实习生达到实习教育目标,企业可联合学校共同研制实习计划、指导方案。在实习开始之前或者实习初期,企业应该向实习生提供较为详细的实习计划,包括需要完成的工作任务、时间安排、实习生职责、安全事项、企业规章制度、岗位操作规范、为实习生提供的资源和帮助、公司的要求和期望以及对实习生的考

核等等。① 实习内容与任务安排尽可能做到兼具专业性、挑战性与全面性。专业性方面就是实习工作内容要与学生所学专业对口或比较相关；挑战性方面就是任务安排要能使学生在实习工作中真正得到锻炼，提高工作技能；全面性方面是指学生实习与兼职打工不同，实习是要在提高工作技能的同时还要熟悉业务流程与企业整体运作情况等，实习内容要尽可能全面，实习岗位要根据需要进行调整。

三是建立企业实习导师制度。为实习生安排指导老师是提高实习效果的重要途径，实习企业应对每一位实习生指派专门的实习导师。导师的职责是分配实习任务，给予实习学生工作上的指导和建议，考核和评价实习生，指导实习生完成实习计划。实习指导老师是否称职，对大学生实习效果甚至意外伤害风险防范都有很大影响，因此企业要建立实习导师制度，形成关于实习指导教师的挑选、培训、评价和激励的相关制度。

四是落实相关法律政策要求。在大学生实习期间，严格遵守相关法律法规。为保障实习生权益，尤其是劳动权益和社会保险权益，企业要落实国家相关政策要求。主动与大学生签订实习协议，明确学校、企业以及实习生各自的权利、责任与义务，未经学校和学生同意，不得擅自更改约定内容。健全劳动安全卫生保障制度，提供安全的工作环境和有效的安全保护措施。落实实习责任保险制度和建立意外事故应急机制，保障实习生人身安全以及出现意外伤害事故的及时救治及权益救济。遵循劳动法规定，合理安排实习学生劳动时间，保障学生休息休假。适当发放实习补贴。实习生到企业实习的目的是提升自己的专业实践能力和体验企业文化，虽然不是以获取报酬为目的，但建议企业可以根据自己的实际情况，给予实习生一定的补贴，或是给予一定的交通和餐饮补贴，或是根据实习生的工作情况给予适当的劳动报酬。

4. 学生端正实习态度，增强自我保护能力

实习大学生要主动参与实习，端正实习态度，充分发挥自身的能动性，因为实习学生的实习态度、投入程度以及履行学校和企业规章制度情况对

---

① 黄河：《大学生实习效果及其影响因素》，《高教探索》2009 年第 6 期。

实习效果以及对其他主体的权益保障和实习支持也产生重要影响。实习机会的获得、实习效果的好坏、劳动权益的维护固然受外部因素的影响,但在很大程度上也取决于学生的主观能动性。实习意外伤害风险虽不可避免,但还是可以通过适当自我防范措施在一定程度上降低风险的发生。因此,实习生自己也应该在维护和保障实习权益中承担相应的责任与义务。

一是要端正实习态度。首先,要正确认识实习。实习是必要的实践性教学环节,实习不是找工作,不要把找企业看作找工作单位,实习和就业还是有差异的,实习目的是增进对知识的理解,提高能力与素质;同时,不要简单地将实习看作学校要求完成的任务,单纯为了完成学分容易使自己处于被动学习状态,对实习抱着一种应付了事的心态。其次,要遵守相关规定。要遵守学校和企业的规章制度,接受学校及企业的实习指导和教育管理;严格按照操作规程使用相关设施;对实习中所接触到的商业机密和秘密文件要加以保密。最后,要有敬业精神。要树立良好的职业道德意识和责任意识,克服自由散漫随心所欲等不良行为习惯。

二是慎重选择企业。经营合法、管理规范和专业对口的企业是保证实习教育效果、保障实习生权益的基本前提。学校虽有义务为学生推荐具有良好实习环境的企业,但在现实情况下,学生自主联系企业也是大学生实习的重要途径之一。虽然实习机会难得,但在签订实习协议前,学生还是要仔细了解企业基本情况,慎重选择那些经营合法、管理规范的企业,尤其是自己联系或中介推荐的企业。尽可能选择与自己专业相关的企业和实习岗位。

三是增强自我保护能力。法律知识的贫乏和依法自保意识的不强是目前大学生在实习过程中合法权益屡遭侵害的一个重要原因。要强化法律意识,实习前要了解关于实习的相关法律法规、政策制度,增强权利意识和证据意识,增强权益维护能力;要求与企业签订实习协议,明白各方权利、责任与义务,以及那些在实习过程中可能出现的问题及纠纷应对,如工伤、职业病及救济的方法和途径等。另外,要善于运用法律手段解决争议,在权益受损时,应根据受损权益属性及时通过相应的途径和程序来维护自己的合法权益。①

5. 中介组织要发挥桥梁纽带、专业化保障作用

中介组织是依照一定法律建立起来的按照一定业务规则或程序为委托人提供中介服务的社会组织机构。中介组织按是否收取中介费用分为营利性中介组织和非营利性中介组织两类,非营利性中介组织也称公益性中介组织。大学生实习中介组织一般分为桥梁型中介组织和保障型中介组织,中介组织因类型不同在大学生实习中发挥的作用不同。

一是发挥桥梁纽带作用。桥梁型中介组织通过在学生、学校以及企业之间搭建交流平台,将实习的需求和供给信息综合起来,为实习岗位的需求者和提供者搭建桥梁。桥梁型中介组织在大学生实习中主要发挥资源整合、信息提供、沟通协调等方面的桥梁纽带作用,具体表现为:一是收集企业、高校或学生个人实习岗位需求信息,并进行整理发布;二是接受实习岗位需求双方信息咨询,并实现实习岗位需求双方的有效对接;三是根据实习岗位需求双方需要进行沟通协调,帮助双方达成实习协议。

二是提供专业化保障服务。保障型中介组织是以保险机构为代表的、旨在帮助学生解决在实习过程中可能出现的意外及设备损坏等问题为职能的中介组织,其职能主要是帮助企业处理实习生法律范围内的相关保障问题和为实习生提供其他可能需要的保险。② 企业只需与该中介组织签订合作协议,即可享受其提供的一站式服务,解决实习生的社会保障、实习期间可能出现的医疗保险以及职业病纠纷等问题。

6. 全社会正确认识、支持大学生实习

解决大学生实习难问题,保障实习生权益,在充分发挥大学生主要利益相关者重要作用的同时,需要全社会重视大学生实习并形成积极支持大学生实习的氛围,其他社会组织也要发挥积极作用。

一是正确认识大学生实习。实习与见习、课外打工、勤工助学等不同,实习有助于就业,尤其是毕业实习,但实习不等于就业;有些实习也有一定

---

① 王进:《欧美大学生实习权益保障借鉴与启示》,《教育与职业》2015年第8期。
② 郭德侠、王苇、郭德红:《论"利益相关者"在大学生实习中的责任》,《北京科技大学学报》(社会科学版)2016年第12期。

报酬,但不同于课外打工、勤工助学。实习是把学到的理论知识拿到实际工作中去应用,以锻炼工作能力,这是实习的根本目的。实习作为高等教育人才培养的一种重要途径和必要教学环节,在保证和提高人才培养质量中发挥不可或缺的作用,全社会要高度重视大学生实习并形成支持大学生实习的社会氛围。

二是共同参与支持大学生实习。企业虽是接受学生实习的主体但不是全部,其他社会组织也应当积极接收相关专业学生的实习,如师范类专业学生的主要实习单位就是中小学,医学类专业学生的主要实习单位就是医院,社会工作专业学生的实习单位主要就是街道和社区,心理学专业学生的实习单位主要就是各类心理咨询中心、服务中心等机构。各类行业组织可以建立自身接纳大学生实习的激励约束机制,调动本单位接受大学生实习的积极性,发挥桥梁纽带作用,协助高校与行业企业解决大学生实习问题。法律界或相关专业人士应为实习权益受侵害的困难学生提供法律援助。

三是加强对实习侵权的社会监督。针对出现实习违法违规的企业或其他社会组织或行为主体,应及时予以曝光或者举报。通过媒体曝光及群众举报,实习生可以及时了解单位黑名单或者不合理的现象,从而避免进入"黑单位"实习。同时,使企业处于媒体和群众的监督之下,可以督促企业进行合法合理的实习安排,避免单位在监督的空白处牟取利益。政府同样可以通过媒体和群众的反馈,对涉及的相关单位展开必要的调查,规范单位工作步骤,对严重违法者给以严厉处分,警示相关单位。另外,政府可以建立专门企业档案,对企业的惩处状况在企业档案中进行公示,供实习生参考。

(四)构建不同主体多层次互动机制

政府、高校、企业、实习学生以及中介组织等其他社会组织的社会功能和利益追求不同,由于缺乏明确的沟通渠道和协作机制,不同利益相关者之间相互脱节,缺少互动,"孤岛效应"明显。从社会层面看,高校大学生实习是一项社会系统工程,不仅需要不同利益相关者各自发挥作用、作为到位,而且需要通过构建多层次大学生实习互动机制,加强不同主体之间的联动,形成合力,发挥整体作用。根据互动机制构建的主导者不同,大学生实习多方互动机制主要有如下四类：

一是政府主导构建多方互动机制。这里主要指地方政府要充分发挥其综合协调管理的职能优势，在加强与高校、企业和中介组织等其他社会主体互动基础上，通过平台搭建、项目合作等方式建立政府与高校、企业、中介组织的互动机制，促进不同社会主体之间的协同合作。

二是高校主导构建多方互动机制。高校要开放办学，密切与地方政府、企业、中介机构等其他社会组织的沟通联系，在此基础上通过实习基地建设、构建政产学联盟等途径搭建合作平台，并建立双方、三方或多方合作机制。

三是中介组织主导构建多方互动机制。积极发挥桥梁型中介组织的桥梁纽带作用，通过中介组织构建政府、高校、企业等主体参与的双方、三方或多方合作机制，重点促进高校与企业之间、学生与企业之间的沟通联系。

四是各行业组织主导构建多方互动机制。各类行业组织具有在高校与行业企业之间的沟通协调功能，因此为解决大学生实习问题，各行业组织也要发挥桥梁纽带作用，在高校与行业企业之间搭建合作平台、建立互动机制，协助高校与行业企业解决大学生实习问题。

（五）建设立体化实习服务支持体系

完善的大学生实习社会服务支持体系对解决大学生实习难问题、保障实习生权益起着非常重要的作用，美国、德国、澳大利亚等国家建有非常发达的大学生实习社会服务支持体系。当前，我国重点是要积极培育大学生实习中介服务机构、完善大学生实习信息化服务平台、建设大学生实习法律援助体系以及营造支持大学生实习的社会氛围。

一是积极培育实习中介服务机构。目前，我国还没有专门针对大学生实习的中介组织，只有部分人力资源公司和劳务派遣公司等中介组织参与大学生实习服务活动。提供大学生实习中介服务的机构数量与服务能力水平同大学生实习需求存在较大差距。美国、德国、澳大利亚等国家大学生实习中介服务组织十分发达，既有营利性的，也有非营利性的，虽然不同国家或同一国家不同类型中介组织服务方式不同，但在促进大学生实习方面都起到了重要作用。如创建于 1956 年的美国高校和雇主协会每年为 100 多万大学生和毕业生提供实习就业服务[①];在澳大利亚,有 300 多个实习社会服务机构为大学生实习提供服务。为更好地发挥中介组织在大学生实习中的桥梁纽带作用和专业化保障作用,一方面要积极培育、鼓励发展大学生实习中介服务组织,既包括营利性的也包括非营利性的,既包括专门的实习中介服务组织也包括增加其他相关中介组织的大学生实习服务功能,如人力资源中介组织可增加大学生实习方面的服务业务,保险公司要开发保障范围广和保费低的实习责任保险产品;另一方面,要建立实习中介服务组织管理制度,提升大学生实习服务的专业化、职业化和规范化水平,同时也要规范中介服务组织的行为,严厉打击中介与实习单位或学校利用"实习"的名义,共同欺诈实习学生,侵害实习生合法权益。

二是完善大学生实习信息化服务平台。在德国,实习信息网站为企业、学校、学生创造了一个交流服务的平台,据调查,德国 90% 左右的学生是通过实习网站找到实习单位的。[②] 当前,我国大学生实习信息网络并没有建立或者健全起来,信息不顺畅是我国大学生实习市场的一个严重缺陷。[③] 政府应主导建立健全国家、省与地方三级大学生实习信息化管理服务平台。高校、企业和中介组织加强信息化建设,建立实习信息网站及时发布实习供需信息,通过实习信息管理平台方便实习过程管理。中介组织或其他社会组织也可建设大学生实习信息化服务平台,为企业和学生搭建更广阔的交流平台。通过建立多层次的大学生实习信息化平台,为政府、高校、企业、学生和中介组织提供良好的实习信息交流服务。

三是建立大学生实习法律援助体系。法律援助是对需要法律帮助的经济困难或特殊案件当事人提供法律帮助的一项制度。调查显示,实习生权益受侵害时,近半数的受访者因维权路径不清、程序复杂、举证困难、费用高等因素而选择忍受,放弃了维权。保障实习生权益,迫切需要建立大学生实

---

① 金秋平:《大学生实习期间劳动权益保障研究》,《法制与社会》2015 年第 8 期。
② 陈敏、许媛:《五元合一:德国工科本科生企业实习系统研究》,《高等工程教育研究》2012 年第 5 期。
③ 张昕辉:《大学生实习权益保障的缺陷及对策研究》,湖南大学硕士学位论文,2011 年。

习法律援助体系。基于实习大学生群体的特殊性及法律援助制度本身的性质,应该扩大现有法律援助的范围,将实习大学生纳入法律援助的范围。[①]目前,律师、公证员、基层法律工作者是中国法律援助的三个专业实施主体,在充分发挥上述专业力量的基础上,还可发挥其他专业人士力量如大学法学专业师生等充实法律援助主体力量。同时,简化大学生维权法律援助程序,在实习学生权益受侵害维权困难时能及时启动法律援助,为维护学生权益提供高效的法律服务。

四是营造支持大学生实习的社会氛围。全社会要正确认识实习的重要意义,形成全社会重视、支持大学生实习的社会氛围:要有效利用网络宣传的作用,开设"权益在线"等有关大学生权益维护的网站,宣传有关权益保护的知识,呼吁全社会重视大学生的权益问题[②];非企业社会组织也要积极提供实习岗位,接收大学生实习;各类新闻媒体要积极宣传报道在大学生实习方面作出突出贡献的优秀企业,也要监督、曝光大学生实习中的侵权行为;等等。只有在全社会形成参与和支持大学生实习的氛围,才能有效解决大学生实习难问题,也才谈得上真正保障实习生权益。

---

① 林巧:《法律援助在大学生创业中的应用》,《人才资源开发》2015年第2期。
② 陶书中、王佳利:《大学生实习期间权益保障问题研究》,《中国青年研究》2006年第11期。

第九章
规范化大学生实习基地的建设

实习基地在保障实习生受教育权、劳动权和职业伤害保障权等方面具有非常重要的作用。实践证明,建设数量充足的规范性强的校外实习基地是保障实习生权益的主要途径。高校可通过遴选优质实习单位、科学制定实习方案、加强实习过程管理、科学构建评价体系、加强指导师资队伍建设、重视劳动与安全管理等途径加强实习基地规范化建设。同时,需要政府完善相关法律法规,校企双方建立健全相关管理制度与运行机制,以及提供充足的经费支持与建设信息化管理平台等措施来保障实习基地的规范化建设。

一、实习基地的基本概念和主要类型

(一) 基本概念

实习基地是指具有一定规模并相对稳定的能够提供学生参加校内外实习的重要场所。实习基地是培养学生实践能力和创新能力的有效途径,是学生了解社会和企业,接触生产实践的桥梁,是高等学校实现人才培养目标的重要条件。实习基地的概念有广义和狭义之分,广义的实习基地是指包括学生进行实习活动的所有场所;狭义的实习基地是指具有一定规模并相对稳定的能够提供学生参加校内外实习的重要场所。本研究主要讨论狭义的高校与实习单位(主要是企业)合作共建的实习基地。

(二) 主要类型

实习基地按照不同的分类标准可以分为不同的类型。

1. 按实习地点进行分类

按实习地点,实习基地的类型可以分为校内实习基地和校外实习基地。校内实习基地主要包括学校的各层次实验中心和各级科研机构。校内的实践性教学基地由于有着贴近教学、贴近课堂、贴近学生的优势,能使学生所学理论知识及时得到巩固,实际动手能力、操作能力得到提高。校外实习基地是指学校与实习单位基于"平等、互利、互信"的合作关系建立起来的相对稳定的实习场所,一般包括企事业单位、政府部门以及社会组织,但主要是企业。由于校内实习基地容纳数量、建设条件等限制,校外实习基地是学生实习的主要场所。

2. 按建设方式进行分类

按建设方式,实习基地一般可分为学校主导、企业主导和校企共建共享等三种类型。学校主导类型就是学校自己规划、投资、建设的稳定的实习基地,承担本校学生实习任务。企业主导类型就是主要借助企业力量构建的实习基地,由企业提供场地、设施、设备、技术和指导教师,承担并完成学校定期或不定期组织的学生实习任务。共建共享类型就是学校和实习单位双方共同建设实习基地,主要有三种情况:双方共同出资建设;一方出资或资助设备,另一方提供场地或人员;以企业为主体,学校给予配套建设等方式共同建设基地。[1]

二、建设规范化实习基地的重要作用

当前,大学生实习存在实习岗位难安排、实习效果难保证、劳动权益难保障、人身伤害难救济等一系列突出问题。在实习机会供不应求的社会环境下,相对于实习单位,实习学生是典型的弱势群体。面对实习单位,单个

---

[1] 张安富:《加强实习基地建设的实践与思考》,《中国大学教学》2008年第12期。

学生没有讨价还价的能力。根据前文分析，实习生权益主要体现在受教育权、劳动权和职业伤害保障权等三个方面的权益。实践证明，规范性实习基地是保障实习生受教育权、劳动权、职业伤害保障权以及其他权益免受侵害的重要途径。

（一）有利于保障实习生受教育权

受教育权是在校学生的核心权利，也是最主要的权利。实习是专业教学计划安排的必要教学环节，主要目的是实现专业人才培养目标，提高人才培养质量。接受教育是实习目的之本身，实习权最为主要的还是一种受教育权，是学生在实习期间接受教育权的另一种表现形式，主要包括获得实习推荐权、实习指导权、实习信息知情权、平等实习权和实习选择权等。通过校企合作建设数量充足的规范性实习基地，学生可享有更好的实习推荐权、实习指导权、实习信息知情权、平等实习权和实习选择权。一方面，建设数量充足的实习基地可使学生获得更多的被推荐机会，提高获得实习机会的均等性，学生可提前了解实习单位基本情况并进行选择，可有效避免进入黑中介的圈套或一些不良实习单位；另一方面，在实习基地实习专业对口性强，容易获得学校和实习单位两方面的指导，更好地实现实习教学目标，避免因寻求实习机会、完成实习任务而盲目实习或"打杂"等问题，更好地收获预期的实习教育效果。

（二）有利于保障实习生劳动权

劳动权是指有劳动能力的公民依法享有获得参与社会劳动和领取相应报酬的权利。根据前文对研究对象的界定，本研究中的实习是一种通过参与实际工作进行学习的方式，实习过程中，实习学生与实习单位之间形成了一种"实习劳动关系"。与一般职业劳动者不同，作为"准劳动者"的实习生享有的主要权益包括劳动报酬权、休息休假权、劳动保护权、协议签订权以及提请劳动争议处理等方面的权利。学校在遴选实习基地时都会综合考虑企业规模、业务类型、实习岗位提供、实习环境、安全保护以及配套的管理和服务等因素，并签订实习基地建设协议。实习基地建设协议是保障实习学生合法权益的重要基础,一般在签订实习基地建设协议时对劳动报酬、休息休假、劳动保护等方面都会给予明确规定。相对于学生到非实习基地实习,学生到实习基地实习的劳动权更有保障,因为实习单位为了少支付或不支付实习劳动报酬,避免承担风险责任,往往不愿意与实习学生签订实习协议,尤其是面对谈判能力极为有限的单个学生,更不愿签订相关协议。本研究调查结果显示,未签订实习协议的调查对象中有签订实习协议意向但担心失去实习机会而未提出签订实习协议的占29%,提出签订实习协议但遭实习单位拒绝的占26%。

(三) 有利于保障实习生享有职业伤害保障权

职业伤害保障权(也称工伤保险权)是指劳动者因职业伤害导致暂时或永久丧失劳动能力时依法享有的物质帮助权。[1] 在实习过程中,职业伤害风险是实习学生所不可回避也无法抗拒的一个现实。[2] 作为"准劳动者"的实习生,在实习过程中与一般职业劳动者一样,都面临职业伤害风险。作为"准劳动者"的实习生享有的职业伤害保障权主要包括职业伤害保险权、职业伤害治疗权和职业伤害赔偿权。学生到实习基地实习,一方面,由于实习基地建设协议对于那些在实习过程中可能出现的问题以及纠纷,如工伤、职业病等给予了明确的规定,对于救济的方法和途径,也给予了详细的说明,从而避免一旦学生在实习期间受伤,由于没有明确的法律法规作为依据予以支持而面临赔偿责任不明、企业推诿、自身权益很难保障的困境;另一方面,实习基地建设双方(学校和实习单位)有良好的合作基础、沟通机制以及应急预案,在意外伤害发生时会有及时的救治以及后续的救济保障。

(四) 有利于实习生其他主要权益的保障

实习期间实习学生的其他权益还包括隐私保护权、知识产权等。学生在规范性实习基地实习,可在一定程度上避免个人信息被贩卖,从而增强对

---

[1] 杨燕绥:《新劳动法概论(第2版)》,北京:清华大学出版社2008年版,第53页。
[2] 尹晓敏:《权利救济如何穿越实习之门——实习伤害事故中大学生权利救济的法律思考》,《高教探索》2009年第3期。

其隐私的保护。对于知识产权,校企双方可在实习协议中进行约定,或高校实习指导教师、实习单位指导教师、实习学生三方商定,也可避免知识产权争议发生。

三、当前实习基地建设存在的突出问题与主要原因

(一) 存在问题

当前高校在校外实习基地建设方面存在数量不够、质量不高、规范性较差以及持续性不强等问题。

1. 实习基地数量不够

随着高等教育的不断扩张,高校办学规模和专业招生规模不断扩大,而实习基地建设数量相对滞后,导致高校实习基地在数量上不能满足学生实习需要。本研究调查结果显示,学校推荐学生到实习基地或其他实习单位的只占49%。从这个调查结果看,学生到学校实习基地实习的比例会更少。实习基地数量不够,必然导致大量学生要自主选择实习单位。而信息不对称以及学生急于获得实习机会的心理,导致学生在寻求实习机会过程中和在实习过程中受教育权、劳动权和职业伤害保障权等三方面权益都容易受到侵害。如学生在寻求实习机会的过程中,由于缺乏信息了解或自我保护意识,有时会误入营业性娱乐场所或传销等非法机构或组织;为了获得实习机会,完成学校实习教学任务,对实习单位是否与所学专业相关或实习单位提供的实习岗位与实习要求是否相关不是很关心,导致实习的教育目的性缺失,实习过程变成了完成实习任务的打工过程。

2. 实习基地质量不高

有些高校为完成各类评估要求,与企业等社会组织签订了一些实习基地协议,但由于缺乏实习基地建设质量标准和重视程度不够,实习基地在建设和使用过程中重协议签订、轻内涵建设,流于形式现象严重。部分高校的实习基地选择标准较低,很多实习基地选择较为随意,专业对口性较差,无

法实现专业实习目标。内涵建设严重滞后,签一份协议、挂一块牌子、派几个学生,有些甚至连学生也不派,至于双方如何制定实习方案、如何进行全过程管理以及如何加强安全保障等都没有明确规定。部分实习基地局限于提供实习岗位,仅限于接受学生实习,目的是完成学生的实习任务,缺乏对学生实习的教育指导与系统培训,也缺乏对学生实习质量的科学评价;还有些实习基地考虑实习安全、知识产权、经济效益或涉及泄密等因素,不愿提供接触实际生产或先进设备技术的岗位或实质性工作内容,实习生干些诸如收发文件、复印资料、端茶倒水以及打扫卫生的活。

3. 实习基地规范性较差

部分实习基地建设管理制度不健全,有些实习基地连双方建设协议都没签订。在实习管理方面也存在实习管理制度不健全或虚化问题,实习规范性差,实习效果不理想,缺乏对实习过程的管理。质量评价不科学,很多文科专业校外实习成绩仍由学校教师评定,忽视了实习基地指导教师的评价责任;另外,评价指标不全,目前评价依据主要是实习笔记、实习报告、实习出勤等材料,缺乏对学生专业技能、岗位胜任度、职业素养等关键考评点的评价指标设计。在实习生权益保护方面也存在诸多问题,如相当多的高校学生实习没有签订学校、实习单位与实习学生三方协议,只是签订了学校与实习单位双方协议,实习生在实习中处于被动接受地位,有少量实习基地存在学校与实习单位联合欺骗学生的行为,将实习生当作廉价劳动力使用,学校和实习单位双方获得收益。同时,由于学生在获得实习机会和实习过程中常处于弱势地位,部分实习单位不愿与实习生签订规范性实习协议和购买意外伤害保险,导致实习劳动报酬无或少,经常要求加班加点等侵害实习生劳动权益和社会保障权益现象严重。实习协议不规范,尤其是关于劳动报酬以及实习时间等重要内容缺乏明确规定,实习生的劳动权益和职业伤害保障权容易受侵害。

4. 实习基地持续性不强

部分实习基地双方尚未建立长效建设机制,缺乏长效建设机制的实习基地可持续性不强,一些实习基地运行一段时间以后就维持不下去了。现在有相当部分实习基地是依靠校友等个人关系而建立起来的,由于后续没有建立相应的领导机制、协调机制等,联系人员一旦发生变动,实习基地工作无法正常开展,甚至就停止运行了。① 学校与专业实习基地之间互动也不够。目前,部分实习基地局限于接受学生实习,内容比较单一,还没有建立定期的沟通交流机制,学校与实习基地之间的交流互动不够。高校与实习基地之间也缺少长期合作的利益驱动机制。实习基地双方处于初级合作阶段的多,缺乏技术合作、项目合作、培训合作的动力和意识。高校与实习基地单位间要想保持稳定的合作关系,应该在更广阔的区域和空间上寻求合作,比如互派专家进行学术交流,在技术开发等方面进行横向合作等。

(二) 主要原因

实习基地建设涉及高校和企业双方主体,由于校企双方社会属性不同、利益驱动机制不同,因此,造成实习基地上述问题的原因也是多方面的。

一是学校对实习基地建设不够重视。实习基地建设是一个校企合作双方共建的过程,需要双方共同努力才能建设出高质量的基地,而高校应在建设中发挥更积极的作用。但目前,部分地方高校对实习基地建设重视不够,没有把实习基地建设放在应有的位置上,不能最大限度地满足学生的实习需要。实习基地在建设过程中存在走过场现象,流于形式,往往就是签一份协议书、挂一块牌子了事,至于双方如何去规范建设、如何去规范管理、如何选派指导教师和带队教师等都没有进行详细的规定,后续建设工作严重滞后。高校在实习基地建设中的经费投入、人员投入等方面的资源投入还不够。

二是企业缺乏建立实习基地的积极性。实习是提高学生能力和综合素质的重要途径,而校外实习基地则是实习的重要平台,这一点已经得到了企业的高度认同。然而,在现实情况中,企业方面对实习基地建设有多重顾虑:一是受企业岗位、办公场地限制,企业难以满足大量学生的实习要求,也担心对企业正常工作造成干扰;二是面对学生实习期间的安全问题,企业要

---

① 刘海燕:《高校文科专业校外实习基地培育机制探究》,《中小企业管理与科技》2014年第12期。

承担实习期间学生意外伤害的风险;三是接纳学生实习,要增加相应的经济费用和管理成本;四是可能造成企业重要商业秘密的泄漏和知识产权受到侵犯的问题,这些顾虑导致不少企业缺乏与学校合作建立校外实习基地的积极性,对接纳学生实习持消极态度。[1]

三是实习过程中缺乏有效实习指导。实习指导不到位严重影响了学生的实习效果。一是校内的实习指导教师多数缺乏企业背景,没有生产经验,不了解行业、企业实际情况,很难给学生以有效的指导,校内的实习指导教师多成了"考勤员";二是部分实习单位还没有形成一套健全的实习生管理培训制度,对实习学生采取任其自由发展的态度,缺乏必要的业务指导;三是实习基地指导教师虽然实际操作能力很强,但是由于理论知识的缺乏,也很难对学生进行全面系统的指导。同时,由于校内和校外指导教师缺乏交流机制,很难就学生的实习目的、实习计划与实习任务等方面进行充分的沟通,达成一致意见。

四是实习基地管理制度尚不健全。目前大部分学校在实习基地的管理上缺乏规范性,从而影响实习的质量。其一,没有为学生实习制定专门的实习管理办法,实习相关各方责、权、利不清晰,实习协议的规范性有待提高;其二,管理主体不明确,没有成立专门的管理机构,没有指定专人进行管理,有时是辅导员,有时是专业课老师,造成学校管理和实习所在单位管理两者脱节,没有建立起有效的沟通和协调机制;其三,不少学校和基地之间尚未建立科学完善的学生实习成绩考核评价方案,主要是实习结束时实习单位给实习学生出具个实习证明,证明在本单位实习过,实习评价模糊。

四、实习基地规范化建设的基本原则

高校校外实习基地建设在数量上既要满足学生实习机会的需求,又要考虑建设成本和效益;同时,实习基地建设在质量上既要重视过程管理保证规范性,又要通过建立健全体制机制加强基地内涵建设。因此,建设规范化

---

[1] 胡麦秀:《中国高校校外实习基地建设的长效机制研究》,《教育教学论坛》2015年第15期。

高校校外实习基地需要遵循一些基本原则。

基地数量与内涵建设并重原则。实习基地虽都具有一定接纳能力,但毕竟容纳数量有限,因此高校需要根据各专业学生规模和专业实习特点,遴选建设一定数量的校外实习基地。由于建设和维护实习基地需要一定的投入,因此,实习基地也不是建得越多越好,高校要在数量上满足实习基本需求的基础上,重点加强实习基地内涵建设,保障实习教学质量和实习生合法权益。合作建设的实习基地必须是管理正规、严格,具有较高的信誉,愿意与学校签订实习合作协议的政府机构、行业企业或其他社会组织;能为实习学生配备业务能力强、工作经验丰富的实习指导教师;每次可接纳一定数量的学生实习;重视实习生劳动与安全管理等。

相对稳定与动态调整并重原则。高校签订的实习基地要与学校的相关专业或专业类人才培养目标相适应,能满足相关专业或专业类实习教学任务的要求,以保证达成实习教育目的。规范性实习基地建设需要一个持续的建设过程,因此,必须保证高校校外实习基地相对的稳定性。但由于产业和行业企业的动态发展、专业学生招生规模变化和基地双方的合作意愿变化,实习基地在建设数量和合作对象选择上也需要做些动态的调整,如根据专业学生规模增加或减少实习基地数量,另外,根据实习基地建设质量评估,淘汰部分不合适的实习基地,增加一些新的实习基地。

规范管理与深度合作并重原则。实习基地的选择一般都会综合考虑企业规模、业务类型、提供的实习岗位、工作安全性、配套的管理和服务等因素,这是规范性实习基地建设的前提和基础。但为了实习基地的可持续建设与发展,还需要基于基地双方合作共赢的深度合作。基地相关各方均有不同的利益需求和建设目的:高校关注的是实习质量和实习生权益保障,通过基地实习有效实现人才培养目标;企业更多关注的是收益,如通过与高校建立实习基地给企业发展带来技术支持、培训人员、发现和储备人才等。没有基于合作共赢的深度合作,规范性实习基地建设是不可持续的。

五、实习基地规范化建设的主要内容

规范性实习基地建设,不仅是双方挂个牌、签个协议和派几个实习生,而且是从遴选实习单位到实习方案制定、实习过程管理、实习成绩评价、实习安全管理等方面的持续建设过程。

（一）遴选优质实习单位

实习基地是指具有一定接纳规模并相对稳定的能够接受高校学生实习的政府机关、企事业单位等社会组织。建设规范性实习基地的前提就是要精心选择优质的实习单位作为实习基地建设对象。遴选优质实习单位需要重点关注以下三点：

首先，分析高校学生实习需求。根据学科专业性质、人才培养目标和人才培养方案，以及不同实习环节教学需求和参加实习学生数量，确定需要多少实习单位，以及需要什么样的实习单位。如文科专业学生对实习单位类型要求相对要宽泛些，既可以是政府、事业单位，也可以是企业单位，甚至可以是其他一些公益性社会组织；理工科专业主要选择企业作为实习基地，医学专业多选择医院作为实习基地，而师范类专业则更多选择中小学校作为实习基地。

其次，明确实习基地建设要求。学校要在实习需求分析的基础上，明确实习基地建设要求，尤其是将企业作为实习基地的。一方面，学校要从单位资质、企业规模、诚信状况、管理水平、经营状况等方面对拟建单位进行基本状况考察，遴选区域内影响力较大、知名度较高、实习环境好、管理规范、安全保障到位的实习单位作为实习基地；另一方面，选择的实习单位要具有较高的专业相关性，能满足相关专业完成实习教学任务的要求，实习场所和实习岗位具有良好的安全保障，具有较强的合作性，有接纳学生实习的能力。

最后，动态调整实习单位。在整体上保持实践基地相对稳定的前提下，根据实习基地运行情况进行适度动态调整，淘汰部分不合适的实习基地，适时增加一些新的实习基地。

（二）科学制定实习方案

实习方案一般包括实习目的与要求、实习时间安排、实习内容与任务、实习方法与步骤、实习条件、实习纪律与安全以及过程管理与质量考核等主要内容,是实习活动有效开展的主要依据,也是保障实习生权益的基础。为保障学生实习质量,学校层面要根据学校人才培养目标定位、人才培养方案制定原则性的实习方案和指导意见。各专业要在遵循学校总的实习方案的基础上,与实习单位根据专业人才培养目标和人才培养方案共同制定切实可行的具体实习方案,明确实习的目的、岗位的落实、基地指导教师的要求与选聘、实习的流程与时间安排、组织机构与项目管理、实习要求与质量管理、实习结果考核标准等,实现实习有目标、有任务、有考核,促进实习工作的规范性建设。科学制定实习方案需要坚持目标导向原则,实习是人才培养的必要环节,任何一个实习环节都是为实现某一特定教学目标而设立的。实习岗位要与实习内容对口或相关联,并根据实习要求提供多岗位训练。在实习方案的制定过程中,双方要充分沟通,让实习单位明确学生实习的目标与实践训练计划。实习单位要为实习方案的落地做好全方位准备工作,使其更加贴近工作流程,使学生进入基地后能够尽快地适应实习工作岗位。

(三) 加强实习过程管理

完整的实习过程包括实习前期、实习中期和实习后期三个阶段。实习过程管理也就相应地包括对这三个阶段的全过程管理,当然,不同阶段具体的管理内容和管理重点不同。

1. 实习前期

做好实习前的动员教育,并通过学生与实习基地的双向选择确定进入实习基地的学生名单;学校、实习基地和实习学生三方协商并签订实习协议,明确三方责任、权利和义务,确保"无协议不实习",杜绝通过代理组织、安排和管理学生实习;基地双方遴选实习指导教师,要为每个学生分配一个学校指导老师和一个实习单位指导老师。

2. 实习期间

实习学生要按照既定的实习方案完成实习任务;实习单位指导教师要依据实习安排,适时调整实习岗位,并对学生的工作态度、出勤情况、工作业绩等进行监督检查;学校安排校内实习指导老师或管理人员定期到实习基地与实习单位指导老师、学生交流了解实习情况,处理相关问题,并及时向学校和实习单位反馈,协调解决出现的问题。

3. 实习后期

基地双方要对实习工作进行分析,总结经验,发现问题,进一步改进实习方案和优化实习过程管理;同时,实习单位、实习指导教师要对每位实习生进行全面客观的实习成绩评定。

(四) 科学构建评价体系

基地双方需要根据实习方案和实习特点,构建实习单位、学校和学生共同参与的多元化综合评价机制。多元化综合评价机制主要包括评价主体、评价内容、评价方式等方面的多元化。

一是评价主体多元化。可采用实习单位指导教师、学校指导教师和学生自评互评相结合方式进行,并明确各方在考核评价中的权重。通过调研,大多受访对象建议可按照实习单位(指导教师)评价60%、学校(指导教师)评价30%和学生自评互评10%的比例评定学生实习成绩。

二是评价内容多元化。学校重点评价学生在实习过程中对于实习任务的完成情况、实习教学目标的达成情况;实习单位重点评价学生在实习期间的工作态度、专业业务水平、实际工作能力、创新意识、组织纪律和团队合作精神等内容;学生针对自身表现、实习计划完成情况等开展自我评价和相互评价。

三是评价方式多元化。评价方式采用过程性评价与结果性评价相结合,且以过程性评价为主的方式。过程性评价主要通过对实习学生工作态度等方面表现情况和阶段性工作完成情况进行评价;结果性评价主要通过对实习工作业绩、总结报告撰写、实习成果(如调查研究报告、论文、专利等)等的完成情况进行评价。

(五) 组建专兼结合指导师资队伍

实习指导工作需要一支经验丰富、结构合理、吃苦耐劳、责任心强的师资队伍。实习指导工作可通过组建"三支队伍",强化实习教学管理。学校选派经验丰富、责任心强的专业教师担任专职指导教师,聘请企业车间主任、技术骨干等担任兼职指导教师,指定班主任担任兼职管理员。高校指导教师负责指导实习学生,定期实地走访、召开座谈会,检查学生实习进程、做好学生心理调适、保障学生实习安全;实习基地兼职指导教师履行"传、帮、带"义务,将职业精神贯穿于学生职业技能训练全过程,保证实习计划顺利开展;高校兼职管理员做好学籍管理、党团建设等工作,协助专职指导教师做好思想教育工作。

(六) 重视劳动与安全管理

从实习生权益保障现状看,实习期间,实习生劳动权益和职业伤害权益受侵害问题相对更为突出。如何有效保障实习生劳动权益和职业伤害权益?首先,高校、实习单位与学生需要签订三方协议。基地双方签订的实习基地建设协议不能代替高校、实习单位与学生签订的三方协议,三方协议必须明确实习期间各方责任和权利义务,尤其要明确关于劳动保护、劳动报酬、劳动时间、意外伤害等方面的具体规定。其次,落实大学生实习保险制度。高校要参照《职业学校学生实习管理规定》中关于建立学生实习强制保险制度的规定,为每位实习学生投保实习责任险,责任保险范围应覆盖学生实习活动的全过程,包括学生实习期间遭受意外事故及由于被保险人疏忽或过失导致的学生人身伤亡。对不属于赔付范围或者超出赔付额度的部分,则根据协议中相关责任条款执行。最后,建立风险预警和突发事件应急处理机制。完善安全风险管控和隐患排查治理双重风险预警机制,确定学生在实习单位的风险管控点,对安全隐患进行排查。同时,基地双方应共同制定《实习生突发事件应急预案》,如有实习突发事件发生,及时启动应急预案。

六、 实习基地规范化建设的保障措施

高校校外实习基地建设和大学生实习管理涉及高校、实习单位和学生等不同主体,在市场经济大环境下,加强高校校外实习基地建设和保障实习

生合法权益,既需要政府完善相关法律法规与政策,也需要基地双方建立健全相应的管理制度与运行机制,还需要利益相关方提供充足的经费支持和管理平台支撑。

(一)法律与政策保障

计划经济时代,大学生实习问题主要是通过各行业主管部门下达行政指令的方式进行解决,各行业主管部门根据高校大学生的实习需求制订实习计划,行业企业按下达的计划指标组织实施。[①] 当前,在市场经济环境下,企业等社会组织因经济利益、意外伤害风险等因素不愿提供实习岗位。虽然《教育法》第48条规定"国家机关、军队、企业事业组织及其他社会组织应当为学校组织的学生实习、社会实践活动提供帮助和便利",但是《教育法》并未对第48条中的"国家机关、军队、企业事业组织及其他社会组织"等义务主体不履行义务的行为作出追究相应法律责任的规定,[②]所以,是否提供实习岗位、提供多少变成企业等社会组织的自愿行为。因此,在市场经济条件下,法律法规和政策是解决大学生实习问题、加强高校校外实习基地建设的最根本保障。首先,明确实习期间高校、实习单位和学生三方关系。国家要从法律层面明确大学生实习法律地位和实习生身份,明确高校、实习单位和学生三方在实习期间的"责""权""利"关系,这是保障实习生权益的根本保证。其次,制定支持高校校外实习基地建设的相关政策。国家层面要出台相关鼓励和支持高校校外实习基地建设的原则性政策文件,各部委和地方政府应出台激励行业企业、地方企业等社会组织建设高校校外实习基地的相关政策,从而调动企业等社会组织参与的积极性,比方说可以在税收、项目等方面对支持高校校外实习基地建设成效突出的企业进行适当的优惠和政策倾斜。[③] 最后,地方政府搭建合作交流平台,促进高校与企业等社会组

[①] 彭勤革、孙春、张瑶、胡蕊:《地方本科高校校外实习基地建设中的问题探讨》,《常州工学院学报》(社科版)2013年第2期。

[②] 李文康:《高校学生实习权探析与立法研究》,《西南农业大学学报》(社会科学版)2011年第12期。

[③] 刘晓红、徐亮、姜杰:《地方高校工科学生校外实习基地的选择与建设》,《广西教育学院学报》2017年第3期。

织合作共建大学生实习基地；各行业管理部门或行业组织要在高校与行业企业等社会组织之间发挥桥梁纽带作用，促进高校与行业企业等社会组织共建高校大学生实习基地。[①]

（二）制度与机制保障

完善的实习基地管理制度和健全的运行机制是实习基地建设质量与实习生合法权益的重要保障。首先，加强实习基地和实习管理制度建设。高校要在认真贯彻上级有关管理制度的基础上，进一步制定相关管理制度和激励制度，形成比较完善的切实可行的实习基地和实习管理制度体系。如学校层面需要制定《实习基地建设与管理办法》《大学生实习管理办法》《大学生实习保险制度》；学院或专业层面需要制定《大学生实习管理实施细则》《大学生实习管理手册》《专业实习标准》等。其次，构建实习基地建设和实习管理运行机制。为保障实习基地可持续建设和学生实习的有效运行，基地双方需要建立"学校—专业—实习单位"联动机制。基地双方应成立实习基地建设领导小组和学生实习管理工作小组，领导小组和管理工作小组成员由校企双方人员共同组成，分别负责协调处理实习基地建设工作和实习生管理工作。最后，建立互利双赢的合作机制。实习基地双方构建互利双赢的利益驱动机制是保障校外实习基地长期稳定的重要内在因素，这也是校外实习基地能否可持续发展的关键问题。实习基地仅仅依靠校友、同学等个人社会关系是不够的，由于人员单位变动或岗位变动频繁，难以保持实习基地建设的稳定性，必须注重构建互利双赢的利益驱动机制，特别是对以营利为目的的企业利益的关注。[②]

（三）经费与平台保障

没有充足的经费支持，加强和重视实习基地建设就成了一句空话。企

---

① 徐银香、张兄武：《"责任共担"视野下大学生实习权益法律保障体系的构建》，《高等工程教育研究》2016 年第 1 期。
② 杨艳秋、李伟凯：《地方高校实习基地建设机制与实践教学模式创新研究》，《黑龙江高教研究》2012 年第 7 期。

业接受学生实习,确实要进行时间、人力、设备、场地、资金等投入,加大企业工作量,打乱企业原有的工作节奏,还要承担实习学生工作失误而带来的损失,此外还有学生的安全与管理问题等,因此要以实习费用形式予以一定的补偿,以提高实习基地接受实习生的积极性。[①] 充足的经费支持是加强实习基地建设的物质保障,政府和学校都责无旁贷。学校要努力克服办学经费不足的困难,不断加大对基地建设的经费投入,使实习基地建设具有扎实的物质基础和保障;同时,建立实习教学经费专项管理制度,加强对实习经费使用的管理和监督,使有限的资金发挥更大的效益,保证重点实习教学项目顺利进行。在目前校方建设资金普遍不足的情况下,政府也应出台有关政策措施或提供专项基金支持实习基地建设和大学生实习。只有不断加大经费投入,实习基地可持续建设才有基本的经费保障。

同时,需要充分利用互联网等现代信息技术,开发信息化实习管理平台,实现对实习过程的信息化管理。信息化实习管理平台可成为学校与基地之间、校内外指导教师与实习学生之间、校内外指导教师之间更快速更便捷的信息传递、信息反馈渠道,也是密切学校与基地之间深度合作的重要途径和方式。利用网络管理系统"交流便捷、沟通及时"的特点,可将学校、基地的相关文件、通知、阶段性工作安排以及实习学生需要上交的一些材料等信息及时通知到每位实习学生,做到信息传递无死角,构筑起学校、实习单位、学生,甚至家长等方面的信息交流平台。利用管理平台学生可填报和提交周志、月报、实习总结等材料,并与指导老师进行交流,沟通实习情况,还可以签到、请假、与指导老师互动等。校内、实习单位指导老师或相关管理人员也可利用该系统实时了解学生的出勤、作业完成、材料提交的状况,有助于实现过程评价。

---

① 胡道成:《物流管理专业校外实习基地建设的问题与对策》,《淮南师范学院学报》2013年第5期。

结　论

一、基本结论

实习作为一种具有悠久历史传统的教学模式,以其岗位的真实性、环境的复杂性、经历与体验的综合性而成为高等教育人才培养的不可缺少的教学环节,学生的实习效果直接影响高等教育人才培养质量、学生的就业和用人单位的人才需求,进而影响国家的经济建设和社会发展。但是,目前我国大学生的"实习难"问题与"就业难"问题一样令人担忧,实习生权益受侵害现象严重,已引起社会广泛关注。如何保障实习生权益已成为高等教育领域内一个迫切需要解决的问题。本研究基于利益相关者理论,从"责任共担"视角来研究大学生实习权益保障问题,经过多年的理论研究和实践探索,形成以下结论:

关于大学生实习的概念内涵。现在的实习,与传统意义上的实习概念相比,其概念内涵发生了很大变化,实习目的、实习形式等也发生了很多变化,而且呈现出多样化的发展趋势。本研究中的大学生实习概念既不局限于传统的狭义的教学实习,也不是广义的社会实践活动,而是指全日制在校大学生(包括即将毕业尚未毕业的大学生),按照专业培养目标和教学计划要求,由学校组织或自己联系到国家机关、企业事业单位、社会团体及其他社会组织进行与专业相关的实践性教学活动。依据不同的划分标准,大学生实习可分为多种类型,本研究根据实习生是否参与实习单位相关实际工作、是否为实习单位创造了价值,将实习分为认识性实习和生产性实习。认识性实习主要是指不参与实习单位相关实际工作的实习,是教学活动的延续,包括参观实习、认识实习、课程实习、观摩实习等。生产性实习是指实习生参与实习单位相关实际工作、为实习单位创造了价值的实习,包括生产实习、毕业实习、顶岗实习、就业实习等多种类型。

关于实习大学生的法律身份。本研究认为,不同的实习类型,实习期间大学生在实习单位的法律身份不同。在认识性实习中,由于实习生没有参与实习单位相关实际工作,没有实质性劳动行为的发生,不符合劳动法层面对劳动者的实质要求,因此,本研究认为认识性实习期间学生的身份应定性为"学生"。在生产实习过程中,实习学生为实习单位提供一定的劳动并且服从其管理,实习学生所从事的工作是实习单位经营活动的组成部分,实习工作具有"劳动"的特性,而且具有劳动者的主体资格,与实习单位形成了一种事实劳动关系,但由于他们并未与实习单位签订劳动合同,所以他们不属于劳动法意义上的劳动者,鉴于此,本研究认为应赋予生产性实习期间的学生以"准劳动者"身份。

关于实习期间实习法律关系性质。大学生实习法律关系是一种多边法律关系,主要包括实习学生与学校之间、学校与实习单位之间以及实习学生与实习单位之间等三种法律关系。关于实习学生与学校之间的法律关系,本研究认为学校与实习学生之间的法律关系是带有行政管理性质的服务关系,包括民事法律关系中的服务合同关系、行政法律关系中的行政管理关系和法人组织内部的管理关系。关于学校与实习单位之间的法律关系,普遍认为高校与实习单位之间主要是一种平等的委托合同关系,集中实习类型中的高校和实习单位的委托合同关系比较明显,分散实习类型中的高校与实习单位之间是一种隐性的委托关系。实习单位与实习生之间的关系相对比较复杂,本研究认为不同的实习类型其实习单位与实习生之间的法律关系性质不同:认识性实习中实习单位与实习学生之间主要是一种教育管理关系;生产性实习中实习单位与实习学生之间是一种"非标准劳动关系"亦即"准劳动关系",既有教育管理关系,又有一定的劳动关系,是劳动关系的一种,但又区别于一般的劳动关系。

关于实习权的概念内涵与权利属性。本研究认为大学生实习权是指大学生在校学习期间,根据专业人才培养目标需要和教学计划安排,享有到企事业等实习单位通过参加与专业对应或相关的实际工作进行实践性学习的权利。大学生实习权在本质上是一种宪法权利,具有受教育权、劳动权和职业伤害保障权等权利属性,大学生实习权并非单个权利,而是一种权利束。实习权最主要的是一种受教育权,不能因过多关切实习报酬等劳动权益,忽视或偏离了学生实习的目的本身,致使实习效果和目的无法保证;但也不能过度强调实习的教育目的性,而忽视实习的劳动性质,致使实习学生变成免费或廉价的劳动力。同时,由于实习劳动风险的客观存在,还应为实习学生的职业伤害提供保障。实习权既包括一种受教育权又包括一种劳动权和职业伤害保障权的观点,对解决当前大学生实习问题具有很高的现实价值。

关于实习生权益的具体内容。权益即指合法权益,就是法律确认的并受法律保护的公民、法人、其他组织所享有的一定的社会权利和利益。根据因权利而获得利益的权利与权益的关系,实习生权益是从大学生这个实习权利主体的角度把多个不同性质的权利集合在一起的概念,各项权益因性质不同而属性各异,既包括基于实习权的权益,又包括人身、财产权利等其他权益。由于实习权同时具有受教育权、劳动权和职业伤害保障权的权利属性,所以,基于实习权的实习生权益也就主要体现在受教育权、劳动权和职业伤害保障权等三个方面的权益。基于受教育权,实习生享有的权益主要包括获得实习推荐权、实习指导权、实习信息知情权、平等实习权和实习选择权等;基于劳动权,实习生享有的权益主要包括以下几个方面:劳动报酬权、休息休假权、劳动保护权、协议签订权以及提请劳动争议处理等;基于职业伤害保障权,其权益主要包括职业伤害保险权、职业伤害治疗权和职业伤害赔偿权等。

关于实习生权益保障现状。受教育权益保障状况:一是实习机会难获得,主要表现为学校推荐的实习偏少、学生自主联系困难、实习岗位竞争激烈;二是实习效果难保证,主要表现为实习工作与专业相关程度不高、实习教育目的性在一定程度上缺失、实习指导工作不到位。劳动权益保障状况:一是实习协议难签订,主要表现为签订实习协议比例小、实习协议内容不规范；二是劳动权益难落实，主要表现为实习劳动报酬无或少、加班加点现象严重、劳动安全保护不到位。职业伤害权益保障状况：意外伤害保险购买比例低，伤害治疗、赔偿推诿情况严重。实习权益受损后的救济状况：救济途径混杂，救济效果不佳。关于大学生实习权益受损，本研究认为是由多方面原因造成的，既有大学生实习供求矛盾突出的社会原因，也有大学生实习相关法律法规缺位的原因，还有不同社会主体作用发挥不够等原因。

关于实习的主要利益相关者。由于学习场所、学习方式的变化，与在学校学习不同，大学生实习涉及的利益相关者与学生在校学习有差异。本研究以保障实习生权益为目的，从大学生实习法律关系的角度，认为大学生实习的主要利益相关者包括实习学生、企业、高校、政府和中介组织等，其中实习学生、企业和高校是核心利益相关者，政府、中介组织是重要利益相关者。大学生实习的主要利益相关者众多，而且社会属性差异很大，导致各利益相关者之间产生或多或少的利益冲突，并在大学生实习活动中进行博弈，但这并不意味着各相关社会主体之间的利益冲突不可调和。破解大学生"实习安排难""权益保障难"等问题，要更全面、更客观地考虑不同利益相关者的义务和责任。基于社会分工不同，各利益主体承担义务和责任应各有侧重。

关于实习权益保障体系的构建。大学生实习是一项系统的社会工程，解决大学生实习难、维护实习生合法权益是整个社会的共同责任，既要发挥主要利益相关者的重要作用，也要发挥其他社会主体的积极作用。面对大学生实习的强大需求，就是要按照既要以育人为本也要兼顾效率、既要责任共担也要利益共享、既要倾斜保护也要兼顾平衡、既要共同支持也要强化重点的原则；明确大学生实习法律关系，健全大学生实习法律制度，维护实习生合法权益，尊重其他相关主体的利益，充分发挥不同社会主体的功能与作用，建立多层次的互动机制与立体化的服务体系；形成政府宏观管理、高校有效组织、学生主动参与、企业积极合作、中介组织配合以及其他社会主体支持的法律关系明确、法律制度健全、参与主体尽责、互动机制顺畅、服务体系发达的实习生权益保障体系。

二、创新与不足

(一) 创新之处

相对于以前的相关研究成果,本研究在研究内容、研究视角和研究方法等方面有一定创新之处。

一是研究内容方面。关于实习生权益保障方面的研究很多,但这些研究从某一角度或针对某一类型如劳动权益的研究比较多,尤其是对职业院校实习生工伤赔偿问题的研究较多,系统性研究还不够。本研究在科学界定大学生实习权概念内涵和权利属性基础上,从受教育权、劳动权和职业伤害保障权等三方面系统研究了实习生权益保障存在的突出问题、主要原因,并提出改进建议。

二是研究视角方面。大学生实习是一项系统的社会工程,需要政府、高校、以企业为主体的实习单位、学生以及其他社会组织共同参与解决。本研究根据利益相关者理论,从"责任共担"视角,在深入理论研究和深刻分析现状的基础上,通过综合分析探索提出解决实习生权益保障问题的对策和建议,为当前研究和解决大学生实习难问题提供一个新的视角。

三是研究方法方面。关于实习生权益保障相关研究基于经验总结的多,缺乏深层次的理论分析和实证研究。根据研究目标和研究内容需要,本研究综合运用了文献研究、调查研究、比较研究以及综合分析等研究方法。通过文献分析、深度访谈、专家咨询、问卷调查等研究方法构建"大学生实习权益内容体系";在此基础上,根据大学生实习权益内容体系,设计了《关于大学生实习权益保障状况的调查问卷》,通过调查问卷和统计分析,对当前大学生实习权益现状进行科学判断。

(二) 不足之处

如何有效保障大学生实习权益是高等教育领域中一个复杂的社会问题。限于研究者的理论积累和研究时间,对大学生实习权的内涵本质等方面理论研究深度还不够,对实习生权益受侵问题的揭示以及原因分析等也还不够深入。同时,关于大学生实习法律关系性质,本研究主要讨论了实习学生与学校之间、学校与实习单位之间,以及实习学生与实习单位之间等三种法律关系,关于中介组织介入后的大学生实习法律关系没有系统梳理,将在后续研究中进行系统分析。

附录一　关于实习生权益保障问题的访谈提纲

访谈提纲（一）

对象：参加过实习的大学生。

问题：

1. 您参加过几次实习？实习机会是通过什么方式获得的？实习效果如何？
2. 您在实习过程中遭遇过权益受损情况吗？
3. 您认为实习期间大学生的法律身份是否发生了变化，怎么认定？
4. 您认为大学生实习权的内涵本质是什么？具有哪些权利属性？
5. 您认为实习生应该享有哪些权益？
6. 当前大学生实习权益受损情况严重，您认为主要原因有哪些？
7. 针对大学生实习权益受损情况和主要原因，请您谈谈如何更好地保障实习生权益？
8. 您认为大学生实习的主要利益相关者有哪些？不同利益相关者在保障大学生实习中应该承担哪些责任？

访谈提纲（二）

对象：高校教师和管理人员。

问题：

1. 您认为贵校实习基地建设情况怎样？学生主要通过哪些方式获得实习机会？

2. 您认为实习期间大学生的法律身份是否发生了变化，怎么认定？

3. 您认为大学生实习权的内涵本质是什么？具有哪些权利属性？

4. 您认为大学生（实习生）应该享有哪些权益？

5. 您认为贵校在保障实习生权益方面有哪些好的措施？还存在什么问题？

6. 当前大学生实习权益受损情况严重，您认为主要原因有哪些？

7. 针对大学生实习权益受损情况和主要原因，请您谈谈如何更好地保障实习生权益？

8. 您认为大学生实习的利益相关者有哪些？不同利益相关者在保障大学生实习中应该承担哪些责任？

访谈提纲（三）

对象：企事业等实习单位中层以上管理人员和业务骨干。

问题：

1. 贵单位接受大学生实习情况怎样？有大学生实习计划吗？

2. 您认为实习期间大学生的法律身份是否发生了变化，怎么认定？

3. 您认为大学生实习权的内涵本质是什么？具有哪些权利属性？

4. 您认为大学生（实习生）应该享有哪些权益？

5. 当前大学生实习权益受损情况严重，您认为主要原因有哪些？

6. 针对大学生实习权益受损情况和主要原因，请您谈谈如何更好地保障实习生权益？

7. 您认为大学生实习的利益相关者有哪些？不同利益相关者在保障大学生实习中应该承担哪些责任？

附录二 关于大学生实习权益内容的调查问卷

关于大学生实习权益内容的调查问卷（一）

（对象：参加过实习的在校大学生或毕业生）

尊敬的朋友：

您好！本问卷调查的目的是了解大学生实习期间应该享有哪些权益。您的如实反馈对于科学把握实习权内容体系非常重要，希望能得到您的配合与支持。选项无对错之分，请按照您的实际情况如实填写，我们期盼您提供宝贵的意见与想法。如有建议和意见请写在本问卷空白处。感谢您的合作和支持。

个人基本情况：

所学专业：

就读年级或毕业时间：

学校类型：□985大学　□211大学　□其他本科学校　□高职院校

问题：

1. 您认为大学生实习权具有哪几种权利属性（　　）。（多选）
   A. 受教育权　B. 劳动权　C. 职业伤害保障权（工伤保险权）
   其他（请填写）：

2. 您认为基于受教育权的实习生权益主要有(　　)。(多选)
　　A. 实习推荐权　B. 实习指导权　C. 信息知情权　D. 平等实习权
　　E. 实习选择权　F. 实习申诉权　其他(请填写)：
3. 您认为基于劳动权的实习生权益主要有(　　)。(多选)
　　A. 劳动报酬权　B. 休息休假权　C. 劳动保护权　D. 协议签订权
　　E. 提请劳动争议处理权　其他(请填写)：
4. 您认为基于职业伤害保障权的实习生权益主要有(　　)。(多选)
　　A. 伤害保险权　B. 伤害治疗权　C. 伤害赔偿权
　　其他(请填写)：
5. 您认为实习学生的其他主要权益有(　　)。(多选)
　　A. 隐私保护权　B. 知识产权　C. 生命健康权　D. 财产保护权
　　其他(请填写)：

注：本调查问卷中的实习，是专业教学计划安排中的带有生产性的实习，区别于专业教学计划安排中的认识性实习，也区别于学生的课外兼职和勤工俭学活动。

关于大学生实习权益内容的调查问卷（二）

（对象：高校管理人员和教师）

尊敬的朋友：

　　您好！本问卷调查的目的是了解大学生实习期间应该享有哪些权益。您的如实反馈对于科学把握实习权内容体系非常重要，希望能得到您的配合与支持。选项无对错之分，请按照您的实际情况如实填写，我们期盼您提供宝贵的意见与想法。如有建议和意见请写在本问卷空白处。感谢您的合作和支持。

个人基本情况：

所在学科专业：

职务或职称：

学校类型：□985大学　　□211大学　　□其他本科学校　　□高职院校

问题：

1. 您认为大学生实习权具有哪几种权利属性（　　）。（多选）
   A. 受教育权　B. 劳动权　C. 职业伤害保障权（工伤保险权）
   其他（请填写）：

2. 您认为基于受教育权的实习生权益主要有（　　）。（多选）
   A. 实习推荐权　B. 实习指导权　C. 信息知情权　D. 平等实习权
   E. 实习选择权　F. 实习申诉权　其他（请填写）：

3. 您认为基于劳动权的实习生权益主要有（　　）。（多选）
   A. 劳动报酬权　B. 休息休假权　C. 劳动保护权　D. 协议签订权
   E. 提请劳动争议处理权　其他（请填写）：

4. 您认为基于职业伤害保障权的实习生权益主要有（　　）。（多选）
   A. 伤害保险权　B. 伤害治疗权　C. 伤害赔偿权
   其他（请填写）：

5. 您认为实习学生的其他主要权益有（　　）。（多选）
   A. 隐私保护权　B. 知识产权　C. 生命健康权　D. 财产保护权
   其他（请填写）：

注：本调查问卷中的实习，是专业教学计划安排中的带有生产性的实习，区别于专业教学计划安排中的认识性实习，也区别于学生的课外兼职和勤工俭学活动。

关于大学生实习权益内容的调查问卷（三）

（对象：实习单位中层以上管理人员和业务骨干）

尊敬的朋友：

您好！本问卷调查的目的是了解大学生实习期间应该享有哪些权益。您的如实反馈对于科学把握实习权内容体系非常重要，希望能得到您的配合与支持。选项无对错之分，请按照您的实际情况如实填写，我们期盼您提供宝贵的意见与想法。如有建议和意见请写在本问卷空白处。感谢您的合作和支持。

个人基本情况：

现任职务/职位：

单位性质：□政府机构/科研事业　□非政府或非营利组织

　　　　　□国有企业　□中外合资/外资/独资　□民营企业/个体

问题：

1. 您认为大学生实习权具有哪几种权利属性（　　）。（多选）

   A. 受教育权　B. 劳动权　C. 职业伤害保障权（工伤保险权）

   其他（请填写）：

2. 您认为基于受教育权的实习生权益主要有（　　）。（多选）

   A. 实习推荐权　B. 实习指导权　C. 信息知情权　D. 平等实习权

   E. 实习选择权　F. 实习申诉权　其他（请填写）：

3. 您认为基于劳动权的实习生权益主要有（　　）。（多选）

   A. 劳动报酬权　B. 休息休假权　C. 劳动保护权　D. 协议签订权

   E. 提请劳动争议处理权　其他（请填写）：

4. 您认为基于职业伤害保障权的实习生权益主要有（　　）。（多选）

   A. 伤害保险权　B. 伤害治疗权　C. 伤害赔偿权

   其他（请填写）：

5. 您认为实习学生的其他主要权益有（　　）。（多选）

   A. 隐私保护权　B. 知识产权　C. 生命健康权　D. 财产保护权

   其他（请填写）：

注：本调查问卷中的实习，是专业教学计划安排中的带有生产性的实习，区别于专业教学计划安排中的认识性实习，也区别于学生的课外兼职和勤工俭学活动。

附录三　关于大学生实习权益保障状况的调查问卷

(对象:参加过实习的在校大学生或毕业生)

尊敬的朋友:

您好!本问卷调查的目的是了解当前大学生实习权益保障状况。您的如实反馈对于我们准确了解大学生实习权益保障状况,并对如何改进大学生实习权益保障非常重要。选项无对错之分,请按照您的实际情况填写,我们对调查结果只以统计的形式反映群体情况。问卷以匿名形式填写,绝对为您保密。如果因我们泄露问卷中的任何信息导致您的名誉受损,我们将承担相应的法律责任。

感谢您的合作和支持。

个人基本情况:

所学专业:

就读年级或毕业时间:

学校类型:□985大学　□211大学　□其他本科学校　□高职院校

问题:

一、关于受教育权益保障状况

(一) 实习机会获得情况

1. 您的实习机会是通过哪种方式获得的(　　)。

　　A. 学校推荐　　　　　　　B. 亲戚朋友推荐

　　C. 校友或其他途径　　　　D. 人力资源公司等中介机构

2. 您认为获得实习机会是否困难(　　)。

　　A. 很难　　　B. 比较难　　　C. 比较容易　　　D. 很容易

3. 实习前您对实习单位情况是否了解(　　)。

　　A. 很了解　　B. 比较了解　　C. 了解一点　　D. 很不了解

4. 实习前您是否了解实习相关方的主要权利、义务(　　)。

　　A. 很了解　　B. 比较了解　　C. 了解一点　　D. 很不了解

(二) 实习效果情况

5. 您对实习效果的满意程度(　　)。

　　A. 满意　　　B. 比较满意　　C. 一般　　　　D. 不满意

6. 您的实习工作与专业相关程度(　　)。

　　A. 对口　　　B. 比较相关　　C. 有点相关　　D. 无关

7. 实习前您是否了解实习目的与要求(　　)。

　　A. 很了解　　B. 基本了解　　C. 有点了解　　D. 不了解

8. 您在实习期间是否进行了岗位调整(　　)。

　　A. 能按实习计划进行岗位轮换　　B. 有个别的岗位调整

　　C. 实习岗位不变

9. 您的实习单位是否愿意提供实际生产或使用先进设备技术的岗位(　　)。

　　A. 愿意　　　B. 一般　　　　C. 不愿意

10. 学校是否为您的实习安排了指导教师(　　)。

　　A. 是　　　B. 否

11. 实习单位是否为您实习安排了指导教师(　　)。

　　A. 是　　　B. 否

12. 您对学校的实习指导满意程度如何(　　)。

　　A. 满意　　　B. 比较满意　　C. 一般　　　　D. 不满意

13. 您对实习单位的实习指导满意程度如何(　　)。

　　A. 满意　　　B. 比较满意　　C. 一般　　　　D. 不满意

二、关于劳动权益保障状况

(一) 实习协议签订情况

14. 实习前您是否与学校、实习单位签订了三方协议(　　)。

　　A. 是　　　　　　B. 否

15. 实习前您是否与实习单位签订了双方协议(　　)。

　　A. 是　　　　　　B. 否

16. 实习前未签实习协议的主要原因(　　)。(注:未签订实习协议者填写)

　　A. 您无签订实习协议意向

　　B. 您有签订实习协议意向但由于担心失去实习机会而未提出签订实习协议

　　C. 您提出签订实习协议但遭实习单位拒绝

　　D. 双方口头协议

17. 您签订的实习协议内容是否规范(　　)。

　　A. 很规范　　B. 比较规范　　　C. 不太规范　　　D 很不规范

(二) 劳动权益落实情况

18. 实习劳动报酬获得情况(　　)。

　　A. 需要交纳实习费　　　　B. 无报酬

　　C. 少许报酬　　　　　　　D. 有一定报酬

19. 周末、节假日加班是否有相应报酬补偿(　　)。

　　A. 无报酬　　　　　B. 少许报酬　　　　　C. 有一定报酬

20. 工作日超时工作是否有相应报酬补偿(　　)。

　　A. 无报酬　　　　　B. 少许报酬　　　　　C. 有一定报酬

21. 您的实习中是否存在实习单位克扣、拖欠、拒付实习报酬等违法行为(　　)。

　　A. 存在　　　　　B. 不存在

22. 周末、节假日休息休假情况(　　)。

　　A. 正常休息休假　　B. 偶尔加班　　　　C. 经常加班

23. 工作日超时工作情况(　　)。

　　A. 正常休息　　　　B. 偶尔加班　　　　C. 经常加班

24. 周末、节假日加班是否与您有协商(　　)。

A. 是　　　　　　　B. 否

25. 工作日超时工作是否与您有协商（　　）。

　　A. 是　　　　　　　B. 否

26. 实习单位为您实习提供安全卫生保护措施的情况如何（　　）。

　　A. 提供良好安全卫生保护措施

　　B. 有一定安全卫生保护措施

　　C. 未提供安全卫生保护措施

27. 您对实习工作环境满意度如何（　　）。

　　A. 工作环境舒适　　　　　B. 工作环境一般

　　C. 工作环境较差　　　　　D. 工作环境恶劣

三、职业伤害权益保障状况

28. 您的实习是否购买了意外伤害保险（　　）。

　　A. 购买意外伤害保险　　　B. 没有购买意外伤害保险

29. 若有意外伤害保险，谁购买的（若无则不填）（　　）。

　　A. 学校购买　　　　　　　B. 实习单位购买

30. 意外伤害后治疗、赔偿或推诿情况（　　）。（注：受过意外伤害的实习生填写）

　　A. 责任清晰获得有效医疗和相应赔偿

　　B. 责任不清存在相互推诿情况

四、实习权益受损后的救济状况（注：受过意外伤害的实习生填写）

31. 权益受侵害后是否选择了维权（　　）。

　　A. 忍受、放弃维权　　　　B. 维护自己的合法权益

32. 权益受侵害后您首选的维权方式是（　　）。

　　A. 与用人单位协商　　B. 请求学校帮助　　C. 申请调解、仲裁与诉讼

33. 您首选的法律途径是（　　）。

　　A. 调解协商　　　　B. 工伤救济　　　　C. 民法救济

34. 您对实习报酬等劳动权益侵害救济效果的满意程度如何（　　）。

　　A. 满意　　B. 比较满意　　C. 一般　　D. 不满意

35. 您对职业伤害治疗、赔偿的满意程度如何（　　）。

　　A. 满意　　B. 比较满意　　C. 一般　　D. 不满意

附录四　职业学校学生实习管理规定

第一章　总　则

第一条　为规范和加强职业学校学生实习工作,维护学生、学校和实习单位的合法权益,提高技术技能人才培养质量,增强学生社会责任感、创新精神和实践能力,更好服务产业转型升级需要,依据《中华人民共和国教育法》《中华人民共和国职业教育法》《中华人民共和国劳动法》《中华人民共和国安全生产法》《中华人民共和国未成年人保护法》《中华人民共和国职业病防治法》及相关法律法规、规章,制定本规定。

第二条　本规定所指职业学校学生实习,是指实施全日制学历教育的中等职业学校和高等职业学校学生(以下简称职业学校)按照专业培养目标要求和人才培养方案安排,由职业学校安排或者经职业学校批准自行到企(事)业等单位(以下简称实习单位)进行专业技能培养的实践性教育教学活动,包括认识实习、跟岗实习和顶岗实习等形式。

认识实习是指学生由职业学校组织到实习单位参观、观摩和体验,形成对实习单位和相关岗位的初步认识的活动。

跟岗实习是指不具有独立操作能力、不能完全适应实习岗位要求的学生,由职业学校组织到实习单位的相应岗位,在专业人员指导下部分参与实际辅助工作的活动。

顶岗实习是指初步具备实践岗位独立工作能力的学生,到相应实习岗位,相对独立参与实际工作的活动。

第三条　职业学校学生实习是实现职业教育培养目标,增强学生综合能力的基本环节,是教育教学的核心部分,应当科学组织、依法实施,遵循学生成长规律和职业能力形成规律,保护学生合法权益;应当坚持理论与实践相结合,强化校企协同育人,将职业精神养成教育贯穿学生实习全过程,促进职业技能与职业精神高度融合,服务学生全面发展,提高技术技能人才培养质量和就业创业能力。

第四条　地方各级人民政府相关部门应高度重视职业学校学生实习工作,切实承担责任,结合本地实际制定具体措施鼓励企(事)业等单位接收职业学校学生实习。

第二章　实习组织

第五条　教育行政部门负责统筹指导职业学校学生实习工作;职业学校主管部门负责职业学校实习的监督管理。职业学校应将学生跟岗实习、顶岗实习情况报主管部门备案。

第六条　职业学校应当选择合法经营、管理规范、实习设备完备、符合安全生产法律法规要求的实习单位安排学生实习。在确定实习单位前,职业学校应进行实地考察评估并形成书面报告,考察内容应包括:单位资质、诚信状况、管理水平、实习岗位性质和内容、工作时间、工作环境、生活环境以及健康保障、安全防护等方面。

第七条　职业学校应当会同实习单位共同组织实施学生实习。

实习开始前,职业学校应当根据专业人才培养方案,与实习单位共同制订实习计划,明确实习目标、实习任务、必要的实习准备、考核标准等;并开展培训,使学生了解各实习阶段的学习目标、任务和考核标准。

职业学校和实习单位应当分别选派经验丰富、业务素质好、责任心强、安全防范意识高的实习指导教师和专门人员全程指导、共同管理学生实习。

实习岗位应符合专业培养目标要求,与学生所学专业对口或相近。

第八条　学生经本人申请,职业学校同意,可以自行选择顶岗实习单位。对自行选择顶岗实习单位的学生,实习单位应安排专门人员指导学生实习,学生所在职业学校要安排实习指导教师跟踪了解实习情况。

认识实习、跟岗实习由职业学校安排,学生不得自行选择。

第九条 实习单位应当合理确定顶岗实习学生占在岗人数的比例,顶岗实习学生的人数不超过实习单位在岗职工总数的 10%,在具体岗位顶岗实习的学生人数不高于同类岗位在岗职工总人数的 20%。

任何单位或部门不得干预职业学校正常安排和实施实习计划,不得强制职业学校安排学生到指定单位实习。

第十条 学生在实习单位的实习时间根据专业人才培养方案确定,顶岗实习一般为 6 个月。支持鼓励职业学校和实习单位合作探索工学交替、多学期、分段式等多种形式的实践性教学改革。

第三章　实习管理

第十一条 职业学校应当会同实习单位制定学生实习工作具体管理办法和安全管理规定、实习学生安全及突发事件应急预案等制度性文件。

职业学校应对实习工作和学生实习过程进行监管。鼓励有条件的职业学校充分运用现代信息技术,构建实习信息化管理平台,与实习单位共同加强实习过程管理。

第十二条 学生参加跟岗实习、顶岗实习前,职业学校、实习单位、学生三方应签订实习协议。协议文本由当事方各执一份。

未按规定签订实习协议的,不得安排学生实习。

认识实习按照一般校外活动有关规定进行管理。

第十三条 实习协议应明确各方的责任、权利和义务,协议约定的内容不得违反相关法律法规。

实习协议应包括但不限于以下内容:

(一)各方基本信息;

(二)实习的时间、地点、内容、要求与条件保障;

(三)实习期间的食宿和休假安排;

（四）实习期间劳动保护和劳动安全、卫生、职业病危害防护条件；

（五）责任保险与伤亡事故处理办法，对不属于保险赔付范围或者超出保险赔付额度部分的约定责任；

（六）实习考核方式；

（七）违约责任；

（八）其他事项。

顶岗实习的实习协议内容还应当包括实习报酬及支付方式。

第十四条 未满18周岁的学生参加跟岗实习、顶岗实习，应取得学生监护人签字的知情同意书。

学生自行选择实习单位的顶岗实习，学生应在实习前将实习协议提交所在职业学校，未满18周岁学生还需要提交监护人签字的知情同意书。

第十五条 职业学校和实习单位要依法保障实习学生的基本权利，并不得有下列情形：

（一）安排、接收一年级在校学生顶岗实习；

（二）安排未满16周岁的学生跟岗实习、顶岗实习；

（三）安排未成年学生从事《未成年工特殊保护规定》中禁忌从事的劳动；

（四）安排实习的女学生从事《女职工劳动保护特别规定》中禁忌从事的劳动；

（五）安排学生到酒吧、夜总会、歌厅、洗浴中心等营业性娱乐场所实习；

（六）通过中介机构或有偿代理组织、安排和管理学生实习工作。

第十六条 除相关专业和实习岗位有特殊要求，并报上级主管部门备案的实习安排外，学生跟岗和顶岗实习期间，实习单位应遵守国家关于工作时间和休息休假的规定，并不得有以下情形：

（一）安排学生从事高空、井下、放射性、有毒、易燃易爆，以及其他具有较高安全风险的实习；

（二）安排学生在法定节假日实习；

（三）安排学生加班和夜班。

第十七条 接收学生顶岗实习的实习单位，应参考本单位相同岗位的报酬标准和顶岗实习学生的工作量、工作强度、工作时间等因素,合理确定顶岗实习报酬,原则上不低于本单位相同岗位试用期工资标准的80%,并按照实习协议约定,以货币形式及时、足额支付给学生。

第十八条　实习单位因接收学生实习所实际发生的与取得收入有关的、合理的支出,按现行税收法律规定在计算应纳税所得额时扣除。

第十九条　职业学校和实习单位不得向学生收取实习押金、顶岗实习报酬提成、管理费或者其他形式的实习费用,不得扣押学生的居民身份证,不得要求学生提供担保或者以其他名义收取学生财物。

第二十条　实习学生应遵守职业学校的实习要求和实习单位的规章制度、实习纪律及实习协议,爱护实习单位设施设备,完成规定的实习任务,撰写实习日志,并在实习结束时提交实习报告。

第二十一条　职业学校要和实习单位相配合,建立学生实习信息通报制度,在学生实习全过程中,加强安全生产、职业道德、职业精神等方面的教育。

第二十二条　职业学校安排的实习指导教师和实习单位指定的专人应负责学生实习期间的业务指导和日常巡视工作,定期检查并向职业学校和实习单位报告学生实习情况,及时处理实习中出现的有关问题,并做好记录。

第二十三条　职业学校组织学生到外地实习,应当安排学生统一住宿;具备条件的实习单位应为实习学生提供统一住宿。职业学校和实习单位要建立实习学生住宿制度和请销假制度。学生申请在统一安排的宿舍以外住宿的,须经学生监护人签字同意,由职业学校备案后方可办理。

第二十四条　鼓励职业学校依法组织学生赴国(境)外实习。安排学生赴国(境)外实习的,应当根据需要通过国家驻外有关机构了解实习环境、实习单位和实习内容等情况,必要时可派人实地考察。要选派指导教师全程参与,做好实习期间的管理和相关服务工作。

第二十五条　鼓励各地职业学校主管部门建立学生实习综合服务平台,协调相关职能部门、行业企业、有关社会组织,为学生实习提供信息服务。

第二十六条　对违反本规定组织学生实习的职业学校,由职业学校主管部门责令改正。拒不改正的,对直接负责的主管人员和其他直接责任人依照有关规定给予处分。因工作失误造成重大事故的,应依法依规对相关责任人追究责任。

对违反本规定中相关条款和违反实习协议的实习单位,职业学校可根据情况调整实习安排,并根据实习协议要求实习单位承担相关责任。

第二十七条　对违反本规定安排、介绍或者接收未满16周岁学生跟岗实习、顶岗实习的,由人力资源社会保障行政部门依照《禁止使用童工规定》进行查处;构成犯罪的,依法追究刑事责任。

第四章　实习考核

第二十八条　职业学校要建立以育人为目标的实习考核评价制度,学生跟岗实习和顶岗实习,职业学校要会同实习单位根据学生实习岗位职责要求制订具体考核方式和标准,实施考核工作。

第二十九条　跟岗实习和顶岗实习的考核结果应当记入实习学生学业成绩,考核结果分优秀、良好、合格和不合格四个等次,考核合格以上等次的学生获得学分,并纳入学籍档案。实习考核不合格者,不予毕业。

第三十条　职业学校应当会同实习单位对违反规章制度、实习纪律以及实习协议的学生,进行批评教育。学生违规情节严重的,经双方研究后,由职业学校给予纪律处分;给实习单位造成财产损失的,应当依法予以赔偿。

第三十一条　职业学校应组织做好学生实习情况的立卷归档工作。实习材料包括:(1)实习协议;(2)实习计划;(3)学生实习报告;(4)学生实习考核结果;(5)实习日志;(6)实习检查记录;(7)实习总结等。

第五章　安全职责

第三十二条　职业学校和实习单位要确立安全第一的原则,严格执行国家及地方安全生产和职业卫生有关规定。职业学校主管部门应会同相关部门加强实习安全监督检查。

第三十三条　实习单位应当健全本单位生产安全责任制,执行相关安全生产标准,健全安全生产规章制度和操作规程,制定生产安全事故应急救援预案,配备必要的安全保障器材和劳动防护用品,加强对实习学生的安全生产教育培训和管理,保障学生实习期间的人身安全和健康。

第三十四条　实习单位应当会同职业学校对实习学生进行安全防护知识、岗位操作规程教育和培训并进行考核。未经教育培训和未通过考核的学生不得参加实习。

第三十五条　推动建立学生实习强制保险制度。职业学校和实习单位应根据国家有关规定,为实习学生投保实习责任保险。责任保险范围应覆盖实习活动的全过程,包括学生实习期间遭受意外事故及由于被保险人疏忽或过失导致的学生人身伤亡,被保险人依法应承担的责任,以及相关法律费用等。

学生实习责任保险的经费可从职业学校学费中列支;免除学费的可从免学费补助资金中列支,不得向学生另行收取或从学生实习报酬中抵扣。职业学校与实习单位达成协议由实习单位支付投保经费的,实习单位支付的学生实习责任保险费可从实习单位成本(费用)中列支。

第三十六条　学生在实习期间受到人身伤害,属于实习责任保险赔付范围的,由承保保险公司按保险合同赔付标准进行赔付。不属于保险赔付范围或者超出保险赔付额度的部分,由实习单位、职业学校及学生按照实习协议约定承担责任。职业学校和实习单位应当妥善做好救治和善后工作。

第六章　附　则

第三十七条　各省、自治区、直辖市教育行政部门应会同人力资源社会保障等相关部门依据本规定,结合本地区实际制定实施细则或相应的管理制度。

第三十八条 非全日制职业教育、高中后中等职业教育学生实习参照本规定执行。

第三十九条 本规定自发布之日起施行,《中等职业学校学生实习管理办法》(教职成〔2007〕4号)同时废止。

附录五　教育部关于加强和规范普通本科高校实习管理工作的意见

各省、自治区、直辖市教育厅(教委),新疆生产建设兵团教育局,有关部门(单位)教育司(局),部属各高等学校、部省合建各高等学校:

　　加强大学生实践能力、创新精神和社会责任感的培养,是提高高等教育人才培养质量的重要内容。实习是高校实践教学的重要环节之一。近年来,在高校和政府机关、企事业单位和社会团体等用人单位共同努力下,产学研融合不断深入,大学生实习工作稳定开展、质量稳步提高。同时,部分高校对实习不够重视、实习经费投入不足、实习基地建设不规范、实习组织管理不到位等现象仍然存在,在一定程度上影响了人才培养质量整体提升。为进一步提高实习质量,切实维护学生、学校和实习单位的合法权益,现就加强和规范普通本科高校实习管理工作提出以下意见。

一、 充分认识实习的意义和要求

　　1. 充分认识实习的意义。实习是人才培养的重要组成部分,是深化课堂教学的重要环节,是学生了解社会、接触生产实际,获取、掌握生产现场相关知识的重要途径,在培养学生实践能力、创新精神,树立事业心、责任感等方面有着重要作用。

　　2. 准确把握新时代实习的要求。当前,新一轮科技革命和产业革命奔腾而至,正在迅速改变着生产模式和生活模式。以数字化、网络化、智能化、绿色化为代表的新型生产方式,对产业运营、人力资源组织管理提出了新的要求。高校必须坚持以本为本、落实四个回归,积极应变、主动求变,把实习摆在更加重要的位置,加强实习教学改革与研究,健全实习教学体系、规范实习安排、加强条件保障和组织管理,切实加强和规范实习工作,确保人才培养质量不断提升。

二、规范实习教学安排

3. 加强实习教学体系建设。高校要根据《普通高等学校本科专业类教学质量国家标准》和相关政策对实践教学的基本要求,结合专业特点和人才培养目标,系统设计实习教学体系,制定实习大纲,健全实习质量标准,科学安排实习内容。鼓励根据实习单位实际工作需求凝练实习项目,开展研究性实习,推动多专业知识能力交叉融合。

4. 合理安排实习组织形式。高校要根据专业特点和实习内容,确定实习的组织形式。各类实习原则上由学校统一组织,开展集中实习。根据专业特点,毕业实习、顶岗实习可以允许学生自行选择单位分散实习。对分散实习的学生,要严格实习基地条件、实习内容的审核,加强实习过程指导和管理,确保实习质量。

5. 科学制订实习方案。高校要根据实习内容,按照就地就近、相对稳定、节省经费的原则,选择专业对口、设施完备、技术先进、管理规范、符合安全生产等法律法规要求的单位进行实习。要打破理论教学固化安排,根据单位生产实际和接收能力,错峰灵活安排实习时间,合理确定实习流程。

6. 选好配强实习指导教师。高校和实习单位应当分别选派经验丰富、业务素质好、责任心强、安全防范意识高的教师和技术人员全程管理、指导学生实习。对自行选择单位分散实习的学生,也要安排校内教师跟踪指导。高校要根据实习教学指导和管理需要,合理确定校内指导教师与实习学生的比例。

三、加强实习组织管理

7. 抓好实习的组织实施。高校应当会同实习单位共同制订实习计划,明确实习目标、任务、考核标准等,共同组织实施学生实习。实习指导教师要做好实习学生的培训,现场跟踪指导学生实习工作,检查学生实习情况,及时处理实习中出现的问题,做好实习考核。严禁委托中介机构或者个人代为组织和管理学生实习工作。

8. 明晰各方的权利义务。高校在确定实习单位前须进行实地考察评估,确定满足实习条件后,应与实习单位签订合作协议,明确双方的权利、义务以及管理责任。未按规定签订合作协议的,不得安排学生实习。

9. 加强学生教育管理。高校要做好学生的安全和纪律教育及日常管理。实习单位要做好学生的安全生产、职业道德教育。学生应当尊重实习指导教师和现场技术人员,遵守学校和实习单位的规章制度和劳动纪律,保守实习单位秘密,服从现场教育管理。

10. 做好学生权益保障。高校和实习企业要为学生提供必要的条件及安全健康的环境,不得安排学生到娱乐性场所实习,不得违规向学生收取费用,不得扣押学生财物和证件。实习前,高校应当为学生购买实习责任险或人身伤害意外险。

11. 加强跟岗、顶岗实习管理。跟岗、顶岗实习是培养应用型人才必不可少的实践环节,各高校要科学组织,依法实施。严格学校、实习单位、学生三方实习协议的签订,明确各自的权利义务和责任。严格遵守工作时间和休息休假的规定,除临床医学等相关专业及实习岗位有特殊要求外,每天工作时间不得超过 8 小时、每周工作时间不得超过 44 小时,不得安排加班和夜班。要保障顶岗实习学生获得合理报酬的权益,劳动报酬原则上不低于相同岗位试用期工资标准的 80%。要保障未成年人的合法权益,不得安排未满 16 周岁的学生顶岗实习。

四、强化实习组织保障

12. 健全工作责任体系。高校是实习管理的主体,学校党政主要负责人是第一责任人,要负责建立实习运行保障体系。教务部门是实习管理的责任部门,要组织开展实习教学改革与研究,建立健全实习管理制度,明确相关部门工作职责和工作流程，做好实习工作的检查督导。各教学单位要会同实习单位落实管理责任，加强实习组织管理，做好安全及其他突发事件的风险处置。

13. 加强实习基地建设。高校要不断深化产教融合，大力推动实习基地建设，鼓励建设满足多专业实习需求的综合性、开放共享型实习基地。要加强实习基地质量建设，充分发挥国家级工程实践教育中心等高水平实习基地的示范引领作用，以国家级、省级一流专业建设带动一流实习基地建设。要结合实习基地条件和实习效果，对实习基地进行动态调整。

14. 推进实习信息化建设。支持有条件的省级教育行政部门和高校加强实习信息化建设，建立实习信息化管理平台，实现校企双方的实习需求信息对接，加强实习全过程管理。支持高校加强现代信息技术、虚拟仿真技术在实习中的应用，鼓励开发相应的虚拟仿真项目替代因生产技术、工艺流程等因素限制无法开展的现场实习。

15. 加大实习经费投入。高校要加大实习经费投入，确保实习基本需求。要积极争取实习单位支持，降低实习成本，确保实习质量。

16. 加强实习工作监管。省级教育行政部门要加强对高校实习工作的监管，重点监督高校本科生培养方案中实习环节设置是否科学合理、实习组织管理是否规范、学生安全和正当权益是否得到保障、实习经费是否充足、实习效果是否达到预定目标等。对实习工作扎实、实习教学改革与研究成效显著的高校予以表彰。对实习过程中存在的违规行为及时查处，对监管不力、问题频发、社会反响强烈的学校和地方，要约谈相关负责人，督促其落实主体责任，并在一定范围内进行通报批评。

教育部

2019 年 7 月 10 日

附录六　广东省高等学校学生实习与毕业生就业见习条例

第一章　总　则

第一条　为了提高学生实践能力、就业能力和创新能力，完善人才培养机制，促进毕业生就业，根据《中华人民共和国教育法》、《中华人民共和国高等教育法》、《中华人民共和国职业教育法》等法律、法规，结合本省实际，制定本条例。

第二条　本省行政区域内的高等学校学生实习与本省常住户口的高等学校毕业生就业见习，适用本条例。

本条例所称实习，是指高等学校按照专业培养目标和教学计划，组织学生到国家机关、企业事业单位、社会团体及其他社会组织进行与专业相关的实践性教学活动。

本条例所称毕业生就业见习（以下简称见习），是指各级人民政府或者人民团体组织毕业后一年内尚未就业的毕业生到国家机关、企业事业单位、社会团体及其他社会组织进行的就业适应性训练。

本省行政区域内的中等职业学校、技工学校的学历教育学生实习与本省常住户口的中等职业学校、技工学校的学历教育毕业生就业见习，依照本条例执行。

第三条　学生实习坚持学校组织、政府扶持、社会参与的原则。

见习坚持个人自愿参与、政府扶持帮助、社会共同参与的原则。

第四条 县级以上人民政府教育、人力资源和社会保障主管部门按照各自职责,负责学生实习工作的指导、协调和监督管理。

财政、卫生、安全生产监督管理、工商、税务等部门按照各自职责,做好学生实习的相关工作。

第五条 县级以上人民政府应当统筹规划见习工作,加强见习指导与协调,促进毕业生提高就业能力。

人力资源和社会保障、教育、财政等部门按照各自职责,做好见习的相关工作。

工会、共产主义青年团、妇女联合会以及其他社会组织,协助人民政府及其有关部门做好见习工作。

第六条 县级以上人民政府应当制定优惠政策,鼓励各类企业事业单位、社会团体及其他社会组织接收学生实习和毕业生见习,为当地经济社会可持续发展吸纳、培养和储备人才。

第二章　组织与保障

第七条 学校应当根据专业特点和培养目标,认真履行学生实习的组织责任,提高学生的实践能力、创造能力、就业能力和创业能力。

第八条 保障学生实习是全社会的共同责任。

国家机关、国有和国有控股企业、财政拨款的事业单位和社会团体应当按照在职职工的一定比例接收学生实习,具体比例由地级以上市人民政府确定。

其他企业事业单位、社会团体及社会组织应当为学校组织的学生实习活动提供帮助和便利。

第九条 学校与国家机关、企业事业单位、社会团体按照自愿协商、优势互补、利益共享的原则,建设实习基地,为学生实习提供便利。

第十条 行业组织应当引导和鼓励本行业企业事业单位与学校开展合作,并发挥行业资源、技术和信息优势,推动共建实习基地和开展合作项目。

第十一条 学校应当按照规定安排专项经费用于学生实习。

第十二条　县级以上人民政府及其人力资源和社会保障主管部门应当及时掌握本地毕业生就业情况，有计划地组织当地毕业后一年内尚未就业的毕业生参加见习，扩展就业机会。

第十三条　县级以上人民政府可以根据需要，将符合下列条件的单位确定为见习基地：

（一）具有较强的社会责任感，管理规范；

（二）自愿且能够持续提供一定数量的见习岗位；

（三）提供的见习岗位具备一定技术含量和业务内容，能确保毕业生提高技能水平和工作能力。

县级以上人民政府在确定见习基地时，应当考虑单位的行业分布，优先考虑当地重点发展的优势产业，同时吸纳不同行业的企业事业单位参加，以满足见习的需求。

第十四条　行业组织应当引导和鼓励本行业企业事业单位积极提供见习岗位。

第十五条　县级以上人民政府要加强对见习基地的检查与指导，及时解决见习工作中遇到的困难和问题。

见习单位未依法履行见习管理职责的，由县级以上人民政府取消其作为见习基地的资格。

第十六条　学校应当加强对见习政策的宣传，将见习作为就业指导的重要内容。

第十七条　报刊、广播、电视、网络等媒体应当广泛宣传见习制度和企业事业单位开展见习的经验做法，形成社会普遍关注、各方共同参与的良好氛围。

第三章　实习规范与管理

第十八条　学生实习一般由学校统一组织。学生要求自行联系实习单位的，应当经学校同意。学校应当安排实习指导教师掌握实习情况，统一管理和考核。

第十九条　学校组织学生在实习基地实习,学校、实习基地和实习学生应当签订三方实习协议,明确各方的权利、义务和责任。

实习协议应当包括以下主要内容：

（一）学校和实习单位的名称、地址、法定代表人或者主要负责人,实习学生的姓名、住址和注册学号；

（二）符合教学大纲要求的实习期限；

（三）实习方式、内容和岗位；

（四）实习终止条件；

（五）违约责任；

（六）争议的解决方式。

实习协议可以根据实习的性质和需要,约定意外伤害保险的投保人、投保额度、损害赔偿、实习报酬、保密等其他事项。

其他实习单位接收学生实习的,可以参照本条第二、三款的规定与学校、学生签订三方实习协议,明确各方的权利、义务。

第二十条　学校在学生实习工作中应当履行以下职责：

（一）建立健全实习管理制度；

（二）按照专业培养目标和教学大纲,制定实习计划；

（三）联系并合理安排实习单位；

（四）安排责任心强,有一定经验的实习指导教师；

（五）对学生进行安全、纪律教育；

（六）检查学生实习情况,及时协调处理有关问题；

（七）建立学生实习管理档案；

（八）法律法规规定或者实习协议约定的其他事项。

第二十一条　实习单位应当履行以下职责：

（一）做好实习学生在单位内的管理工作；

（二）提供合适的实习岗位、必要的实习条件和安全健康的实习环境；

（三）根据实习要求,选派有经验的实习指导人员；

（四）对学生进行安全培训和技能培训；

（五）向学校反馈学生的实习情况；

（六）法律法规规定或者实习协议约定的其他事项。

第二十二条 学校和实习单位不得有下列行为：

（一）安排未满十六周岁学生顶岗实习；

（二）安排学生到夜总会、歌厅、洗浴中心等场所实习；

（三）安排学生从事高毒、易燃易爆、国家规定的第四级体力劳动强度以及其他具有安全隐患的劳动，但完成学生本专业实习所必需的除外；

（四）安排学生在需要相应职业资格的岗位上顶岗实习；

（五）安排学生周实习时间超过四十小时；

（六）委托中介机构或者个人代为组织和管理实习；

（七）其他影响实习学生人身安全、身心健康的行为。

第二十三条 实习单位接收学生顶岗实习的，当期接收实习学生的人数不得超过本单位在职职工总人数的百分之三十。

第二十四条 学校组织学生实习，不得违反规定向实习学生收取费用。

第二十五条 实习指导教师应当加强与实习单位的联系，根据实习计划和实习单位的具体情况，做好学生的实习指导、教育和管理工作。

第二十六条 实习单位应当合理安排实习指导人员的工作，保证实习指导人员指导学生实习的时间。

实习指导人员应当根据实习计划和实习协议，对学生实习进行指导。

第二十七条 学生应当根据学校和实习单位的要求实习，接受学校和实习单位的管理和考核评定。

学生应当尊重实习指导教师和实习指导人员，遵守实习单位的规章制度和劳动纪律，保守实习单位的秘密。

第二十八条 学生顶岗实习期间，实习单位应当按照同岗位职工工资的一定比例向学生支付实习报酬，具体比例由地级以上市人民政府根据本地实际情况予以确定。

非顶岗实习的学生，学校、实习单位和学生可以在实习协议中约定给予实习补助。

实习单位、学校应当按照规定或者约定，按时足额向学生支付实习报酬、实习补助，不得拖欠、克扣。

第二十九条　实习协议确定的投保人,应当及时为学生办理意外伤害保险等相关保险。

第三十条　实习结束时,实习单位应当根据学生实习期间的表现考核评定成绩,出具实习鉴定。

第四章　见习规范与管理

第三十一条　县级以上人民政府人力资源和社会保障主管部门具体负责见习的组织和管理工作,建立健全相关制度。

第三十二条　国家机关、企业事业单位、社会团体及其他社会组织应当积极创造条件,提供见习岗位,并向县级以上人民政府人力资源和社会保障主管部门报送见习岗位信息。

第三十三条　本省常住户口的毕业生在毕业后一年内未能就业的,可以自愿参加其常住户口所在地的市、县人民政府或者人民团体组织的见习。

各级人民政府可以根据本地区人才引进工作的需要,吸纳非本地常住户口的毕业生参加见习,改善本地人才队伍结构。非本地常住户口毕业生参加见习享受的优惠政策,由地级以上市人民政府制定。

第三十四条　见习单位应当与毕业生按照平等自愿、协商一致的原则签订见习协议。

见习协议应当包括以下主要内容:

(一)见习单位的名称、地址、法定代表人或者主要负责人,毕业生的姓名、住址、毕业院校;

(二)见习期限;

(三)见习计划安排;

(四)岗位职责;

(五)见习待遇;

(六)见习单位和见习人员的权利和义务;

(七)见习协议的解除条件;

(八)违约责任;

（九）争议的解决方式。

第三十五条 见习期限一般为三个月至六个月，最长不超过十二个月。

第三十六条 见习单位应当履行以下职责：

（一）提供合适的见习岗位、必要的见习条件和安全健康的见习环境；

（二）配备相关工种岗位训练的设施、设备和见习指导人员；

（三）对见习人员进行安全培训和技能培训；

（四）见习协议约定的其他事项。

第三十七条 见习单位不得有下列行为：

（一）安排见习人员从事高毒、易燃易爆、国家规定的第四级体力劳动强度以及其他具有安全隐患的劳动；

（二）未经见习人员同意安排见习人员周工作时间超过四十小时；

（三）其他影响见习人员人身安全、身心健康的行为。

第三十八条 见习单位当期接收见习人员的人数不得超过本单位在职职工总人数的百分之三十。

第三十九条 见习人员应当遵守见习单位的规章制度和劳动纪律，服从见习指导人员的管理，保守见习单位的秘密。

第四十条 见习单位应当每月向见习人员提供不低于当地最低工资标准百分之八十的生活补贴。

见习单位支付生活补贴后，见习单位所在地人民政府应当落实省人民政府的有关规定，对见习单位给予补贴，补贴的具体数额由地级以上市人民政府根据本地实际情况予以确定。

第四十一条 见习人员可以在见习基地所在地参加城镇居民基本医疗保险，个人缴费标准和政府补助标准按照当地学生参加城镇居民基本医疗保险相应标准执行，并享受相应待遇。

见习单位应当为见习人员购买人身伤害意外保险。

第四十二条 政府所属的人才服务机构、公共就业服务机构应当及时组织开展见习单位和毕业生的双向选择活动；见习人员要求托管人事档案的，应当提供免费人事档案托管服务。

见习人员在见习期间落实就业单位的，可以随时办理就业派遣手续。

第四十三条　见习人员见习期满,见习单位应当进行考核鉴定并为其出具见习证明。

第四十四条　鼓励见习单位优先录用见习人员。

见习人员见习期间或者期满后被见习单位正式录用的,见习单位应当及时与其签订劳动合同。

第四十五条　见习期满仍未能实现就业的毕业生,由政府所属人才中介服务机构、公共就业服务机构和学校毕业生就业服务机构继续进行就业指导和推荐就业。

毕业生有创业愿望的,政府所属人才中介服务机构、公共就业服务机构应当提供项目开发、方案设计、风险评估、开业指导、融资服务、跟踪扶持等创业服务。

第五章　扶持与奖励

第四十六条　县级以上人民政府教育行政部门应当会同人力资源和社会保障部门,利用现有信息网络资源,建立学生实习公共服务信息平台,及时公布有关单位提供的实习岗位、当年本地区学校学生实习信息,为学校、实习单位和实习学生提供服务。

学校应当于每年六月底前,将下一年度的学生实习人数、专业类型、实习时间等信息分别报送省教育、人力资源和社会保障部门。

鼓励国家机关、企业事业单位、社会团体及其他社会组织向县级以上人民政府教育、人力资源和社会保障部门报送可提供实习岗位的信息。

第四十七条　县级以上人民政府建立见习信息服务平台,收集并发布见习供求信息,推荐有意向参加见习的毕业生到相关岗位见习;通过各种方式引导和鼓励国家机关、企业事业单位、社会团体及其他社会组织接收毕业生见习。

第四十八条　各级人民政府应当按照国家和省的有关规定,结合实习、见习状况和实习、见习工作目标,在本级财政预算中安排资金,用于实习和见习的指导、培训和补贴等。资金的筹集和使用管理办法,由各级人民政府制定。

第四十九条　各级人民政府应当创造条件,为建立实习基地、合作建设实验室或者生产车间等校企合作项目提供资助。

第五十条　除本条例第四十条规定的补贴之外,有条件的地方人民政府可以给予见习基地一定的补贴。

第五十一条　发展改革、经济和信息化、农业等部门应当引导和鼓励建立实习基地、见习基地,对基地有关促进当地经济和社会发展的重点项目优先予以扶持。

第五十二条　科学技术行政部门应当对生产、教学、科研结合效果良好的实习基地、见习基地,在科学研究和技术开发等方面优先给予资金支持。

第五十三条　对企业接收学生和毕业生实习、见习并支付实习报酬、见习补贴的,按照国家规定给予税收优惠。

对实习基地、见习基地依法减免有关行政事业性收费。

第六章　法律责任

第五十四条　学校有下列行为之一的,由教育行政主管部门处以警告、责令改正,对拒不改正或者因工作失误造成重大损失的,对直接负责的主管人员和其他直接责任人员给予处分;构成犯罪的,依法追究刑事责任:

(一) 未按规定安排实习经费或者挪用实习经费的;

(二) 安排未满十六周岁学生顶岗实习的;

(三) 安排学生到夜总会、歌厅、洗浴中心等场所实习的;

(四) 拖欠、克扣学生实习补助的;

(五) 未按照协议为学生购买意外伤害保险的;

(六) 发现实习单位违反本条例规定侵害学生权益未及时采取有效措施制止的;

(七) 其他影响学生实习或者侵害学生合法权益的行为的。

第五十五条　实习、见习单位有下列行为之一的,由人力资源和社会保障部门处以警告、责令改正,并依法追究相关人员的责任:

（一）未为实习学生、见习人员提供必要的实习、见习条件和安全健康的实习、见习环境的；

（二）违法安排实习学生、见习人员超时实习、见习的；

（三）克扣、拖欠实习学生、见习人员的报酬、补助或者补贴的；

（四）未按照约定或者规定为实习学生、见习人员购买意外伤害保险的；

（五）其他侵害实习学生、见习人员合法权益的行为的。

第五十六条 实习、见习单位有下列行为之一的，由人力资源和社会保障部门责令改正，并按照实习学生、见习人员人数处以每人一千元的罚款：

（一）接纳未满十六周岁学生顶岗实习的；

（二）安排学生到夜总会、歌厅、洗浴中心等场所实习的；

（三）违法安排实习学生、见习人员从事高毒、易燃易爆、国家规定的第四级体力劳动强度以及其他具有安全隐患的劳动的；

（四）当期接收顶岗实习学生、见习人员人数超过本单位在职职工总人数的百分之三十的。

第五十七条 学校委托中介机构或者个人代为组织和管理实习的，由教育行政主管部门责令改正，并按照实习学生人数处以每人一千元罚款。

第五十八条 学校和实习单位有本条例第五十四条、第五十五条、第五十六条所列行为的，除由有关部门依法处罚外，应当将学生送回学校所在地，并承担所需费用。

第五十九条 实习指导教师未按照本条例规定履行指导、教育和管理职责的，由学校依照有关规定予以处理；造成严重后果的，依法追究法律责任。

第六十条 实习单位有违反本条例规定行为的，实习学生应当向学校报告。学校应当及时对有关问题进行协调处理。

学校、实习单位、见习单位违反本条例规定或者实习、见习协议约定，对实习学生、见习人员造成损害的，应当依法承担赔偿责任。

第六十一条 实习学生、见习人员在实习、见习期间严重违反单位规章制度的，实习、见习单位可以终止其在本单位的实习、见习。

第六十二条 单位和个人违反本条例规定，弄虚作假，骗取政府补贴、资助、补助的,由相关行政部门追回已发放的补贴、资助、补助,并取消其三年内获得相关补贴、资助、补助的资格;构成犯罪的,依法追究刑事责任。

第六十三条 教育、人力资源和社会保障部门、其他有关部门及其工作人员违反本条例规定,在实习、见习工作中玩忽职守、滥用职权、徇私舞弊的,由上级机关或者其他有权机关责令改正,并对直接负责的主管人员和其他直接责任人员,依法给予处分;构成犯罪的,依法追究刑事责任。

第七章　附　则

第六十四条 省外学校学生在本省行政区域内实习,依照本条例进行管理。

第六十五条 本条例自 2010 年 3 月 1 日起施行。

附录七　上海市普通高等学校学生校外实习暂行规定(2010)

(1988年6月9日上海市人民政府发布，根据2010年12月20日上海市政府令第52号公布的《上海市人民政府关于修改〈上海市农机事故处理暂行规定〉等148件市政府规章的决定》修正并重新发布)

第一章　总　则

第一条　为了保证高等学校学生校外实习的顺利进行，根据国家有关法律、法规的规定，结合本市实际情况，制定本规定。

第二条　在上海市范围内的普通高等学校组织的学生校外实习，适用本规定。

第三条　搞好高等学校学生校外实习工作是全社会的共同职责。国家机关、社会团体和企业事业单位均有接受高等学校学生校外实习的社会义务。各主管部门应将接受和完成高等学校学生校外实习情况作为评估和检查下属单位教育工作的一项重要内容。

第四条　上海市教育委员会(以下简称市教委)负责高等学校学生校外实习工作的指导、协调和监督管理。

第五条　高等学校学生的校外实习，是列入学校教学计划，在校外完成的实践性教学环节，包括下列形式：

(一)理工科和农林科等院校的认识实习、生产实习、毕业实习；

(二)文科院校的教学实习和社会调查；

（三）师范院校的教学实习；

（四）政法院校的司法和其他法律工作实习；

（五）医学院校的临床实习；

（六）外语院校的涉外实习；

（七）其他形式的实习。

第二章　校外实习基地建设

第六条　高等学校与接受实习单位应按照互利互惠的原则,建立校外实习基地,各施所长,互补所需,进行双向支持。

第七条　校外实习基地,除毕业生专业对口、去向稳定的,由用人单位主管部门统一布点建立外,一般由高等学校与有关单位共同协商建立。

第八条　高等学校应根据不同专业的性质和实习要求,按照就地就近原则,建立若干相对稳定的校外实习基地。

技术和设备先进、技术力量强的校外实习基地建立之后,应稳定五年以上。

第九条　建立校外实习基地,可采取以下形式：

（一）教学、科研、生产联合体中的一个组成部分；

（二）固定挂钩；

（三）接受预分配毕业生的单位包干；

（四）用人单位主管部门统一布点；

（五）其他形式。

校外实习基地建立后,须报市教委及接受实习单位主管部门备案。

第十条　高等学校可通过下列形式为接受实习单位提供优惠服务：

（一）为接受实习单位的技术人员和管理人员提供进修机会；

（二）选派高水平的教师担任兼职顾问；

（三）帮助解决生产中的技术难点；

（四）指导开发研究；

（五）提供信息及咨询服务；

（六）其他形式的服务。

高等学校自主分配部分的毕业生，应首先满足校外实习基地所在单位的需要。

第十一条　接受实习的单位应在人力、物力以及技术和资料等方面支持高等学校。

第三章　高等学校和接受实习单位的职责

第十二条　高等学校组织学生校外实习的职责：

（一）建立、健全校外实习工作的管理机构，加强对学生校外实习工作的领导和管理；

（二）按教学计划保证校外实习的教学时数，根据教学大纲的要求，制定实习大纲，并完善有关的教学文件；

（三）原则上在每一学年度末与接受实习的单位共同商定下一学年度的实习工作计划；

（四）选派有实践经验、责任心强的教师担任实习指导教师；

（五）对需要上岗操作的学科和专业，应与接受实习的单位共同建立学生上岗制度和相应的考核制度；

（六）加强校办工厂、实验农场、附属医院、附属中小学和实验剧场、实验室等校内实习基地的建设；其中文科高等院校应根据需要与可能逐步建立校内实习基地。

第十三条　对接受实习单位中业务水平较高、带教工作负责、长期从事带教工作的人员，高等学校或教育行政部门可授予兼职教师的称号，并发给相应的聘书。

第十四条　接受实习单位安排高等学校学生实习的职责：

（一）指定有关职能部门兼管高等学校学生实习工作，并根据实习要求确定相应的专职或兼职管理人员；

（二）按照实习计划和实习大纲的要求，为实习学生提供合适的上岗机会、有关资料及其他相应的实习条件；

（三）选派政治素质好、实践经验丰富、有一定理论水平、责任心强的人员担任实习带教工作，并保持相对稳定，以保证带教质量；

（四）负责对实习学生进行三级安全教育和纪律教育；

（五）对违反本单位规章制度的实习学生可作出停止实习的决定；

（六）负责组织由实习带教人员和实习指导教师共同组成的考核小组，对实习学生的实习进行考核评定；

（七）在确定接受学生实习计划时，应优先安排设在本市的高等学校的学生。

第十五条 接受实习单位应对实习带教人员在带教期间的工作量或劳动定额作适当调整。

对既全面完成带教任务又完成本职工作量或劳动定额的带教人员，其所在单位应给予奖励。

第四章　实习的指导教师、带教人员和学生

第十六条 高等学校的教师均负有指导学生校外实习的责任。实习指导教师应重视更新自身实践知识和提高实践能力，并应熟悉接受实习单位的情况，密切与接受实习单位的联系。

实习指导教师应根据实习大纲和实习场所的具体情况，做好实习的指导和管理工作，并加强对实习学生的思想政治教育和纪律教育。

第十七条 教师指导学生校外实习的工作作为教学工作量计算，高等学校应对教师指导学生校外实习工作进行考核，并作为职称评定与职务聘任的一项重要依据。

第十八条 实习带教人员应根据实习大纲和实习计划要求，在实习指导教师密切配合下，实施实习计划。

第十九条 实习学生在校外实习时必须尊重实习带教人员和实习指导教师，并遵守接受实习单位的规章制度。

实习学生应以自己掌握的知识为接受实习单位服务。

第二十条 对未完成实习大纲要求，实习考核不及格的学生，由高等学

校按照学籍管理的有关规定予以处理。

第五章　经费与物质保证

第二十一条　高等学校应在年度教育事业费预算中安排必要的经费用于校外实习开支。结合实习完成学校的科研任务和咨询任务的,可从该项任务的科研经费中提取一部分用于实习开支,但所提取的经费不得发给学生个人。

第二十二条　接受实习单位可向派出实习学生的高等学校收取实习管理费。除少数特殊专业外,实习管理费收取标准,每一学生每月最高不超过十二元。实习管理费的具体收取额度由高等学校和接受实习单位在上述限额内协商确定;高等学校为接受实习单位提供优惠服务的,接受实习单位应少收或不收实习管理费。

接受实习单位除收取实习管理费外,可以收取讲课费、实习学生及其实习指导教师的搭伙费和住宿费;住宿费应低于旅馆或招待所的标准;接受实习单位不得向学校收取其他费用。

第二十三条　实习管理费限用于实习带教人员的酬劳金与接受实习单位的水电费和公杂费,不得移作他用。

实习管理费由接受实习单位单列专用。当年有结余的,可转下年度使用;下年度无学生实习的,结余经费可冲转企业管理费。

第二十四条　实习带教人员的酬劳金参照带徒津贴标准发给;接受实习单位的技术或业务人员的讲课费,由实习学生所在的高等学校参照普通高等学校教师兼课费标准和支付办法发给。

第二十五条　对能独立顶岗工作,并创造价值的实习学生,接受实习单位应给予适当的津贴;津贴标准一般不超过毕业生实习工资水平,艰苦繁重岗位可适当提高。此项经费在企业、事业单位有关项目的成本或费用中列支。

第二十六条　实习学生及其实习指导教师,受接受实习单位指派外出执行任务时,其费用由接受实习单位按职工出差费开支标准报销;因实习需要,必须随同接受实习单位工作人员外出进行实习的,其费用由高等学校负担。

第二十七条 在实习过程中,学生及其实习指导教师所需的工具、材料和其他消耗品、特殊的劳防用品(耐高温、耐腐蚀、防毒等用品)等,由接受实习单位供给或借用;在高温、有毒、有害等岗位实习的学生及其实习指导教师,可享受保健食品津贴。上述费用,国营企业可摊入成本;集体所有制企业(包括农村集体经济组织),原则上由高等学校负担。

第二十八条 有条件的接受实习单位应为实习学生及其实习指导教师提供住宿。

各高等学校应根据学生实习的地区分布,互相调剂使用学生宿舍,或由市教委统筹协调安排。

第二十九条 接受学生实习比较固定、人数比较多的企业事业单位,可根据本单位的实际情况,适当建设实习用房;并可结合职工培训中心的建设,统筹规划,建设相应的实习基地。

主管部门在审批企业事业单位基本建设计划、安排投资时,对有关实习基地的建设,应给予支持。

第三十条 推行大学生人身保险制度,在校大学生可参加人身保险。在保险期间,学生发生人身意外伤害事故,由保险公司按规定给予经济补偿。

第六章 附 则

第三十一条 在本市的普通中等专业学校、职业技术学校、成人中等专业学校和成人高等学校的学生校外实习工作,可参照本规定执行。

外国留学生在本市实习的,亦可参照本规定执行,但收费标准按留学生专业实习的有关办法执行。

第三十二条 本规定由市教委负责解释。

第三十三条 本规定自一九八八年七月一日起施行。过去本市有关普通高等学校学生校外实习的规定,与本规定有抵触的,以本规定为准。

参考文献

[1] 安琪.从劳动法视角探究兼职大学生遭遇侵权之原因及解决模式[J].巢湖学院学报,2009,11(2):32-35.

[2] 本书编写组.思想道德修养与法律基础[M].北京:高等教育出版社,2006.

[3] 曹培东,李文亚.论大学生法律关系的多重性——以大学生实习期间受到意外伤害展开[J].煤炭高等教育,2006,24(6):93-96.

[4] 陈红梅.对高校实习生法律身份的新认识——兼谈实习生劳动权益的保护[J].江淮论坛,2010(2):111-116,123.

[5] 陈利敏,邓慧.浅谈大学生实习中各方法律关系[J].贵州工业大学学报(社会科学版),2008,10(6):103-105.

[6] 陈凌.德国劳动力市场与就业政策研究[M].北京:中国劳动保障出版社,2000.

[7] 陈敏,蒋志鸿.五元合一:法国工科大学生企业实习系统研究[J].高等工程教育研究,2014(5):139-146.

[8] 陈敏,许媛.五元合一:德国工科本科生企业实习系统研究[J].高等工程教育研究,2012(5):90-97.

[9] 陈仁霞.关于德国大学生实习情况的调研[J].世界教育信息,2009(3):79-80.

[10] 陈蕊花,霍丽娟.发达国家专业实习对我国高职院校顶岗实习的启示[J].职教论坛,2018(7):172-176.

[11] 陈雪培.大学生实习权的法律救济[D].南宁:广西大学,2015.

［12］陈中泽,李君.高校实习生人身权益保护制度的构建——以损害赔偿责任为基础[J].今日湖北,2013,(12)下:24-26.

［13］陈子辉.高校教学实习基地建设的研究与思考[J].实验技术与管理,2011,28(8):169-171.

［14］崔玉隆.大学生实习相关法律问题的探讨[J].法制与社会,2008(14):55-56.

［15］丁志春,简祖平.职业院校顶岗实习学生法律身份探析[J].江苏第二师范学院学报,2014,30(5):113-116.

［16］董保华,陆胤.企业雇用在校大学生相关法律问题探讨[J].中国劳动,2007(6):24-26.

［17］董丽丽,王明飞.大学生实习法律保障问题初探[J].学理论,2012(35):161-162.

［18］董文娟.职业学校学生实习责任保险保障制度研究[J].继续教育研究,2012(12):56-58.

［19］都昌满.高校学生实习:问题分析与解决途径[J].高等工程教育研究,2010(5):144-149.

［20］范围.论顶岗实习学生的法律身份及其权益保障[J].探求,2013(3):79-84.

［21］范维,杨欢,秦明鹏.当前大学生实习权益的法律保护探究[J].开封教育学院学报,2018,38(5):249-250.

［22］冯湃.论我国实习生权益保障机制的完善[J].法制与社会,2015(16):47,54.

［23］[美]弗里曼.战略管理:利益相关者方法[M].王彦华,梁豪,译.上海:上海译文出版社,2006.

［24］付静怡.大学生实习之法律关系解构——兼论应予以劳动法保护的必要性[J].法制与社会,2015(14):71-72.

［25］龚勋.大学生顶岗实习的法律风险与应对策略研究[J].中国成人教育,2014(23):86-88.

［26］郭德侠,王苇,郭德红.论"利益相关者"在大学生实习中的责任[J].

北京科技大学学报(社会科学版),2016,32(6):106-112.

[27] 郭琦.中美教育实习制度的比较和反思[J].深圳大学学报,2009,26(4):152-156.

[28] 郝书池,姜燕宁.基于利益相关者的职业院校顶岗实习模式对比研究[J].教育学术月刊,2011(11):92-94.

[29] 何斌.发达国家大学生顶岗实习体系构建分析及思考[J].长沙民政职业技术学院学报,2013,20(4):86-87.

[30] 何雅丽.大学生实习法律问题的民商法思考[D].上海:上海交通大学,2011.

[31] 胡道成.物流管理专业校外实习基地建设的问题与对策[J].淮南师范学院学报,2013,15(5):123-125.

[32] 胡麦秀.中国高校校外实习基地建设的长效机制研究[J].教育教学论坛,2015(15):26-27.

[33] 黄芳.论大学生的实习权[J].高教探索,2011(3):38-42.

[34] 黄芳,范兰德.职业院校学生实习权侵权问题研究[J].现代教育科学,2011(2):72-74.

[35] 黄河.大学生实习效果及其影响因素[J].高教探索,2009(6):131-134.

[36] 黄磺.应当建立实习劳动关系制度——宪法视野下的高校实习生权益保护[J].广西政法管理干部学院学报,2009,24(1):115-118.

[37] 黄开丽.论作为社会权的受教育权的保障路径[J].濮阳职业技术学院学报,2016,29(2):72-74.

[38] 黄培,马燕生.法国修订法律维护学生实习权益[J].世界教育信息,2014(6):73.

[39] 黄锐,黄维维.浅谈高职院校学生校外实习中的多重法律关系[J].法制博览,2014(7):261,252.

[40] 黄亚宇.职业院校学生顶岗实习权的司法救济研究——基于引入教育公益诉讼保障学生顶岗实习权的思考[J].教育探索,2016(10):126-130.

[41] 黄亚宇.职业学校学生实习管理的立法思考——兼评《职业学校学生实习管理规定》[J].职业技术教育,2016,37(30):37-41.

[42] 黄亚宇.利益相关者博弈视角下职业院校学生实习权益保障探讨[J].职教论坛,2018(21):5-10.

[43] 贾俊玲.劳动法学[M].北京:北京大学出版社,2003.

[44] 姜国平.我国高校学生实习法律制度的立法完善[J].现代教育管理,2017(1):104-109.

[45] 金劲彪,韩玮.大学生实习权益的保障机制研究[J].黑龙江高教研究,2019(1):54-56.

[46] 金秋平.大学生实习期间劳动权益保障研究——中外立法比较视角[J].法制与社会,2015(8):74-75.

[47] 柯新华.大学生实习现状分析与对策探讨[J].九江职业技术学院学报,2015(1):13.

[48] 劳凯声.中国教育法制评论:第5辑[M].北京:教育科学出版社,2007.

[49] [德]雷蒙德·瓦尔特曼.德国劳动法[M].沈建峰,译.北京:法律出版社,2014.

[50] 黎建飞.劳动法调整对象是劳动行为[J].中国劳动,2006(1):39-40.

[51] 黎建飞.高校毕业生就业中的法律问题[J].河南政法管理干部学院学报,2007(2):100-107.

[52] 黎建飞.劳动与社会保障法教程[M].北京:中国人民大学出版社,2007.

[53] 李瑾,陈敏.五元合一:美国工科本科生实习系统研究[J].高等工程教育研究,2011(6):84-91.

[54] 李景森,贾俊玲.劳动法学[M].北京:北京大学出版社,2001.

[55] 李培智.大学生实习劳动关系认定探微[J].法学杂志,2012(6):122-125.

[56] 李世辉,龙思远."五体联动"视角下的大学生实习机制研究[J].现

代大学教育,2017(5):102-111.

[57] 李淑华,王飞,宋超.简论基于利益相关者的高职院校顶岗实习学生权益维护[J].扬州大学学报(高教研究版),2015,19(3):67-70.

[58] 李卫萍.学生实习期间权益保障研究——以因工人身伤害法律保护为视角[D].上海:上海师范大学,2017.

[59] 李文康.高校学生实习权探析与立法研究[J].西南农业大学学报(社会科学版),2011,9(12):60-63.

[60] 林嘉.劳动合同法条文评注与适用[M].北京:中国人民大学出版社,2007.

[61] 林巧.法律援助在大学生创业中的应用[J].人才资源开发,2015(2):163.

[62] 林晓云.美国劳动雇佣法[M].北京:法律出版社,2007.

[63] 刘海燕.高校文科专业校外实习基地培育机制探究[J].中小企业管理与科技,2014(12):219-220.

[64] 刘惠芹.大学生实习权益的法律保障原则初探[J].市场周刊,2007(10):128-129,141.

[65] 刘敏.国外大学生实习制度及对我们的启示[J].河南商业高等专科学校学报,2012,25(6):112-115.

[66] 刘敏,阮李全.职业院校学生实习权的法律探析[J].教育理论与实践,2014,34(36):31-33.

[67] 刘晓红,徐亮,姜杰.地方高校工科学生校外实习基地的选择与建设[J].广西教育学院学报,2017(3):136-139.

[68] 刘宗让.大学战略:利益相关者的影响与管理[J].高教探索,2010(3):18-23.

[69] 卢梅英.论大学生实习权益的法律保障[D].南宁:广西大学,2017.

[70] 卢肖伊.浅议高校学生实习期间权益立法保护[J].丽水学院学报,2013,35(6):30-33.

[71] 马万里.试论实习生劳动权益的法律保障问题[J].滁州学院学报,2013,15(6):51-54,71.

[72] 倪素香.大学生实习易陷入哪些误区[J].人民论坛,2019(14):112-114.

[73] 宁尚书.大学生实习期间劳动权益法律保障[J].现代妇女,2014(5):103.

[74] 欧运祥.劳动法热点问题研究[M].北京:法律出版社,2014.

[75] 彭海.大学生实习权益及其保障问题研究[J].法制与社会,2014(2):222-223,243.

[76] 彭梦雅.职业教育实习活动中利益相关者的博弈分析[J].教育科学论坛,2019(11):23-27.

[77] 彭勤革,孙春,张瑶,胡蕊.地方本科高校校外实习基地建设中的问题探讨[J].常州工学院学报(社科版),2013,31(2):116-118.

[78] 郄夏利.我国在校实习生劳动权益保护问题研究[D].石家庄:河北经贸大学,2018.

[79] 邱海萍.大学生实习期间劳动权益的法律保护[J].内江师范学院学报,2019,34(3):115-119.

[80] 邱中成.大学生实习权益保障现状及成因的法律探析[J].商丘职业技术学院学报,2013,12(6):30-31.

[81] 申素平,贾楠.实习生权益保障研究[J].教育学术月刊,2017(6):67-72.

[82] 沈红艳,刘平.大学生实习权益保护的法律解读[J].赤峰学院学报(汉文哲学社会科学版),2014,35(4):97-99.

[83] [英]史蒂芬·哈迪.英国劳动法与劳资关系[M].陈融,译.北京:商务印书馆,2012.

[84] 史尚宽.劳动法原论[M].北京:正大印书馆,1934.

[85] 孙长坪.学生顶岗实习劳动风险化解的法律缺失与完善——基于顶岗实习劳动风险相关主体权益保护的思考[J].中国高教研究,2012(11):87-92.

[86] 孙瑞雪.大学生实习期间的权益保护相关法律适用问题分析[J].科技视界,2014(19):309,316.

[87] 孙孝花.德国"双元制"职业教育运行机制研究[J].河南商业高等专科学校学报,2011,24(5):100-103.

[88] 汤尧.论教育公益诉讼的提起条件[J].教育科学,2006,22(12):16-18.

[89] 陶书中,王佳利.大学生实习期间权益保障问题研究[J].中国青年研究,2006(11):64-66.

[90] 汪武牙.实习权益保护:多元利益主体的因素考量与政策选择[J].职业教育研究,2019(4):52-56.

[91] 王进.欧美大学生实习权益保障借鉴与启示[J].教育与职业,2015(8):118-120.

[92] 王景枝.大学生实习制度的国际比较及启示[J].黑龙江高教研究,2011(2):24.

[93] 王鲁.大学生实习权益保障法律机制研究[D].济南:山东大学,2012.

[94] 王全兴.劳动法学[M].北京:高等教育出版社,2006.

[95] 王晓慧.实习大学生劳动权益保护的研究[J].中国劳动关系学院学报,2017,31(2):61-66.

[96] 王毅.荷兰萨克逊大学工作实习协议及其启示[J].金华职业技术学院学报,2013,13(3):46.

[97] 王英益.外国劳动法和社会保障法[M].北京:中国人民大学出版社,2002.

[98] 王志雄.高校学生实习的身份界定与法律适用[J].教育与职业,2013(11):181-183.

[99] 韦嘉燕,乐永兴.实习权的权利价值与保护[J].合肥学院学报(综合版),2018,35(4):9-13.

[100] 翁文刚,卢东陵.法理学论点要览[M].北京:法律出版社,2001.

[101] 吴义太,邓有莲.大学生实习期间权益保护中存在的问题与对策[J].现代教育科学,2010(4):28-30.

[102] 现代汉语词典[M].北京:商务印书馆,1988.

[103] 现代汉语词典[M].北京:商务印书馆,1999.

[104] 肖云,吴国举.大学生实习制度存在的问题及对策思考[J].人力资源开发,2007(12):22-23.

[105] 肖鹏燕.美英大学生实习的就业权益保护研究[J].中国高教研究,2017(1):77-81.

[106] 肖霞,贺定修.利益相关者理论视野下的高职教育顶岗实习[J].教育与职业,2016(20):103-106.

[107] 谢增毅.劳动关系的内涵及雇员和雇主身份之认定[J].比较法研究,2009(6):74-83.

[108] 徐国正,张坤,曹璐.中英高校大学生实习制度的比较与启示[J].大学教育科学,2017(6):106-110.

[109] 徐银香,程远凤,张兄武."责任共担"视野下大学生实习法律制度的构建[J].现代教育科学,2014(2):90-93.

[110] 徐银香,肖建,张兄武.大学生实习权益保障制度的国际比较与借鉴[J].教育探索,2016(9):136-139.

[111] 徐银香,张兄武."责任共担"视野下大学生实习权益法律保障体系的构建[J].高等工程教育研究,2016(1):92-96,102.

[112] 徐银香,张兄武."责任共担"视野下实习生权益保障问题的调查分析[J].高等工程教育研究,2017(6):111-115.

[113] 徐银香,张兄武.责任共担视角下的大学生实习权益保障体系[J].中国人力资源社会保障,2018(1):44-45.

[114] 徐银香,张兄武.高校校外实习基地规范化建设与实习生权益保障[J].实验技术与管理,2019,36(4):237-241.

[115] 徐智华.劳动法学[M].北京:北京大学出版社,2008.

[116] 杨瑞龙,周业安.企业的利益相关者理论及其应用[M].北京:经济科学出版社,2000.

[117] 杨艳秋,李伟凯.地方高校实习基地建设机制与实践教学模式创新研究[J].黑龙江高教研究,2012(7):157-160.

[118] 杨燕绥.新劳动法概论[M].2版.北京:清华大学出版社,2008.

[119] 姚瑶.大学生实习的法律界定及保障机制[J].中外企业家,2013(22):267-268.

[120] 叶剑华.试论大学生实习期间的权益保障[J].九江学院学报,2008(4):126-128.

[121] 叶静漪,周长征.社会正义的十年探索——中国与国外劳动法制改革比较研究[M].北京:北京大学出版社,2007.

[122] 页金鼋.大学生实习期间的法律关系研究[J].教育与职业,2009(30):172-173.

[123] 易兰华.高职院校顶岗实习的利益相关者分析[J].成人教育,2014(11):71-74.

[124] 尹晓敏.权利救济如何穿越实习之门——实习伤害事故中大学生权利救济的法律思考[J].高教探索,2009(3):128-132.

[125] 于静.论实习学生劳动保障的责任人及相关责任[J].中国劳动关系学院学报,2009,23(2):98-101.

[126] 袁泉.大学生实习权益保护研究[D].昆明:云南财经大学,2016.

[127] [美]约翰.罗尔斯.正义论[M].何怀宏,译.北京:中国社会科学出版社,1998.

[128] 张安富.加强实习基地建设的实践与思考[J].中国大学教学,2008(12):73-75.

[129] 张炼,王新凤.我国大学生实习问题的政策选择[J].中国高教研究,2011(8):57-59.

[130] 张颂.德国大学生的就业指导和实习管理[J].河北师范大学学报(教育科学版),2009,11(12):77-80.

[131] 张维延,王建凯.职业发展教育中的带薪实习探讨[J].教育评论,2014(9):27-29.

[132] 张昕辉.大学生实习权益保障的缺陷及对策研究[D].长沙:湖南大学,2011.

[133] 张兄武,徐银香.探索分层递进式创业教育体系[J].中国高等教育,2016(19):54-56.

[134] 张勇.大学生的实习权益保障及制度构建[J].教育评论,2007(6):55-58.

[135] 张勇.基于促进就业理念的大学生实习立法问题研究[J].华东理工大学学报(社会科学版),2010(2):85-91.

[136] 张勇.大学生实习及其权益保障的法律与政策[M].上海:上海人民出版社,2012.

[137] 赵龙娇.大学生实习期间的法律身份研究[D].蚌埠:安徽财经大学,2016.

[138] 赵明刚.德国大学的实习制度探析[J].教育评论,2010(6):163-165.

[139] 郑治伟,崔春芳.基于校企合作的法律分析[J].职业教育研究,2009(9):16-17.

[140] 钟月辉.顶岗实习学生劳动权益保护的实证研究[J].湖南科技学院学报,2018,39(3):117-120.

[141] 周萍.美国工科本科生实习模式探析[J].长春师范大学学报,2015,34(6):151-154.

[142] 朱琳.大学生实习期间法律身份研究[D].北京:中国政法大学,2011.

[143] 朱岩.在校大学生兼职法律权利保障状况调查报告[D].兰州:兰州大学,2008.

[144] 邹小荣.大学生实习权益保障机制建设[J].长江大学学报(社会科学版),2011,34(11):162-163.

图书在版编目(CIP)数据

"责任共担"视角下大学生实习权及其权益保障研究/徐银香，张兄武著.—南京：南京大学出版社，2020.9
ISBN 978-7-305-23805-5

Ⅰ.①责… Ⅱ.①徐…②张… Ⅲ.①大学生－就业－权益保护－研究－中国 Ⅳ.①D922.504

中国版本图书馆 CIP 数据核字(2020)第 178192 号

出 版 者	南京大学出版社
社　　址	南京市汉口路 22 号　　邮　编　210093
出 版 人	金鑫荣
书　　名	"责任共担"视角下大学生实习权及其权益保障研究
著　　者	徐银香　张兄武
责任编辑	荣卫红　　　　　编辑热线　025-83685720
助理编辑	刘智勇
照　　排	南京紫藤制版印务中心
印　　刷	徐州绪权印刷有限公司
开　　本	718×1000　1/16　印张 15.25　字数 234 千
版　　次	2020 年 9 月第 1 版　2020 年 9 月第 1 次印刷
ISBN 978-7-305-23805-5	
定　　价	58.00 元

网　　址：http://www.njupco.com
官方微博：http://weibo.com/njupco
官方微信：njupress
销售咨询热线：(025)83594756

* 版权所有，侵权必究
* 凡购买南大版图书，如有印装质量问题，请与所购图书销售部门联系调换